팔로어중심 **리더십**

Follower Centered Leadership

| 장 영 철 지음 |

부산외국어대학교 출판부

팔로어중심 리더십

2012년 2월 28일 3판1쇄 발행

저 자/ **장 영 철**
발행인/ **정 해 린**
발행처/ **부산외국어대학교 출판부**
등 록/ 제 카7-53호 (1988. 9. 1.)
주 소/ 608-738 부산광역시 남구 석포로 15
전 화/ 051)640-3439, 3440 팩스/ 051)640-3580
인터넷/ http://press.pufs.ac.kr

편 집/ 주간 · 서상범, 디자인 · 정순식
인쇄처/ 세종문화사 (051)463-5898
공급처/ 한국출판협동조합 (02)716-5616~9

ISBN 978-89-8312-361-9 03320

값 13,000 원

머 리 말

리더십은 비전과 목표달성을 위해 구성원들의 능력과 무한한 잠재력을 발휘하도록 영향을 미치는 과정이다. 그러므로 모든 유형의 집단이나 조직 그리고 지역사회나 국가에는 효과적인 리더십이 필요하고 그 같은 리더십을 구사할 유능한 리더가 요구된다. 즉 리더십은 모든 집단이나 조직의 중요한 자산이며 성공요인이 아닐 수 없다. 특히 오늘날과 같이 정보화, 과학화, 글로벌화가 진전되면 될수록 현대적 리더십의 시대적 요구는 점증되고 있다. 그럼에도 불구하고 리더십에 관한 세간의 이해 부족을 변혁적 리더십을 주창한 Burns는 "리더십이란 지구상에서 가장 많이 관찰되고 있으면서도 가장 적게 이해되고 있는 현상"이라고 지적한 바 있다.

리더십은 경험을 통하여 습득되고 창조적으로 발휘되는 일종의 술(art)인가, 아니면 학문적 연구와 분석의 대상이 되는 과학(science)인가? 이는 "리더는 타고 나는가 아니면 만들어 지는가?"와 같은 맥락의 물음이다. 리더십을 연구하는 학자들은 수많은 구체적인 상황에서 보편적으로 적용될 수 있는 리더십의 기본원리에 관한 지식을 제공하고자 한다. 실무의 리더들은 당면한 현장에서 즉각적으로 유용한 리더십 도구나 기술을 필요로 하지만 타당성이 검증되지 못한 제한된 자신의 경험과 일반적 지식에만 의존하게 된다. 그러므로 리더들은 리더십의 이론과 모델에 관한 지식을 습득한 다음 자신의 체험과 조화시켜 당면한 상황을 리드해 나감이 바람직할 것이다. 이러한 관점에서 리더십은 술(art)이자 과학(science)이고, 리더는 타고 나기도 하지만 만들어 지는 것이다.

리더십에 관한 연구는 지난 일세기 동안 꾸준한 전진을 이룩해 오면서 많은 이론들이 구축되었고 기업들도 실험을 통한 응용에 적극적인 관심을 나타내고 있다. 그러나 대학에서는 경영학 또는 심리학의 일부로 리더십을 다루고 있을 뿐 별도의 리더십 강좌를 개설 운용하는 대학이 드문 실정이다. 이는 아마도

장기적으로 생명력 있는 조직을 만들고자 하는 리더 차원이 아닌 단기간에 획기적인 성과를 올리고자 하는 조직의 관리자 역할만을 강조하고 있다는 사실과 리더십은 과학(science)이 아닌 술(art)이며 리더는 만들어 지는 것이 아닌 타고 난다는 관점에서, 리더는 업무 관련 지식과 기술만 구비하면 리더십은 배우지 않아도 저절로 생겨나는 것으로 사고하는 데 기인된 현상으로 이해된다. 능숙한 외과의사가 저절로 되는 것이 아니듯 능숙한 리더도 그 일을 위해 태어나는 것이 아니다.

최근에는 '리더십의 시대에서 팔로어십의 시대'를 강조하고 있다. '한 사람의 천재가 1만 명을 먹여 살린다'고 하는 말은 나라 전체의 수준이 크게 뒤떨어졌을 때 이를 단기간에 끌어올리기 위하여 천재적 리더가 필요했던 과거의 이야기가 되었을 뿐 지금은 완전히 반대가 된 것이다. '한 사람의 100보(步)보다 100사람의 1보가 낫다'고 하는 것으로 팔로어십을 중요시하게 된 것이다. 스타벅스의 Howard Schultz도 고객에 최우선적 가치를 부여하였는데 이를 실천하기 위해서는 '직원이 먼저 행복해야 고객이 행복할 수 있다'고 하여 팔로어에 대한 관심과 배려를 우선하고 있다.

따라서 본서는 오늘날 리더십의 대세인 팔로어 중심 리더십에 초점을 두고, 일반적인 개인과 조직을 논의의 대상으로, 리더십에 관한 기본적인 사항을 망라하여 체계화함으로써 대학생들에게는 리더십 개론서가 될 뿐만 아니라 실무의 리더와 관리자들에게도 리더십 지침서가 되도록 구성하였다.

2012년 3월

해운대에서 저자

차 례

제 1 부 리더십 개요

제 2 부 리더중심 리더십

제 4 부 리더십 전략

제 1 부

리더십 개요

제 1 장 리더십의 개념

리더십은 사람들에게 어떤 의미를 던져 주는 것이 길래 동서고금을 막론하고 항상 초미의 관심사가 돼온 것일까? 이 장은 서론으로서 리더십은 왜 중요하며, 리더십 구성요소와 리더십 연구의 역사를 포함한 리더십의 정의와 본질을 서술함으로써 리더십의 개념을 살펴보고자 한다.

제 1 절 리더십의 중요성과 구성요소

1. 리더의 역할

D. A. Nadler는 리더의 역할을 다음과 같이 제시하고 있다. 첫째, 리더는 비전화(envisioning)를 통해 바람직한 조직의 미래상을 창조하는 것이다. 이 조직의 미래상 즉 비전은 구체화되고 실천 가능한 것이어야 하며 조직 구성원들의 목표와도 부합되어야 한다. 이를 위해서 리더는 조직의 상황을 파악할 수 있는 전문성과 인류 사회에 이바지한다고 하는 철학을 지녀야 한다.

둘째, 리더는 조직구성원들이 비전의 달성을 향해 움직이도록 활성화(energizing)하고 도전적 역할을 잘 수행할 수 있도록 유능하게(enabling)하는 것이다. 즉 비전 달성을 위해 최선을 다할 수 있도록 동기부여(motivation)를 할 수 있어야 한다.

셋째, 이러한 바탕 위에 조직의 변화를 추진할 수 있는 구조를 만들고 실천하는 것이다. 조직의 변화를 추진할 수 있는 구조란 조직 구성원들의 원활한 의사소통(communication)을 위한 것이다. 이를 위해서는 조직이 권위주의적이거나 사람들의 장막으로 의사소통의 맥이 끊어져서는 안 된다.

넷째, 리더는 변화에 필요한 행동과 합치되는 정도에 따라서 보상과 처벌을 관리하는 것이다. 공정한 신상필벌은 리더의 역할 중 무엇보다 중요한 역할이다.

다섯째, 조직의 변화와 혁신을 측정하고 교정하기 위한 조치를 하는 것이다. 즉 환류(feedback)를 통해 변화와 혁신이 제대로 되는가와 그 진도를 점검할 수 있어야 한다.

2. 리더십의 중요성

리더의 역할을 수행하게 되는 리더십은 다음의 이유로 중요하다.

첫째, 조직 시스템의 관리과정인 계획 - 조직 - 지시 - 조정 - 통제에서 리더십 없이는 어떠한 기능도 수행될 수 없으므로 리더십은 중요하다. 이 과정에서 리더십은 다양한 인적자원과 정보, 기술, 물적 자원 등을 결합시켜 시너지 효과를 유발시키기 때문이다.

둘째, 리더십은 구성원의 동기부여에 중요한 영향을 미치므로 중요하다. $P=f(A \cdot M)$에서와 같이 능력이 동일할 경우 동기부여의 수준이 조직의 성과를 결정하기 때문이다. 리더는 달성해야 할 목표를 설명하고 필요한 노력의 수준을 제시하며 비전을 창출하여 알림으로써 구성원들의 노력의 수준과 방향에 영향을 미치게 된다.

셋째, 리더십은 조직의 변화와 혁신이란 중요한 역할을 수행한다. 변화와 혁신적이지 못한 리더는 이미 리더가 아니다. 외부환경을 파악하여 변화되어야 할 조직에 대한 바람직한 이미지를 만들어 그곳으로 나갈 수 있도록 견인차 역할을 하는 것이 리더임으로 리더십은 중요하다.

3. 리더십의 구성요소

일반적인 의미의 리더십은 목표를 달성하기 위하여 사람과 더불어 일하고 사람을 통하여 일을 이루어 나가는 과정이다. 즉 리더십은 $L=f(l,f,s)$로 표시되는 리더와 구성원 그리고 상황을 포함하는 복잡한 현상으로서, 일정한 상황에서 구성원들이 목표를 달성할 수 있도록 영향력을 행사하는 과정으로 이해할 수 있다.

가. 리더

리더(leader)는 리더십을 수행하는 책임자이며 주체이다. 리더는 자기에게 부여된 권한과 책임을 바탕으로 부하에게 영향력을 발휘하여 그 조직체를 이끌어 나가는 역할을 맡은 자이다.

리더는 부하들에게 적절한 권한을 위임해 주고, 지도와 감독을 통해서 임무를 달성하게 해야 한다. 그리고 임무수행 과정과 결과에 대한 피드백을 실시하여 부하들이 스스로 배우고 느끼도록 함으로써 임무수행능력을 향상시켜야 한다.

나폴레옹은 “위대한 리더로서 구비해야 할 모든 자질을 다 구비한 사람은 예외적인 존재이며 찾아보기 어려운 것이다. 리더를 가장 바람직하고 뛰어나게 해주는 것은 지능과 능력의 균형이며 이러한 지능과 능력이 강한 성격과 용기에 의해 뒷받침될 때인 것이다. 만약 용기만이 현저하게 뛰어난다면 능력에 벗어나는 일을 저지르기 쉽다. 반면 지능만이 뛰어나고 의지나 용기가 모자라면 실천이 뒤따르지 못한다.”라고 하여 구비요건의 조화가 중요함을 강조하였다.

그러나 모든 요건 중 몇 가지의 균형된 조화로서 성공적인 리더가 될 수 있다고는 하지만 그 어느 한 가지 요건이라도 치명적인 결함이 있어서는 안 된다. 이는 모든 면에서 훌륭한 리더일 수 있음에도 불구하고 어느 한 가지 결정적인 약점(건강이 아주 나쁘다든가, 도덕성이 결여되어 있다든가)이 다른 모든 장점을 무용지물로 만들 수도 있기 때문이다.

모세 다얀 장군도 리더의 구비요건과 관련하여 '구비요건을 모두 갖춘다는 것은 불가능하며 또 그렇게 완벽하다면 신이지 인간이 아니다. 리더십은 공식화될 수 없다.'고 하였다.

이는 구비요건을 갖추고자 노력함으로써 잠재력을 계발하고 향상시키는데 근본 취지가 있으며, 구비요건을 갖추기에 너무 집착한 나머지 인간미를 상실하여 친근감을 잃고 융통성이 결여되거나 규정된 어떤 구비요건을 갖추기만 하면 성공적인 리더가 될 수 있다는 안이한 사고방식에 빠지지 않도록 경고한 것이다.

따라서 훌륭한 리더가 되기 위해서는 제 구비요건을 갖추고자 하는 노력뿐만 아니라 구비요건을 조화되게 할 필요가 있다.

나. 부하

집단은 부하(follower) 즉 구성원 개개인이 모여서 이루어진다. 어떠한 조직이든 조직의 목표를 달성하기 위해서는 구성원 모두가 정상적으로 기능을 발휘해야 한다.

리더중심 리더십은 부하는 리더의 지도하에서 그를 잘 따라가면 집단의 목표가 성공적으로 달성된다는 입장이지만, 팔로어중심 리더십은 집단과 각 구성원들의 목표 달성을 촉진하기 위하여 각 구성원들이 다른 구성원들에게 상호 영향을 미치고 또한 그들을 동기화하는 부하들의 중요성이 부각된다 하겠다.

비록 전체조직 속에서 개인이 차지하는 부분은 아주 적을지 모르지만 조직의 목표가 달성되는 데는 구성원 모두가 중요한 역할을 담당하므로 모든 구성원은 자신이 조직의 일부분이라는 소속감과 자기 자신이 수행해야 할 역할의 중요성을 깨달아야 한다.

또한 모든 구성원은 상급 리더의 부하인 동시에 해당 집단 내 부하의 리더이기도 하다. 상사의 지시를 충실하게 수행하지 않는 리더는 부하들에게 충실할 것을 기대할 수 없으므로 훌륭한 부하가 되는 것이 곧 훌륭한 리더가 되는 팔로어십의 중요성이 대두된다 하겠다.

다. 상황

상황(situation)은 리더십에 영향을 주는 여건과 환경이다. 리더가 당면하는 상황은 매우 다양하고 유동적이며 그 범위도 넓다. 상황 요소로서는 광의의 관점에서 본다면 부하도 하나의 상황 요소가 될 수 있으며, 협의로는 기업을 대상으로 할 때 고객, 투자자, 지역 주민, 기타 이해관계자 및 지방 자치 단체, 국가기관 등과 같은 기업에 영향을 미치는 인적 요소와 예산을 포함한 물적 요소 그리고 시간적 공간적 요소들을 들 수 있다. 리더는 이러한 상황이 변동될 때마다 도출되는 문제점을 지속적으로 분석 평가하여 그 상황에 적합한 리더십 기법을 발휘해야 한다.

제 2 절 리더십 연구의 구분

리더십 연구의 역사에 있어서 1980년대를 기준으로 그 이전의 연구를 전통적 리더십 또는 리더중심 리더십이라 하고 그 이후의 연구를 현대적 리더십 또는 팔로어중심 리더십이라 한다. 여기서는 리더중심리더십과 팔로어중심 리더십으로 구분하여 설명하고자 한다.

1. 리더중심 리더십 이전 리더십

리더십에 관한 논의는 유사 이래로 계속 있어 왔지만, 오랜 기간 사변적인 수준에 머물러 있었다. 고대 중국의 유명한 병서(兵書)인 「삼략(三略)」이나 법가(法家)의 사상서인 「한비자(韓非子)」라든가, 서구 플라톤의 「국가론」, 마키아벨리의 「군주론」 등이 고전적인 의미의 대표적인 리더십 서적이라고 볼 수 있다. 이러한 저술들은 지도자가 어떠한 덕성을 갖추어야 하며 어떤 식의 행동을 해야 하는가에 관하여 당위론적인 입장에서 논의하였다. 따라서 현실적으로 어떤 덕성을 갖춘 리더가 더 성공적이고, 어떤 방식의 행동을 하는 리더가 더 효과적인가에 관한 증거의 제시, 즉 실증적인 검증은 결여된 것들이었다.

리더십 연구에 관한 진일보된 시각의 접근은 19세기 중반의 Carlyle의 「영웅과 영웅 숭배」라는 저서에서 나타나기 시작했다. 그는 이 저서에서 역사는 소수의 뛰어난 위인들에 의해서 만들어지며, 그러한 위인들은 보통 사람들과는 다른 훌륭한 자질이나 특성을 타고난다고 보았다. 그리하여 그는 유럽의 과거 역사에서 뛰어난 인물들이 지녔던 특성을 찾으려는 시도를 하였다.

이러한 위인(偉人) 이론은 그 후 영국의 우생학자인 Galton의 '뛰어난 자질과 능력은 유전적으로 결정된다'는 유전론에 힘입어 더욱 발전하게 된다. Woods는 14개 국가를 대상으로 하여 각 국가에서 오백 년 내지 천 년에 걸친 기간의 국세나 치적을 조사하였는데, 이것이 통치자의 능력과 거의 정비례한다는 결과를 보고하였다. 즉 훌륭한 능력과 자질을 소유한 통치자가 다스린 나라는 융성하며, 그러한 자질은 유전된다는 것이었다.

2. 리더중심 리더십

리더중심 리더십(leader centered leadership)은 19세기의 위인론으로 부터 시작하여 1970년대까지의 특성 이론, 행동 이론, 상황 이론을 일컫는다. 리더십에 대한 과학적인 연구의 발전은 20세기에 들어서면서 앞서 위인 이론에 심리 측정 기법의 발달과 결합되어 '특성론'이라는 이론적 접근으로 발전하게 된다. 이것은 리더가 보유하고 있는 정신 능력이나 성격 특성이 보통 사람들과는 어떻게 다른가를 각종 측정으로 알아보려는 방법이다. 이 특성론은 리더십 연구에 대한 최초의 과학적인 이론적 접근이라고 볼 수 있다.

약 반세기 동안 활기를 띠었던 특성 연구는 그다지 고무적인 결과를 내어놓지 못했다. 즉 성공적인 리더가 되기 위해서는 어떤 심리적 능력이나 성격 특성을 갖추어야 되는가에 대한 일관성 있는 결론이 모아지지 않았던 것이다. 이러한 시기에 사회과학 분야 전반에서는 사회과학 연구가 보다 더 과학적인 방식으로 이루어져야 한다는 견해가 확산되고 있었다. 눈으로 볼 수 없는, 그래서 타당성 있는 측정이 곤란한 내적특성을 규명하려고 하기보다는 객관적 관찰과 측정이 용이한 외적행동을 연구하는 것이 바람직하다는 견해가 우세해지면서 리더의 행동에 대한 연구가 활기를 띠게 된다.

리더 행동에 대한 연구가 활성화되게 된 또 다른 배경은 리더 훈련에 있어서 행동 연구적 접근이 더 효과적이라는 점이 인식된 것이다. 내적인 특성은 발견하기도 어렵거니와 장기간의 생을 통해 형성되어 온 것이기 때문에 변화시키기도 어려우며, 또한 변화 여부를 평가하기도 어렵다. 이에 비해 외적인 행동은 리더 훈련에서의 목표 설정과 그 훈련의 효과성을 평가하기가 상대적으로 훨씬 더 용이한 대상이다. 그래서 1950년대 이후 약 20년간은 리더 행동에 대한 연구가 성황을 이루었다.

1960년대 후반에 접어들면서 기존의 리더 특성이나 리더 행동에 관한 연구접근법에 중요한 비판이 가해졌다. 즉 기존의 특성 연구나 행동 연구는 모든 상황에서 성공적일 수 있는 특성이나 행동이 무엇인가를 찾아내려고 노력해왔는데 그런 일반적인 요인은 있을 수 없다는 것이다. 그 이유는 부하의 특성이나 과제의 성질과 같은 상황적 요소가 달라짐에 따라 효과적인 특성이나 행동이 달라진다는 것이다. 이것이 곧 상황적 접근이다.

3. 팔로어중심 리더십

1970년대 후반에 접어들면서 리더십 연구는 심리학을 포함하는 사회과학 전반에 걸쳐 인지주의적 관점(cognitive approach)과 인본주의적 관점(humanistic approach)이 확장되고, 국제적으로 기업들의 경쟁이 치열해지면서 기업의 생존전략 모색이 핵심적인 문제로 대두됨에 따라 조직 문화(organizational culture)와 같은 문제가 주요 관심사로 부각되는 등 새로운 방향 즉 리더중심 리더십 연구와 대비되는 팔로어중심 리더십(follower centered leadership) 연구가 진행되었다.

리더중심 리더십 이론의 공통적 특성은 리더십을 조직목표의 달성수단으로 본다. 이것을 리더십에 대한 수단적 접근이라 한다. 그러나 최근에는 리더십의 다른 측면을 파악하려는 시도들이 나타나고 있다. 이와 같은 시도들은 리더십에 대한 새로운 패러다임으로 조직문화와 팔로어의 중요성을 강조하였다.

대다수의 리더십 연구와 이론들에서 많이 사용되었던 리더십의 정의는 한사람의 '영웅적인'리더에 의한 일방적 영향을 강조하는 것이었다. 이러한 관점의 정의가 선호된 이유 중의 하나는 리더십에 대한 귀인 편향 때문이다. 이와 대조되는 다른 관점은 조직에서의 리더십을 여러 개인들 사이에서 일어나는 일련의 다방향성 상호 영향과정으로 보는 견해이다. 이 견해에 의하면 리더십 과정은 사회 체계들의 역동성을 떠나서는 이해될 수 없다.

Bradford와 Cohen은 '영웅적인 리더'에 대한 고정 관념이 최고 관리자에 의한 효과적인 리더십을 약화시킨다고 주장하였다. 사람들은 영웅적인 리더가 조직구성원 중 누구보다도 더 명석하고 용감하며, 조직 내에서 일어나는 모든 일을 잘 알고 있을 것으로 생각한다. 그러나 이러한 기대는 비현실적이며, 실제로 그러한 리더는 대단히 드물다. 이들은 조직 구성원들이 리더십의 기능에 대한 책임감을 공유하고 부하에게 자율권 부여(empowerment)가 영웅적인 리더십에 비하여 더 효과적이라고 보았다. 그러나 사람들이 조직의 운명에 대한 모든 책임을 리더 혼자서 감당할 것이라고 기대하는 한 이 같은 리더십이 실현되기는 어렵다.

21세기에 접어들어 리더십이 공유될 수 있는 정도, 공유 리더십(shared leadership)이 성공하기 위한 조건, 조직 설계를 위한 시사점 등은 많은 연구 가치가 있는 중요하고 흥미로운 문제로 대두되고 있다. 오늘날 조직에 요구되는 변혁에의 압력은 조직 내 구성원에게는 창의성과 자율을 요구하고 있으며, 이런 배경에 따라 구성원의 중요성과 구성원의 개발 및 변화를 강조하고 있는 변혁적 리더십과 셀프 리더십, 팀 리더십의 중요성이 더욱 강조되고 있는 것이다.

제3절 리더십의 정의/본질

lead는 고대 바이킹의 언어인 노르웨이어에서 유래된 말이다. 이 말의 의미는 '배의 항로를 결정한다'는 뜻으로서 오늘날 조직에 있어서의 leader는 배의 항로를 결정하는 사람으로 생각할 수 있다.

1. 리더십의 정의

리더십에 대한 정의는 리더십을 연구하는 사람들의 수만큼이나 다양하다. 리더십 현상을 조망하는 관점에 따라서, 또한 시대사조에 따라서 리더십의 정의는 달라진다. 그렇기 때문에 리더십을 일의적으로 정의하기는 어려우나 리더십 현상을 보는 관점과 시대사조와 관련하여 '리더중심 입장'과 '팔로어중심 입장'으로 구분한 리더십 정의는 다음과 같다.

가. 리더중심 리더십 정의

초기 '리더중심 입장'에서의 리더십 연구들에서는 리더십을 일반적으로 "집단의 목표를 달성하기 위하여 구성원을 동기화시키고, 그들에게 영향력을 행사하는 과정"이라고 보았다. 이 정의는 리더가 집단의 성패를 좌우하는 핵심적인 인물(agent)로서, 그의 부하에 대한 동기화 능력과 영향력 발휘 기술이 중요하다는 점을 강조하는 것이다. 이런 정의는 리더란 집단을 이끌어 가는 중심인물이라는 점을 강력히 시사한다. 즉 부하는 그의 지도하에서 그를 잘 따라가면 집단의 목표가 성공적으로 달성된다는 것이다. '나를 따르라(follow me)!'라는 구호가 표현하는 것처럼 집단 임무 수행의 성패는 리더가 결정적인 열쇠를 쥐고 있다고 보는 관점이다.

나. 팔로어중심 리더십 정의

최근 '팔로어 입장'에서의 연구는 리더십이라는 복잡한 현상에 대한 이해가 확장되고, 사회의 가치관이 민주적인 방향으로 변화함에 따라 리더십을 바라보는 시각에서 큰 변화가 일어나게 되었다. 이에 따라 리더십을 "집단과 각 구성원들의 목표 달성을 촉진하기 위하여 각 구성원들이 다른 구성원들에게 영향을 미치고 또한 그들을 동기화시키는 교호적, 교환적 및 변혁적 과정"으로 정의한다. 이를 '리더중심 정의'에 대비되는 '팔로어중심 리더십의 정의'라고 할 수 있다.

여기서 교호적(reciprocal)이란, 리더, 부하, 상황의 세 가지 요소는 어느 한 요소가 다른 요소에 일방적으로 영향을 주는 것이 아니라, 서로에게 영향을 주고받는다. 즉 부하는 리더의 영향을 받는다. 그러나 리더 역시 부하의 영향을 받는다. 리더는 부하의 요구를 잘 살펴서 리더십 행동을 조정한다. 또한 리더와 부하는 모두 외부적 요구에 따라 적절히 대처를 해야 하고, 자신들에게 유리한 환경을 조성해 나가야 한다. 리더십은 유동적이고 역동적(dynamic)인 과정이기 때문에 이 세 가지 요소들 간에 끊임없이 조정과 조율이 일어난다.

팔로어중심 정의에서도 리더중심 정의와 마찬가지로 교환적(transactional)이다. 리더와 부하는 일방적으로 누가 누구에게 은전을 베풀고 받는 관계가 아니다. 리더-부하 관계는 각자 자신의 역할을 훌륭히 수행할 경우 상호간에 보상을 주고받는 관계인 것이다. 즉 리더와 구성원은 각자가 원하는 금전적 또는 사회적 보상(reward)을 얻기 위하여 상호간 시간과 노력을 거래하는 관계이다. 변혁적(transformational)이란, 리더십이 자신의 권한이나 권력을 단순히 휘두르는 것이 아니라 부하들의 신념, 가치, 욕구를 변화시키고, 그들을 일치 단결시켜서 목표를 향해 매진하게 만드는 것이다. 즉 리더는 부하를 동기화시키고, 자신감을 갖게 만들고, 만족감을 갖도록 해주어야 한다. 나아가서 부하의 고차원적 욕구, 즉 자아 실현적 욕구를 자극하여 스스로 일을 찾아서 하면서 보람을 느끼도록 하는 것이다.

2. 리더는 타고 나는가 만들어 지는가

고대 그리스의 Xenophon에 의하면 리더십은 "구성원들이 필요로 하는 모든 욕구를 충족시켜주는 것이다"라고 간명하게 정의하고 있다. 만약 누구든지 구성원들에게 이렇게만 해 줄 수 있다면 완벽한 리더가 될 수 있을 것이다. 그러면 리더들은 이러한 능력을 가지고 태어나는 것일까? 리더십의 능력은 누구나 가지고 있다. 즉 리더십의 잠재력은 어느 정도 처음부터 타고나는 것이다. 리더십을 발휘할 필요나 기회가 주어지고 리더십 과정이나 프로그램을 통해 조금만 도움을 받는다면 잠재된 리더십을 계발할 수 있을 것이다. 선천적으로 잠재력을 지닌 사람들이 리더가 되기 위해서 열심히 노력한다면 분명히 훌륭한 리더가 될 수 있다. Xenophon은 리더십은 교육을 통해 길러진다고 믿었다.

리더십에 대한 학습은 한손에는 경험과 훈련을, 다른 한손에는 이론과 원리를 획득하는 것이다. 한쪽이 없는 다른 한쪽은 무의미하다. 리더십이 경험에 의해서만 습득될 수 있다는 생각은 잘못된 것이다. 때때로 사람들이 경험을 다 배운 후에 그 경험들을 실제로 적용하려고 할 때에는 너무 늙어버리는 경우도 있다. 마찬가지로 책이나 강의를 통해 익힌 이론과 원리가 사람을 리더로 만들 수 있다는 믿음 또한 절반의 진실에 불과하다. 리더십에 대한 모든 학문적인 연구가 리더십에 대하여 가르치고 있지만 어떻게 리더십을 발휘할 수 있는지에 대해서는 가르치지 못하기 때문이다.

1930년대 John Buchan의 "리더십은 사람에게 위대함을 주입하는 것이 아니라 이미 존재하고 있는 위대함을 유도해 내는 것"이라는 말에서 리더는 타고 나기도 하지만 이론과 경험을 통해 만들어 지는 것임을 강조하고 있다. 리더십은 꾸준한 분석에 의한 과학화될 수 있는 부분과 경험과 직관에 의해서만 체득될 수 있는 예술적 영역이 중첩되어 있다는 것이다.

3. 리더십의 본질

리더십은 다음과 같은 일곱 가지를 그 본질로 한다.

첫째, 리더십은 상용하기 힘든 극과 극의 요소를 포함하므로, 리더는 부하의 특성과 상황의 여건에 따라 다양한 리더십 유형을 구사할 수 있어야 한다. 리더는 기업가라면 호경기 때는 물론이고 불황일 때도 조직을 잘 이끌 수 있어야 하며, 군대 조직의 지휘관이라면 평시는 물론이고 수백 수천의 부하가 죽고 다치는 전시에도 냉철한 작전을 통해 승리를 추구해야 하는 것이다. 한 개인으로 보더라도 행복할 때는 물론이고 견디기 힘든 불행일 때에도 자신을 이끌어야하는 것이다. 그러므로 리더는 엄격함과 온화함, 강직함과 유연함, 냉혹함과 다정다감함을 함께 지녀야 하는 것으로서 이는 곧 리더의 도량을 말하며 도량이 클 것이 요구된다 하겠다.

둘째, 리더십은 리더가 부하를 능가함에서 성립된다. 행군을 하는데 리더가 뒤쳐져서 낙오해서는 '나를 따르라!'고 소릴 칠 수 없다. 아무리 지위권력을 갖고 있더라도 부하보다 능력이나 정신력, 덕성, 품성, 체력이 뒤질 때 리더십은 성립될 수가 없는 것이다. 그렇다고 리더가 모든 부하를 모든 분야에서 다 능가할 수는 없다. 리더가 부하보다 우월한 요소가 많을수록 부하들이 그 리더를 존경하고 따르는 힘은 커지는 것이며, 최소한 아주 기본적이고 중요한 자질에 있어서 뒤지지 않도록 되어야 한다. 바로 여기에 리더가 되고자 하는 사람이 남보다 더 자기 향상, 자기 수련을 거듭해야 하는 이유가 있는 것이다.

셋째, 리더는 동시에 여러 가지 일을 추진할 수 있어야 한다. 조직체 전체의 경영 관리는 대단히 많은 분야의 잡다한 업무를 동시에 처리할 것을 요구한다. 한 때에 한 가지씩 처리하도록 용인되지 않는다. 그러므로 많은 처리 사항을 경중완급(輕重緩急)에 따라 우선순위를 결정하여 처리할 수 있어야 하고, 혼자하기 보다 부하에게 위임을 통해 부하의 능력도 배양할 수 있어야 한다.

넷째, 리더십은 언제나 유동적이며 변화되는 속에서 이루어진다. 국내외의 환경은 계속 변화한다. 리더, 부하, 상황도 계속 변화한다. 이 세상에 고정된 것은 없다. 이처럼 끊임없이 변화하는 환경 속에서 변화하는 요소 간에 상호 작용하는 실태를 파악하고 예측하여 조치하는 선견을 가져야 한다.

다섯째, 리더는 육체적, 정신적으로 견고하고 강인해야 한다. 환경의 변화나 내외부의 압력 그리고 모험성을 띤 의사 결정 등 긴장과 스트레스를 압도하는 체력과 정신력이 없으면 리더 자신이 파괴되고 만다. 모름지기 리더는 견고하고 강인해야 하며 낙천적이고 낙관적이면서 칠전팔기의 불굴의 투지가 있어야 한다.

여섯째, 리더십은 술(art)이자 과학(science)이다. 리더십에는 관리 기능과 같이 과학화된 부분이 있음과 동시에 부하를 감동하게 한다든지 정보가 없는 가운데서 단호한 결단을 내리게 된다든지 극과 극의 상용할 수 없을 것 같은 속성을 동시에 구비하여 구사하는 등 심오한 도(예술)의 경지가 있는 것이다.

일곱째, 리더십은 결과로써 말한다. 이 말은 과정이 중요하지 않다는 뜻이 아니라 리더의 책임을 강조하는 것이다. 기업가의 경우는 흑자이냐 적자이냐가, 군인의 경우에는 승리냐 패배냐 하는 결과로 책임을 져야 한다는 것이다. 결과에 대해 책임질 수 있는 리더일 때 진정한 리더라 할 것이다.

제 2 장 리더십 관련 용어

1. 동기

가. 정의

동기(motivation)란 사람으로 하여금 '어떤 목적을 향하여 특정한 행동을 취하도록 유도하는 상태'라고 정의된다. 동기는 어떤 특정한 목표를 향해 에너지를 동원하는 것이며, 이러한 힘의 작용에는 반드시 역동적 측면과 방향성이 포함된다. 즉 동기는 크게 세 가지 측면을 고려할 수 있다. 첫째 신체적 요구나 환경 자극 또는 사고와 기억 등의 정신 활동 등에 의해 유기체를 움직이게 하는 욕구, 둘째 이러한 욕구에 의해 촉발된 행동, 셋째 그 행동의 방향을 규정짓는 목표이다. 따라서 동기는 행동을 촉발시키고 적절한 목표에 도달하도록 한다.

그러나 동기와 행동 간의 관계는 1대 1의 관계가 아닐 수도 있다. 하나의 동기가 다양한 행동으로 표현되기도 하고 하나의 행동이 여러 가지 동기에 의해서 촉발될 수도 있는 것이다. 또한 동기에는 개인차가 존재한다. 개인의 욕구 조건이나 조건에 따른 목표, 행동 방향 등 모든 요소에서 개인차가 존재하므로 사람마다 다양한 개성으로 나타나게 되는 것이다.

나. 동기의 중요성

사람들의 행동은 그들을 동기 유발시키는 것들에 의해 결정되어 진다. 다시 말하면, 업무수행 성과란 능력과 동기 유발의 함수, 즉 $P=f(A \cdot M)$로 표현할 수 있다. 아무리 훌륭한 능력을 갖춘 개인이라도 열심히 일하고자 하는 의욕이 없다면, 그 성과는 부진할 것이며 아무리 강한 의욕을 갖고 있다 하더라도 수행 능력이 없다면, 좋은 결과를 이루어 낼 수 없을 것이다. 리더십의 경우 그 본질이 부하들의 동기 유발에 있다고 해도 과언이 아닐 정도로 동기유발은 리더에게 있어서 중요하다.

2. 영향력/권력/권한

가. 영향력

영향력(influence)은 '조직의 결정사항을 실천하기 위한 노력', '효과를 유발시키는 행위', '타인의 태도를 변화시키는 한 개인의 능력', '영향력 있는 기법들의 결과로 일어나는 대상 인물의 태도, 가치관, 신념 또는 행동상의 변화' 등으로 정의되고 있다. 즉 영향력은 '조직의 목표를 달성하기 위하여 다른 사람들의 태도, 가치관, 신념에 변화를 줄 수 있는 능력'이라고 볼 수 있다.

실제 조직에서 영향력이 발휘되기 위해서는 리더십이라는 수단을 사용하기 때문에 영향력은 리더십과 동의어로 사용하기도 한다.

나. 권력

권력(power)이란 용어는 '타인에게 영향을 미치기 위한 잠재력의 보유', '다른 사람에게 효과를 유발시키는 역량', '타인에게 자신이 원하는 것을 하도록 영향을 주는 잠재력', '다른 사람이 어떤 일을 하도록 만들 수 있는 능력' 등으로 정의되고 있다.

이러한 내용들을 종합해보면 권력은 '다른 사람의 행동에 영향을 미치는 능력 또는 잠재력'임을 알 수 있다. 권력이라는 용어는 영향력과 구분하지 않고 같이 사용하고 있다. 하지만 권력은 영향력과 달리 리더가 보유하고 있으면서 사용하지 않을 수도 있는 잠재력이란 측면이 영향력과 다소 상이하다.

다. 권한

권한(authority)은 권력의 공식적인 측면을 표현한다고 할 수 있다. 일반적으로 '권한을 행사 한다'고 할 때 그것은 행동을 통제하거나 허가하는 행위들을 말한다. 그러한 행위는 소속된 조직이나 국가의 규칙이나 법에 의해서 주어진다. 따라서 권한은 합법적이며 사람의 직위를 바탕으로 하고 위에서 아래로 흐르는 것이며 하급자에 의해서 받아들여져야 행사되었다고 할 수 있다.

권한과 권력의 차이는 〈표 2-1〉과 같다.

〈표 2-1〉 권한과 권력의 차이

	권 한	권 력
정 의	권리	능력
출 처	직책	개인적 특성
목 표	공동체이익	개인 혹은 집단의 이익
시 행 자	관리자	리더
반응양식	복종	의존

3. 개인과 집단과 조직

일반적으로 집단(group)이나 조직(organization)이란 공동의 목표나 목적을 달성하기 위해 상호 의존적이고, 상호 작용이 일어나는 둘 이상의 개인들의 집합이라고 정의 된다. 이와 같은 집단의 정의에서는 다음의 세 가지 측면이 중요하다. 첫째, 리더와 구성원 간의 상호 영향의 개념이다. 둘째, 집단 구성원이 상호 작용하고 상호 영향을 미친다는 점이다. 정류장에서 버스를 기다리는 사람들의 무리는 통상 개개인 사이에 상호 작용도 없고 상호간에 미치는 영향도 미미하므로 집단이라 할 수 없다. 셋째, 개인들은 한 집단에만 속하는 것은 아니며 대부분의 사람들은 종교 모임, 동호회, 봉사단체 등 다양한 여러 집단에 속해 있다.

그러면 집단과 조직의 차이점은 무엇인가? 그것은 규모면에서 찾을 수 있다. 집단은 감정과 개인에 대한 이미지에 영향을 미칠 만큼 규모가 작은 것이다. 반면 조직은 규모가 커서 대다수의 구성원이 서로를 잘 모를 수 있다. 이 경우 구성원 사이의 상호 작용과 상호간에 미치는 영향이 상대적으로 적다. 조직은 개개인의 감정에 영향을 미치기에는 너무 규모가 크고 개인의 감정을 나타내지 않는다. 그러므로 사람들은 자기가 속한 조직보다는 자신이 속한 집단에 더 일체감을 느끼는 경향이 있다. 조직은 여러 하위의 기능적 집단(functional group)들로 구성되는 것이다.

4. 관리와 리더십

리더십과정은 여러 면에서 관리과정과 비슷하다. 리더십과정이 영향력을 포함하고 있는 것처럼 관리(management)과정에서도 영향력이 행사된다. 그리고 리더십이 효과적인 목표달성과 관련된 것처럼 관리도 효과적인 목표달성을 지향한다. 그러나 리더십은 다음과 같은 점에서 관리와 다르다.

첫째, 관리는 집단과 조직을 대상으로 하는 반면 리더십은 개인과 집단과 조직을 망라하여 그 대상으로 한다. 관리는 조직의 목표를 달성하기 위하여 집단이나 조직과 더불어 그리고 집단이나 조직을 통하여 일을 이루어 나가는 과정인 것이다. 따라서 관리는 집단과 조직목표의 달성을 주된 목적으로 하는 특수한 리더십인 것이다. 리더십은 목표를 달성하기 위하여 사람과 더불어 일하고 사람을 통하여 일을 이루어 나가는 과정이다. 그러므로 리더십의 목표는 반드시 집단과 조직의 목표에 국한되지 않고 자기 자신의 개인적인 목표일 수도 있고 어떤 친구의 목표일 수 도 있다.

둘째, 관리의 주된 기능은 유지 즉 조직에 질서와 일관성을 제공하는 것인 반면, 리더십의 기능은 창조 즉 변화와 진전을 가져오는 것이다. 다시 말해서 관리는 질서와 안정을 추구하고 리더십은 변화에 대한 적응과 건설적인 변화를 추구한다.

셋째, 관리의 주된 활동들은 리더십의 주된 활동들과는 다르게 수행된다. 관리는 조직의 유지를 위해 자세한 일정을 강조하고 몇 개월부터 몇 년에 이르는 시간표를 강조하며 조직목표의 달성을 위해 필요한 자원의 배분을 강조한다. 이와는 대조적으로 리더십은 창의를 위한 방향설정, 방향 윤곽의 명료화, 장기적인 비전의 설정, 필요한 조직변화를 위한 전략수립 등을 강조한다.

넷째, 조직화나 충원에 있어서도 관리는 개인들의 작업을 구조화하고 조직 내에서 그들 간의 관계에 초점을 맞추고 또 작업의 물리적 환경에도 관심을 기울인다. 여기에서는 적재적소의 원칙이 강조되고 작업수행을 위한 규칙이나 절차를 개발한다. 그러나 리더십의 경우 비전에 관해 구성원들과 의사소통하고 그들의 헌신을 유도하며, 팀을 구축하여 협동적으로 일하고 또 조직사명의 실현에 유익한 연합체를 형성하는 것 등을 강조한다.

다섯째, 통제와 문제해결활동에서, 관리의 초점은 구성원의 동기유발을 위한 유인시스템(incentive system)의 개발, 문제의 해결, 업적목표를 향한 진행상태의 점검, 업적이 궤도를 벗어났을 때 수정조치를 취하는 것 등에 있다. 이와는 대조적으로 리더십은 구성원들의 고무 및 동기유발, 구성원들의 자율성을 강조하고 구성원들에게 활력을 불어넣고 그들의 욕구충족을 강조한다.

5. 지위권력과 개인권력

Etzioni는 권력의 개념을 다른 사람의 행동을 유발하고, 다른 사람의 행동에 영향을 미치는 능력이라고 규정하고 크게 지위권력(position power)과 개인권력(personal power)으로 분류하고 있다. 이 같은 권력은 그가 차지하고 있는 조직상의 지위에서 오든지 혹은 그 개인이 가지고 있는 개인적인 영향력에서 오든지, 아니면 이 양자로부터 생겨난다고 한다. 어떤 개인이 자기의 조직상의 지위 때문에 다른 사람에게 어떤 일을 수행하게 할 수 있다면 그 개인은 지위권력을 가지고 있는 것으로 생각할 수 있고, 한편 그 개인이 부하들의 신뢰 속에서 자기의 권력을 얻어내고 있으면 그 사람은 개인권력을 가지고 있다고 생각할 수 있다.

지위권력은 그 관리자의 조직상의 직무 그 자체에서 오는 권력과 상사로부터 그 관리자에게 권한과 책임을 기꺼이 위임하는 정도의 문제인 것이다. 그래서 조직 내의 지위권력은 위에서 내려주는 권력을 말한다. 그렇다고 해서 리더가 지위권력을 만들어내는데 아무 영향도 미치지 않는다는 것을 뜻하는 것은 아니다. 리더 자신도 자기의 지위권력을 만들어내는데 확실히 영향을 미친다. 관리자들이 그들의 상위자들과의 관계에서 신임과 신뢰성을 확보하게 되면, 그 신임과 신뢰가 그 관리자의 상위자들이 그 관리자에게 어느 정도의 권력을 위임하느냐를 결정하는데 큰 역할을 하기 때문이다.

개인권력은 부하들이 그들의 리더에 대해 가지는 존경과 호감 및 믿고 따르는 정도이며, 리더가 제시하는 목표달성에 의해 그들의 목표도 달성된다고 보는 정도이다. 즉 개인권력이란 사람들이 그 리더를 기꺼이 따르려고 하는 정도라고 할 수 있다. 그래서 조직에 있어서의 개인권력은 아래 사람들, 즉 밑에서 올라오는 권력인 것이다. 그래서 우리는 어떤 리더는 카리스마적(charismatic)이라고 말하거나, 또는 그 리더는 자기 자신의 특유한 개인권력을 가지고 있다고 말하게 되는 것이다.

Etzioni는 리더에게 유리한 최선의 상황이란 리더 자신이 지위권력과 개인권력을 모두 다 가지고 있을 때라고 주장하고 있다. 그리고 개인권력을 가지는 것이 중요한가, 그렇지 않으면 지위권력을 가질 것이 중요한가 하는 것이 문제가 되는데, 대부분의 사람들은 개인권력을 가장 중요한 것으로 생각하고 있다. 그러나 개인권력 못지않게 지위권력도 중요한 것이다.

6. 리더십유형

리더십유형(leadership style)이란 '리더가 취하는 행동패턴'으로써 그 종류는 리더십에 대한 연구자만큼이나 다양하다. 이러한 리더십유형들은 리더십의 두 가지 핵심 기능인 과업에 대한 관심과 인간에 대한 관심에 대한 반응으로 볼 수 있다. 선행연구의 리더십유형을 살펴보면 〈표 2-2〉와 같다.

〈표 2-2〉 리더십유형의 일반적 분류

구분	연구자 / 연구 기관	리더십 유형
2 유형	Ohio & Michigan(1953)	과업, 관계성
	Tannenbaum(1956)	지시적, 참여적
	McGregor(1960)	X이론, Y이론
	Bass(1985)	변혁적, 거래적
3 유형	Lewin, Lipit, White(1939)	전제형, 민주형, 방임형
	House(1974)	수단적, 지원적, 참여적
4 유형	Hersey & Blanchard(1994)	지시적, 설득적, 참여적, 위임적
	Manz & Sims(2002)	독재형, 거래형, 비전형, 슈퍼형
5 유형	Blake & Mouton(1964)	권위형, 사교형, 중도형, 방임형, 팀형

7. 리더십의 효과

리더십의 정의가 다양한 것과 마찬가지로, 리더십 효과의 개념도 학자마다 다르다. 일반적으로 리더십의 효과(leadership effectiveness)란 "개인이나 집단이 조직의 목표를 완수함으로써 그들 자신의 목표도 달성된다고 생각하는 정도로서, 조직(리더)의 목표와 개인(부하)의 목표가 통합된 정도"라 할 수 있다. 조직의 목표가 조직의 모든 구성원들에 의해 공유되고 있을 때 그것이 진정한 '목표의 통합'인 것이다.

〈그림 2-1〉은 관리자의 목표와 부하 개인의 목표의 통합 정도인, 조직목표의 달성도를 나타내 보이고 있다. 즉 관리자의 목표와 개인들의 목표가 조직목표에 가까워지면 가까워질수록, 조직의 성과는 그만큼 더 높아지게 된다.

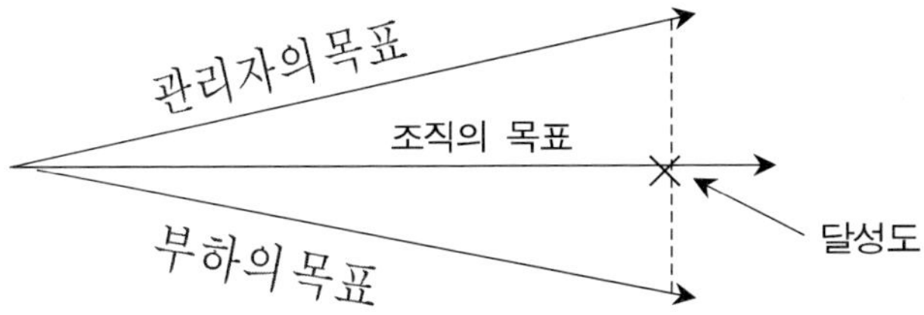

〈그림 2-1〉 조직의 성과는 매우 높다

반면에 〈그림 2-2〉는 조직의 번영은 일반적으로 경시되고 있는 것 같고, 관리자도 부하들도 조직의 목표는 자기들의 목표와 모순된다고 생각한다. 그 결과 사기도 업무수행성적도 저하되고, 따라서 조직목표의 달성도는 무시해도 좋을 만큼 하찮은 것이 되고 만다.

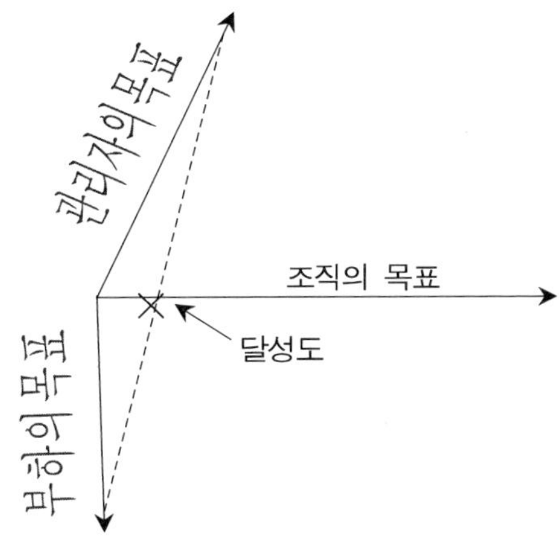

〈그림 2-2〉 조직의 성과는 낮다

리더십 효과의 기준으로 선택되는 지표의 유형이다. 이 지표에는 집단수행, 집단목표의 달성, 집단 생존, 집단 성장, 집단 준비, 위기에 대처하는 집단의 역량, 리더에 대한 부하들의 만족, 집단목표에 대한 부하들의 참여, 집단 구성원들의 심리적 만족과 개인적 발전 및 집단에서 리더의 신분직위 유지와 같은 다양한 것들이 포함된다. 이중 리더십 효과성에 대한 최선의 평가기준은 리더가 개인적으로 남보다 더 뛰어나 다른 사람들로부터 갈채를 받는 것이 아니라 부하들의 성공에 의해 측정될 수 있다는 것이다.

8. 성공적, 효과적, 균형적 리더십

어떤 개인이 다른 사람의 행동에 영향을 미치려고 시도하고 있다면 우리는 이것을 시도된 리더십이라 부를 수 있다. 이와 같은 시도된 리더십에 대한 반응을 성공적 리더십, 효과적 리더십, 균형적 리더십이라고 하는 세 가지로 구분해 볼 수 있다.

가. 성공적 리더십

〈그림 2-3〉에서와 같이 관리자 A가 부하 B에게 어떤 일을 하도록 영향을 미치려고 하고 있다고 가정하자. 이 경우, A의 시도된 리더십은 B가 어느 정도로 그 일을 수행하느냐에 따라 그 성공과 실패가 결정된다.

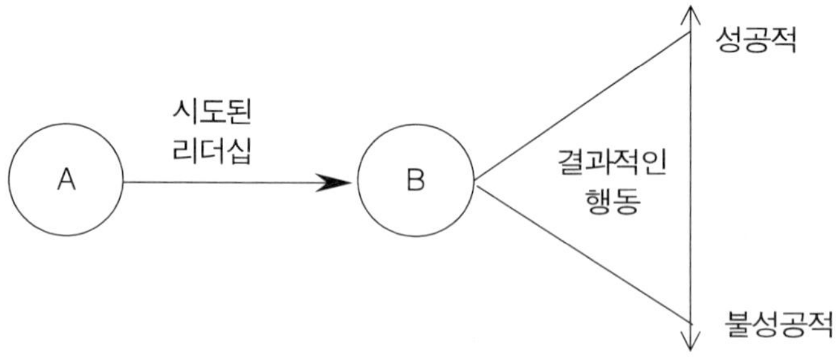

〈그림 2–3〉 성공적–불성공적 리더십의 연속체

성공적 리더십이란 A의 시도된 리더십이 B로 하여금 A의 의도대로 결과적인 행동을 하게 된 상태를 말한다. 즉 B가 스스로 하고 싶어 했건 아니면 A의 지위권력 때문에 어쩔 수 없이 마지못해 했건 관계없이 관리자만의 목표가 달성되었기 때문이다. 성공적인 리더십은 개인과 집단이 어떻게 행동하여 일을 처리하느냐에 관계된 문제로서 그것은 성질상 태도적인 것이다. 그래서 단지 성공적인 리더십에만 관심이 있는 리더는 그의 지위권력을 강조하고 엄격한 감독을 하는 경향이 있다. 따라서 성공적 리더십은 관리자만의 관심사로서, 부하를 배려하지 않고 있으므로 조직을 단기적으로 일정 수준으로 끌어 올리고자하는 처방일 때 선택 가능하다.

나. 효과적 리더십

〈그림 2-4〉에서처럼 성공적 리더십이라 하더라도 '매우 효과적이다'로부터 시작하여 '매우 비효과적이다'까지에 이르는 하나의 연속선상에 나타난다.

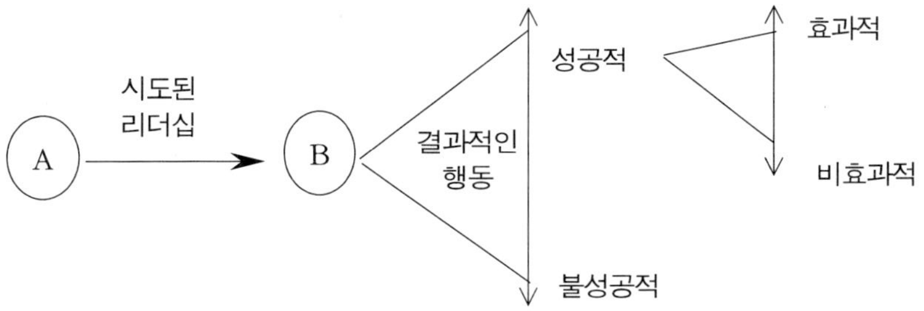

〈그림 2-4〉 효과적-비효과적인 리더십의 연속체

A의 시도된 리더십이 일을 성공적인 결과, 즉 바람직한 반응으로 이끌었을 경우, B 자신이 그 일을 하기 원하고 또 보람이 있다고 생각하여 그 일을 하였다면, A는 지위권력 뿐만 아니라 개인권력까지도 갖추고 있다고 생각할 수 있다. B는 A를 존경하고 A의 욕구가 B 자신의 목표와 일치하였다고 생각하여 기꺼이 A와 협력하려고 하기 때문이다. 이러한 경우 B는 A로부터 지시된 일을 수행함으로써 자기 자신의 목표가 달성된다고 생각하게 된다. 이것이 바로 효과적인 리더십이라는 것이다.

효과적 리더십을 바라는 리더는 자기의 개인권력에 의존하게 되고 성공만을 꾀하는 리더의 세밀한 감독방법이 아닌 전반적인 감독방법을 사용하는 특성이 있다. 따라서 효과적 리더십은 조직의 목표와 부하 개인의 목표를 통합하고자 하는 리더십으로서 부하를 배려하는 리더가 조직을 중장기로 내다보고 이끌어 가고자 할 때의 처방이다.

다. 균형적 리더십

성공적 리더십과 효과적 리더십은 리더와 부하만의 관계를 다루고 있고, 비교적 단기간에 걸친 당면된 부하들의 행동에 영향을 미치는 리더십이다. 균형적 리더십은 리더와 부하 뿐 만이 아니라 조직의 다양한 이해 관계자들에 관한 균형과 장기적인 조직의 발전을 다루고 있다. 즉 균형적 리더십이란 '집단의 내부적인 요구와 외부적 요구를 분석하고 그들 간에 균형을 이루는 리더십'이다.

먼저 집단의 내부적인 요구와 균형을 이룬다는 의미는 부하의 요구가 만족되어 조직의 목표와 부하 개인의 목표가 통합된 효과적 리더십의 달성을 말한다. 균형적 리더십은 효과적 리더십의 달성을 전제로 하고 그 위에 외부적 요구와도 균형을 이루는 리더십이므로, 조직의 목표와 부하 개인의 목표 그리고 조직을 둘러싼 이해관계자들의 목표 모두가 통합된 리더십이다.

높은 성과를 지향하는 조직일수록 다수의 이해관계자에게 가치를 둔다. 반면 낮은 성과를 내는 조직은 한 쪽을 희생하는 대신에 다른 하나를 중히 여기는 경향이 있다. 고객은 물론 투자자, 기타 이해관계자라고 하는 서로 다른 이해관계자를 모두 만족시키지 못한다면, 그들은 서로에게 밀접하게 의존하면서도 서로 경쟁하는 관계에 설 수밖에 없다. 한정된 자원을 가지고 다퉈야 하기 때문이다. 사실 '서로 다른 요구를 장기적으로 모두 균형 있게 처리하기'보다는 '단기간에 한 가지 상황에만 집중하기'가 훨씬 쉽고 편하다. 하지만 건전한 리더는 임시방편 보다는 균형 있는 계획을 이해관계자들과 함께 세우고 실행함으로써 다양한 이해관계자들을 모두 만족시켜야 한다는 사실을 잘 알고 있다.

이상에서 논의된 성공적 리더십과 효과적 리더십 및 균형적 리더십을 관련지어 보면 '리더만의 승(win)'이 성공적 리더십이라면, '리더와 부하가 같이 하는 승(win win)'은 효과적 리더십이며, '리더와 부하 뿐 아니라 고객 및 조직의 이해 관계자 모두의 승(all win)'은 균형적 리더십이라 할 수 있을 것이다.

제 2 부

리더중심 리더십

제 3 장 리더십 특성 이론

리더십의 최초 연구는 특성 연구접근법이었다. 이 연구의 기본 가정은 아리스토텔레스가 “태어나면서부터 어떤 사람은 복종하도록, 어떤 사람은 지배하도록 점지되었다”란 말과 같이 ‘리더는 보통 사람과 다른 자질과 특성을 타고 난다’는 것이다. 특성연구는 1920년대에서 1950년대 간에 걸쳐 이룩된 심리검사의 급속한 발전으로 활성화되었다. 이 장에서는 Stogdill의 연구를 통한 성공적인 리더들의 개인적 특성에 대해 알아보고자 한다.

제 1 절 리더 특성연구의 개관

특성(trait)이란 한 개인이 보유하고 있는 성격, 기질, 욕구, 동기, 가치관, 능력, 기술 등과 같은 속성의 총칭이다. 이러한 특성은 사람에게 있어 내재됨으로 하여 직접 측정이 어려워 간접적 측정을 할 수밖에 없고 유전적으로 또 오랜 자기만의 경험으로 형성됨으로써 단기간에 변화가 되지 않는다. 그러므로 특성은 사람마다 개인차가 존재하고 이를 개성이라 하여 그 사람의 일관적이고 체계적인 행동방식의 원인이 되는 것이다.

특성연구는 Stogdill에 의해 2회에 걸쳐 개관되었다. 처음은 리더와 비 리더를 구분해주는 특성들 즉 키와 용모 등의 신체적인 특징과 자존심, 지배성, 정서적 안정성 등의 성격 특성 그리고 지능과 언어 유창성 등의 능력 등을 확인할 목적으로 1904년부터 1948년까지 수행된 124개의 특성연구 결과를 조사하였다.

이 연구들에서 어느 특성도 그 한 가지만으로 리더십 효과와 높게 상관되는 경우는 없었다. 여러 특성의 조합들이 리더효과와 높게 상관된 것으로 나타났으나 단지 어떤 제한된 상황 내에서만 그러하였다. 그래서 Stogdill은 다음과 같은 결론을 내렸다. "한 인물이 몇몇 특성들의 조합을 보유했다고 해서 바로 리더가 되는 것은 아니다. 리더의 인성적 특성이 부하들의 특성, 활동 및 목표와 어떤 적절한 관계를 가져야 한다."

Stogdill은 두 번째로 종전의 리더와 비 리더의 비교에서 특성과 리더십 효과 간의 관계연구로 초점을 전환하고 리더십 효과 예측 특성을 성격 특성, 지능 등의 추상적 특성이 아닌 관리자의 직무와 관련한 기술과 지식 등의 구체적 특성을 연구하기 위해 1949년부터 1970년까지 수행된 163개 특성연구를 개관하였다. 이에 따라 투사법, 상황검사 및 강제선택검사를 포함하는 아주 다양한 측정 절차들을 사용하였다.

이 두 번째 연구를 통해 Stogdill은 다음과 같은 특성 프로필이 성공적 리더의 특징이라고 제안하였다. 리더는 강한 책임감 및 과업완수욕구, 목표추구의 열정 및 집요성, 문제 해결을 위한 모험심과 독창성, 사회적 상황에서 주도성을 발휘하려는 욕구, 자신감 및 개인적 정체감, 결정과 조치의 결과를 수용하려는 의지, 대인간 스트레스에 대한 내성, 욕구좌절과 지연의 감내 의지, 다른 사람들의 행동에 영향을 줄 수 있는 능력 및 당면 목표에 대한 사회적 상호작용체계를 조직할 수 있는 역량으로 특징지어진다.

Stogdill이 제시한 리더 특성들이 효과적인 리더십에 절대 필요한 것이라는 전제는 수십 년 간의 특성연구에서 실증되지 못했다. 즉 이러한 특성들이 리더가 효과적이 될 가능성을 증대시키긴 하지만 리더십효과를 완전하게 보장해주는 것은 아니며 상이한 특성들의 상대적 중요성은 리더십 상황에 따라 달라진다는 것이다.

제 2 절 리더의 성격 특성

1. 평가본부 접근법

1960년대 중반까지 인성과 능력의 측정치로 관리효과를 예측하려 했던 노력은 큰 성공을 거두지 못했다. 이 초기의 선발에 관한 연구는 표준화된 지필묵 검사에 너무 많이 의존하였다. 지필묵검사로 인간관계 기술을 측정하는 것은 매우 어려운 일이며, 이러한 접근법이 관리효과 예측에 유용성이 높은 것으로 증명 되지도 않았다. 관리자 선발 방법의 변화로 나타난 것이 평가본부 접근법이다.

가. 평가본부의 검사 종류

'평가본부(assessment center)'라는 용어는 관리 잠재력을 확인하는 데 사용되는 하나의 표준화된 절차 세트를 의미한다. 이 프로그램은 관리자의 특성 및 기술을 평가하는데 면접 및 필기검사와 같은 전통적 방법 외에 투사검사와 상황검사를 포함하는 다양한 평가방법을 사용한다. 이러한 평가본부의 평가과정은 대개 2-3일 걸린다.

평가본부에서 사용하는 (1)투사검사는 후보자가 해석해야하는 애매한 그림이나 후보자가 완성해야하는 불완전한 문장을 제시하고 이를 완성하게 함으로써 후보자의 내면의 욕구 등을 파악하고자 하는 검사이다. (2)상황검사는 바구니검사(in-basket test)와 '리더 없는 집단토의' 검사 등이 있다. 바구니검사는 바구니 속에 가상적 편지, 메모 및 보고서들로 구성된다. 후보자는 이 자료들에 포함되어 있는 관리문제들을 각각의 제한된 시간 내에 처리해야 한다. 리더 없는 집단토의는 후보자를 지정된 리더가 없는 집단상황에 처하게 함으로써 시작된다. 때로는 후보자들에게 경쟁적 견해들을 제시케 하고 각자 다른 사람들을 설득하여 자신의 견해를 관철시키도록 요구하기도 한다. 후보자로 하여금 여러 가지 관리자 역할들을 떠맡게 해서 타 회사와의 합병 같은 집단 결정을 내려 보게 할 수도 있다. 이때 관찰자들이 각 과정을 지켜보면서 각 후보자의 창의성, 자기 주장성, 설득력, 지배성 및 협동성 같은 자질들을 평가하게 된다.

관리 잠재력에 대한 평가본부 예측의 타당도에 관한 연구들은 대개 평가본부의 평가와 후의 관리적 성공간의 상관관계를 연구한 것으로서 평가본부의 평가가 관리적 성공을 효과적으로 예측할 수 있음을 보여 준다.

나. 평가 본부 연구의 예

평가본부연구의 가장 좋은 예는 Bray, Campbell 및 Grant에 의해서 AT&T에서 수행된 한 연구이다. 이 연구에서는 처음 한 집단의 후보자들을 평가하고 8년이 지난 후 각 후보자의 발전결과(중간 관리자로의 승진)를 예전의 평가점수와 관련시켰다. 중간관리자가 될 수 있다고 예측한 후보자들 중 64%가 그렇게 된 반면 나머지 후보자들 중에서는 32%만이 중간 관리자가 되었다. 승진을 가장 잘 예측한 인성 특성은 다음과 같다.

(1) 승진에 대한 욕구 즉 적극성이 있어야 한다. 스스로 일을 찾아서 하는 자발성과 주어진 일 이상으로 해 내고자 하는 의욕을 말한다. 창의성도 이 적극성에서 생겨난다. 적극성을 가진 사람은 그 조직에서 필요한 사람으로 발탁되게 마련인 것이다.

(2) 스트레스에 대한 저항력 즉 내구력이 있어야 한다. 현대의 조직 생활 자체가 스트레스이다. 오늘날 자살률이 높은 것도 이 스트레스와 무관하지 않다. 리더는 이 크건 적건 생겨나는 스트레스를 이겨내는 내구력이 더욱 필요하다. 그래서 리더가 되려면 배짱과 담력을 갖추고 스트레스를 이기는 나름대로의 방법을 가져야 한다.

(3) 불확실성의 감내력이 있어야 한다. 항상 유동적이고 변화되는 속에서 행

해지는 것이 리더십의 본질이다. 확실한 미래는 어디에도 없다. 그래서 큰 조직의 리더일수록 미래의 불확실성으로 잠을 못 이루고 외로워하게 된다. 불확실성 감내력은 전문성으로 극복 가능하다. 정황을 읽어내는 힘 즉 예측력은 전문성에서 나오기 때문이다. 그러므로 소신을 가지고 추진할 것이 요구된다.

(4) **활동력/정력 즉 체력이 있어야 한다.** 여러 가지 업무의 동시 추진이 요구되는 것이 리더십의 본질이다. 며칠 밤을 새며 일을 하기도 하고, 시차에 시달리며 해외출장도 다녀야 한다. 활동력 즉 건강을 바탕으로 하지 않으면 리더가 될 수 없는 것이다.

(5) **관심/흥미의 다양성이 있어야 한다.** 조직 구성원들은 다양한 성격과 취미를 가진 사람들이다. 리더가 자기의 취향만 고집한다면 구성원들의 공감을 얻어내기 힘들다. 그래서 관심과 흥미의 다양성을 '공감 능력'이라 한다. 리더는 다양한 관심과 흥미를 가져 구성원들과 교감할 수 있어야 한다.

(6) **의사결정의 신속성이다.** 리더는 우유부단해서는 안 된다. 의사결정을 신중히 하되 신속히 할 수 있어야 한다. 이를 위해서는 역시 전문적이어야 한다. 전문성을 가질 때 직관력과 결단력도 가질 수 있기 때문이다.

2. 성공/실패한 관리자의 면접 연구

Center for creative leadership의 연구자들은 최고 간부들의 궁극적 성공 또는 실패와 관련된 특성 및 행동들을 확인하려 하였다. 그들은 면접을 통해, 중간 또는 최고 관리자로 승진되었으나 그 뒤의 수행이 성공적이지 못한 관리자들에 대한 서술 자료를 수집하였다. 이 '실패한' 관리자들은 해고 또는 전출되거나 조기 은퇴되거나 또는 더 이상의 승진 가능성이 없이 정체된 상태로 현직에 머무는 사람들이다. 때로는 실패에 대한 분명한 이유가 있었으나 때로는 불리한 경제 여건 또는 정치적 싸움과 같은 그들 통제범위 밖의 사건들에 의해서 불운하게 그렇게 되는 경우도 있었다.

서술 자료는 또한 훌륭하게 성공을 거둔 관리자들로부터도 수집되었다. 성공한 관리자와 실패한 관리자의 유사점과 차이점을 확인하기 위하여 이 두 세트의 서술 자료를 분석하였다. 이 연구가 성공에 대한 어떤 간단명료한 공식을 제시해 주지는 못했으나 몇 가지 중요한 통찰은 제공해 주었다. 특성에 관한 주요발견들은 다음과 같다.

가. 정서적 안정성 및 침착성

실패한 관리자들은 압력을 잘 견디지 못하고 기분에 많이 좌우되며 분노를 잘 폭발시키고 일관성 없는 행동 즉 변덕을 부리는 경향이 있었으며 이런 것들이 그들 상관, 동료 및 부하들과의 인간관계를 잠식하였다. 이와는 대조적으로 성공적인 관리자들은 위기를 맞아 침착하고 자신감을 보이며 예측 가능한 행동을 하였다.

나. 방어

실패한 관리자들은 실패에 대해 더 방어적이었고 실수를 덮으려하거나 타인을 비난하려는 반응경향이 많았다. 이에 비해 성공적인 관리자들은 실수를 인정하고 책임을 받아들인 후 문제를 바로 잡는 조치를 취하는 경향이 많았다. 더욱이 그들은 문제를 처리하는 데 있어 너무 오래 끌지 않았으며 곧 그들의 주의를 다른 일로 돌렸다.

다. 인간관계 기술

실패한 관리자들은 인간관계기술이 부족한 경향이 있었다. 이러한 약점은 낮은 수준의 관리에서는 특히 뚜렷한 전문적 기술을 갖고 있는 관리자의 경우에는, 감내될 수 있었으나, 보다 높은 수준의 관리에서는 그가 갖고 있는 전문적 기술이 그의 거칠고 무례함을 보상해주지 못하였다. 실패한 관리자들 중 어떤 사람들은 그들이 원할 때에는 다른 사람들의 호감을 살 수도 있었으나 시간이 지나면서 표면의 매력이 벗겨지고 내면의 이기심, 무신경 및 속임수가 드러났다. 이와는 대조적으로 성공적인 관리자들은 항상 다른 사람들에게 민감하고 재치 있고 배려적으로 행동하였다.

라. 전문적 및 인지적 기술

실패한 대부분의 관리자들의 경우 낮은 수준의 관리에서는, 그들의 우수한 전문성이 성공적 문제해결과 기술적 성취의 근원이 되었다. 그러나 보다 높은 수준의 관리에서는, 이 장점이 자신감과 오만함으로 바뀌어 그로 하여금 다른 사람들의 건전한 충고를 거부하게 하고 상전으로 군림하게 만듦으로써 사람들에게 불필요한 감정을 유발하며 그와 동등하거나 그보다 더 높은 전문성을 가진 부하들을 과잉 관리하게 만드는 단점이 되었다. 어떤 경우에는 관리자가 한 협소한 기능분야에만 기술적 전문성을 갖고 있었는데 그가 너무 빠르게 승진해서 그가 새로 맡게 된 고위 직무를 효과적으로 수행하는 데 필요한 다른 인지적 및 전문적 기술들을 습득하지 못하기도 했다. 성공적인 관리자는 여러 가지 다양한 기능 및 상황 속에서 많은 상이한 문제들을 다루어 폭 넓은 조망과 전문성을 갖게 된 경험 있는 사람일 가능성이 많다.

제 3 절 리더의 동기

동기(motivation)란 특정한 유형의 자극이나 경험을 갖고 싶어 하는 욕구로서 어떤 행동을 시작하고 강화하며 유지하는데 영향을 미치는 것이다. 즉 특정한 행동을 취하게 하는 의욕이나 욕구를 말한다. 리더특성연구에서 리더로서의 승진여부 예측 시 앞 절에서의 성격특성 뿐 아니라 리더의 동기가 또 하나의 중요한 요인이 된다.

1. McClelland의 동기 유형

가. 권력에 대한 욕구

타인들에게 영향력을 행사하거나 적이나 경쟁자를 굴복시키거나 자기주장을 관철시키거나 또한 권한이 큰 직책을 획득하는 것에 대해 많이 생각하고 있음을 나타내 보인다면 권력에 대해 강한 욕구를 가지고 있다고 할 수 있다. 강한 권력욕구를 가진 사람은 행정관리, 정치가, 노동운동지도자, 경찰간부, 군대의 장교 및 법률가와 같은 직업을 선호한다.

권력욕구는 '개인화 권력관심'과 '사회화 권력관심' 중 하나를 갖게 된다. 개인화 권력관심을 가진 사람은 억제나 자기통제를 거의 하지 않으며 권력을 충동적으로 행사한다. McClelland와 Burnham에 의하면 그들은 도움이나 조언을 제공할 수도 있으나 그것은 그의 개인적 우월성을 과시하고 타인들의 약점이나 의존성을 표출시키려 함이다. 그러므로 부하들의 충성심이 조직이 아닌 리더 개인을 지향하는 것이기 때문에 리더가 그 조직을 떠나게 되면 단체정신에 혼란과 파멸이 초래될 수 있다.

사회화 권력관심을 갖고 있는 사람은 정서적으로 보다 성숙된 사람이다. 그들은 권력을 전체의 이익을 위해 사용하며 조직의 번영을 위해 자신의 이익을 기꺼이 희생한다. 이러한 리더는 참여분위기를 중시하기 때문에 강압적이고 독단적이기 보다는 참여적이고 지도적인 관리행동을 많이 한다. 이런 리더들은 부하들로 하여금 자부심과 책임감을 느끼게 하고 그들이 조직에 속해 있다는 데 대해 긍지를 갖게 해준다.

나. 성취에 대한 욕구

어떤 사람이 도전적인 목표의 달성, 새로운 기록의 수립, 어려운 과업의 성공적 완수, 또는 전에 결코 해본 일이 없는 훌륭한 일의 수행에 관해 많은 관심을 갖고 있다면 이것은 그가 강한 성취욕구를 갖고 있음을 보여주는 것이다. 성취욕구가 강한 사람은 성공이 그들의 통제권 밖에 있는 우연적 요인보다는 개인적 노력과 능력에 의해서 좌우되는 직무를 좋아한다. 그들은 아주 쉽거나 불가능한 과업보다는 적절히 어려운 과업을 좋아한다. 그들은 문제해결 과정에서 그들의 기술을 발휘하고 주도권을 행사할 수 있는 기회가 허용되는 과업을 좋아한다. 그들은 성공적 목표달성 경험을 즐기기 위해서 빈번하고 구체적인 피드백을 원한다.

다. 애정에 대한 욕구

친애욕구가 강한 사람은 타인들이 그를 좋아하거나 그가 타인들에게 좋게 받아들여지는 것에 대한 큰 만족감을 가지며 친하고 협조적인 사람들과 함께 일하는 것을 좋아한다. 강한 친애욕구를 가진 사람은 항상 일 때문에 화목한 관계가 손상 받는 것을 원치 않는다.

2. 리더 동기 측정/해석

가. 리더 동기 측정

관리적 동기에 관한 연구는 McClelland와 그의 동료들에 의해 수행되었다. 욕구의 강도를 측정하기 위해 주제통각검사(TAT)라고 부르는 투사법이 사용되었다. 이 검사는 미국 임상심리학자 Murray가 고안한 것으로 모호한 상황에 놓인 일련의 사람들에 관한 그림 31장으로 구성되어 있으며, 그 그림들을 피검사자들에게 제시하여 각각의 그림에 대해 하나의 이야기를 만들어 보도록 요구한다. 피검사자가 진술한 이야기들은 그 사람의 공상, 환상 및 희망을 나타내는 것으로 가정되며 이 응답에 대한 분석으로 세 가지 기본욕구(애정, 권력 및 성취)에 대한 동기를 측정하게 된다.

나. 리더 동기측정 결과해석

McClelland는 강한 권력욕구는 크고 체계적인 조직의 관리자 및 간부들에게 중요하다고 주장한다. 그러한 조직의 직무들은 관리자로 하여금 그의 부하, 동료 및 상사들에게 많은 영향력을 행사해 줄 것을 요구 한다. 권력욕구가 낮은 사람은 집단 활동을 효과적으로 조직하고 지휘하는 데 필요한 단호성과 자신감이 낮을 가능성이 많다. 강한 권력욕구가 바람직스런 것이긴 하나 그 욕구가 어떻게 표현되느냐 에도 영향을 받는다. 강한 권력욕구를 가진 사람은 '개인화 권력관심' 또는 '사회화 권력관심' 중 하나를 갖게 된다. 리더십에는 사회화 권력관심이 개인화 권력관심보다 더 효과적이다.

성취동기는 조직 관리자들에게 가장 중요한 동기는 아니지만 중요한 동기로서 중간 정도의 성취동기가 바람직하다. 왜냐하면 높은 성취욕구의 관리자라면 그 관리자는 모든 것을 혼자서 성취하려 할 것이며 남에게 잘 위임하려 하지 않을 것이고 따라서 부하들의 강한 책임감이나 참여의식도 유발할 수 없을 것이기 때문이다.

관리자에게는 다소 낮은 친애동기가 요구된다. 친애욕구가 지나치게 높은 관리자는 인기 없는 결정은 하려 하지 않으며 보상 및 혜택의 배분이나 규칙에 대한 예외를 허용하는 데 개인적 친분이 있는 사람들에게 호의적이기 쉽다. 이러한 관리자들은 흔히 절차와 규율을 무시한다. 반면 친애욕구가 지나치게 낮은 사람은 가까운 가족이나 소수의 친한 친구들 외의 타인들과는 교제를 싫어하는 '외톨이'가 되는 경향이 있다. 이런 사람들은 부하, 상사 및 동료들과의 효과적인 대인관계 수립에 필수적인 여러 가지 사회활동에 참여하려는 동기가 결핍될 수 있다.

따라서 승진 등 성공 가능성이 높은 리더란 권력욕구는 강하되 사회화 권력관심이 강하고, 성취욕구는 중간 정도이며, 친애욕구는 상대적으로 좀 낮은 사람이라고 할 수 있다.

제4절 리더의 기술

효과적인 리더가 되기 위해서는 적절한 성격특성과 동기를 갖는 것만으로는 충분치 않다. 직무 수행에 관련된 능력이나 기술을 또한 구비해야 한다.

1. 리더가 구비하여야 할 세 가지 기술

Katz와 Mann이 제안한 리더가 구비하여야 할 세 가지 기술(skill)은 주로 일에 관계된 전문적 기술과 주로 사람에 관계된 대인관계 기술 그리고 주로 아이디어와 개념들에 관한 개념적 기술이다.

가. 전문적 기술

전문적 기술(technical skill)은 한 전문화된 활동수행의 방법, 과정, 절차 및 기법에 관한 지식과 그 활동에 관련된 도구나 장비를 사용할 수 있는 능력을 말한다. 즉 전문적 기술은 관리자가 문제를 해결하고 부하들을 지휘하며 그들의 수행을 평가하고 훈련을 계획하는 데 필요하다. 이 기술은 각기 전문화된 주제들(회계, 재정, 판촉, 엔지니어링, 상법, 컴퓨터 프로그래밍 등)에 대한 공식적 교육, 실습(OJT) 및 경험을 통해 습득된다.

나. 인간관계 기술

인간관계 기술(interpersonal skill)은 인간행동과 대인관계 과정에 관한 지식, 타인들이 말하고 행동하는 것으로부터 그들의 감정, 태도 및 동기를 이해하는 능력(감정이입 및 사회적 민감성), 분명하고 효과적으로 의사를 전달할 수 있는 능력(언어 유창성, 설득력) 및 효과적이고 협동적인 인간관계를 수립할 수 있는 능력(재치, 사교술, 수용될 수 있는 사회적 행동에 관한 지식) 등을 말한다.

이 기술은 부하, 상사, 동료 및 외부인들과 효과적인 관계를 수립하는 데 중요하다. 리더가 말하고 행하는 모든 것은 그와 관련된 모든 사람들에게 영향을 미치기 때문에 때가 되면 그의 진실한 모습이 드러나게 되어있다. 따라서 인간관계기술은 자연스럽게 개발되고 일관성이 있을 뿐만 아니라 무의식적으로 그 개인의 모든 행동에서 보여 져야 한다.

다. 개념적 기술

개념적 기술(conceptual skill)은 전체 조직 속에서 나의 조직이 무엇을 해야 하는가를 아는 기술로서, 일반적인 분석능력, 논리적인 사고능력, 개념 형성과 복잡하고 모호한 관계의 개념화에서의 효율성, 아이디어 산출과 문제해결에서의 창조성, 사건을 분석하고 추세를 지각하며 변화를 예견하고 기회 및 잠재적 문제점들을 인식하는 능력(연역적 및 귀납적 추리) 등을 말한다.

이 기술은 효과적인 계획, 조직, 정책 수립, 문제해결 및 프로그램 개발에 필수적이다. 관리자의 중요한 관리책임 중 하나는 조직의 분리되고 전문화되어 있는 부분들을 조정 및 통합해주는 것이다. 각 부서의 기능들을 효과적으로 조정 및 통합하고 조직에 필요한 변화를 도입하기 위하여 관리자는 조직의 여러 부서들이 서로 어떻게 관련되어 있고 시스템상 한 부서에서의 변화가 타부서에 어떻게 영향을 주게 되는지 이해하고 있을 필요가 있다. 관리자는 또한 외부 환경에 대해서도 민감해야 하며 외부 환경의 변화가 조직에 어떻게 영향을 주게 될 것인가에 대하여도 이해할 수 있어야 한다.

2. 세 가지 기술의 상대적 중요성

관리자가 그의 역할요구들을 이행하는 데는 모두 세 종류의 기술이 요구되나, 그 기술들의 상대적 중요성은 리더십 상황에 따라 다르다. 기술의 중요성에 영향을 주는 상황의 한 측면은 조직 위계상의 관리자 위치이다.

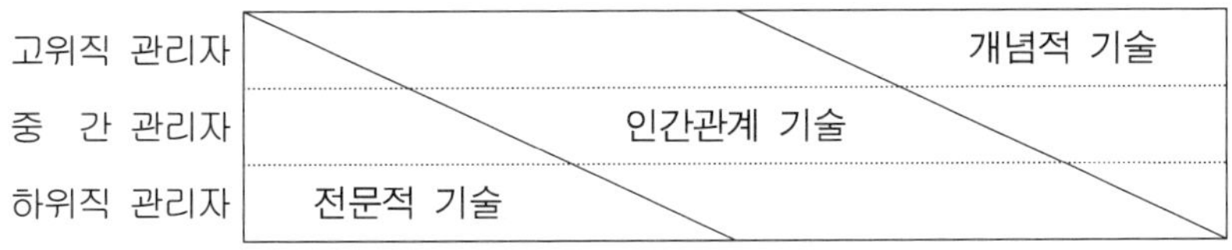

〈그림 3-1〉 세 가지 기술의 상대적 중요도

〈그림 3-1〉에서와 같이 최고 경영자들의 주요 책임은 전략적 결정을 내리는 것이기 때문에, 이 수준에서는 중간 또는 하위 수준에서보다 개념적 기술의 중요성이 더 커진다. 비록 결정을 내리는 데 전문적 지식이 요구되고 결정을 이행하는 데 대인관계 기술이 필요하다고는 하지만 전략적 결정의 질은 궁극적으로 의사결정자의 개념적 기술에 의존한다.

중간관리자들의 역할은 주로 고위층에서 수립한 정책 및 목표들에 대한 이행방법을 발전시키고 현존 조직구조를 보완하는 것이다. 이 역할은 대체로 전문적 기술, 대인관계 기술 및 개념적 기술의 대등한 혼합을 요구한다.

하위수준의 관리자들은 주로 정책의 이행과 현존 조직구조 내 업무흐름의 유지에 대해 책임을 진다. 이 관리자들의 경우에는 항상 전문적 기술이 개념적 기술이나 대인관계 기술보다 더 중요하다.

3. 리더의 기술과 동양의 리더 조건

20세기 서구에서 제시한 리더가 구비해야할 세 가지 기술과 관련하여 고대 동양에서의 리더의 조건과 비교해 보는 것은 흥미 있는 일이 아닐 수 없다. 물론 동양의 리더가 구비해야할 조건이라는 것은 당위론적 입장에서 지금으로부터 무려 2천여 년 전에 제시된 실증적 검증도 안 된 내용들이라 하나 오늘날에도 리더가 될 많은 사람들의 좌우명이 되고 있음을 보게 된다.

가. 동양의 리더 조건

고대 중국의 병법가인 손자(孫子)는 리더의 구비해야할 덕목으로 지・신・인・용・엄을 들고 있다. 지(智)는 전체 상황을 잘 파악할 수 있는 힘을 말한다. '적을 알고 나를 알면 백번을 싸워도 위태롭지 않다'는 유명한 말로 대변되는 직관에 의한 승패를 미리 판단할 줄 아는 능력이다. 신(信)은 신뢰와 성실을 말하는 것으로서 인간관계에서 거짓말을 하지 않고 약속을 지키는 등의 인간의 가장 기본적인 조건이다. 인(仁)은 남을 배려하는 것으로서 역지사지(易地思之) 즉 상대방의 입장에서 상황을 이해하는 것이다. 용(勇)은 용기 또는 결단력이다. 엄(嚴)은 신상필벌(信賞必罰)로 부하를 대하는 것이다. 여기서 '엄'만으로는 명령에 따르게 할 수는 있어도 마음을 감복시킬 수는 없다. 그래서 필요한 덕성이 '인'인데 '인'만 있고 '엄'이 없으면 조직이 안일에 빠지게 된다. '인'과 '엄'의 균형유지가 부하를 대하는 리더의 마음자세이다.

중국 법가의 철학자 한비자(韓非子)는 리더가 부하를 잘 다루고 조직을 잘 관리하기 위해서는 법과 술과 세의 배려를 들고 있다. 법(法)은 공정한 신상필벌의 원칙이며 술(術)이란 부하를 움직일 수 있는 기술을 말하고 세(勢)는 명령에 복종하게 하는 권력 또는 권한을 뜻한다.

맹자(孟子)는 호연지기(浩然之氣)를 리더의 덕목으로 강조하면서 배려와 동정심을 나타내는 인(仁), 도리에 따라 악을 두려워하는 의(義), 다른 사람에게 양보하는 예(禮) 등의 인격적 요건과 옳고 그름과 선악을 판단하는 지(智) 등의 지식적 요건을 들고 있다.

나. 리더의 기술과 비교

리더의 세 가지 기술과 손자의 리더 덕목인 지・신・인・용・엄을 대비해 보면 다음과 같다. 먼저 전문적 기술에는 리더가 고도의 전문성을 갖추어야 함을 의미하는 직관력인 지(智)가 해당된다 하겠다. 인간관계 기술에는 리더이기 이전에 한 인간으로서의 기본 조건인 신(信)과 부하를 배려하는 인(仁)과 신상필벌 하는 엄(嚴)으로서 5가지 중 3가지 덕목이 여기에 포함되어 있다. 개념적 기술에는 전체 정황을 읽어내는 힘인 지(智)와 결단력을 갖게 하는 용(勇)을 들 수 있다. 한비자와 맹자의 덕목 또한 리더의 세 가지 기술과 대비할 수 있다.

이를 볼 때 리더로서 구비하여야할 일반적인 특성은 동서고금을 막론하고 표현만 다를 뿐 내용은 거의 동일하다 할 것이다. 또한 리더의 세 가지 기술 중 어느 계층의 관리자에게나 공통으로 가장 많이 요구되는 기술은 인간관계 기술임을 시사하고 있는 점도 동일함을 알 수 있는 것이다.

제 5 절 특성 연구에 대한 평가

리더 특성 연구는 리더십 효과와 승진을 예측하는 특성이나 능력의 발견에 있어서 많은 성과가 있었다. 그렇지만 특성 연구는 여전히 방법론과 개념상의 문제에서 많은 제한점을 갖고 있다. 무엇보다도 특성이라는 것이 직접 관찰 및 측정이 곤란한 추상적인 변인이라는 점이 리더십 연구에서 그 유용성을 제한되게 한다. 즉 어떤 특성이 행동 상으로는 어떻게 표현된다는 정도의 얘기를 할 수 있는 것 이외에는 이 특성이 리더십 효과와 직접 어떻게 관련이 되는가를 설명하기가 매우 어렵다는 것이다.

따라서 특성 연구가 더 발전하기 위해서는 여러 특성들의 조합이나 패턴이 리더십 효과와 어떤 관계가 있는가를 밝히는 통합적인(holistic) 접근법을 도입해야 한다.

첫째, 리더십의 효과를 극대화하는 데 요구되는 특성의 적정 수준이 어느 정도인가를 밝히는 것이다. 이제까지 대부분의 특성 연구는 특성과 리더십효과 간의 직선적 관계를 밝히는 모델에 기초하고 있다. 한 가지 예로, 리더가 부하들을 이끌어 나가기 위해서는 자신감이 있어야 한다. 그러나 리더의 자신감이 너무 과도하면 부하의 반대의견 같은 것은 무시해 버리거나 너무 거만해질 수가 있으므로 오히려 부정적인 결과를 초래할 수 있다. 따라서 리더는 적절한 정도의 자신감을 갖는 것이 가장 효과적일 수 있다. 이런 식의 논의는 다른 특성들에 대해서도 마찬가지로 할 수 있다. 따라서 앞으로의 특성 연구는 요구되는 특성의 적정량이 어느 정도인지를 밝히는 곡선적 관계 규명도 필요하다.

둘째, 개별 특성의 적정량이 얼마인가를 밝히는 문제에 부가하여 여러 특성들이 어떠한 조합을 이룰 때 가장 효과적일 것인가의 문제를 연구하는 것도 앞으로의 특성 연구가 발전시켜야 할 방향이다. 예를 들면 동기에 관한 연구에서 대규모 조직체의 리더로서 성공하기 위해서는 높은 사회적 권력 욕구와 중간 정도의 성취 및 좀 낮은 친애 욕구를 갖는 것이 가장 좋은 것으로 나타났다. 이처럼 어떤 특성들의 어떠한 조합이 리더십 효과와 어떤 관계가 있는가를 밝히는 연구 또한 필요하다.

제 4 장 리더십 행동 이론

리더십 행동 이론은 리더십 특성 연구에 대한 강한 비판에서 생겨났으며, 이들의 행동주의란 관찰이 불가능한 특성은 과학적 연구의 대상이 될 수 없으므로 관찰이 가능한 행동을 연구해야 한다는 입장을 말한다. 이 장에서는 만유(universal)적 관점에 의한 Ohio주립대학과 Michigan대학의 연구 그리고 관리격자 이론들을 논의하고자 한다.

제 1 절 리더 행동연구의 개관

1940년대 말기에는 리더의 특성 연구에 대한 비판이 강하게 제기되었다. 이에 따라 리더십 연구는 새로운 대안적 접근을 요구하게 되었다. 이 시기는 심리학을 비롯하여 사회과학 분야의 전반에 걸쳐 행동주의적 접근이 각광을 받고 있던 때였다. 행동주의란 관찰이 불가능한 것은 과학적 연구의 대상이 될 수 없으므로 사회과학을 진정한 의미의 과학으로 만들기 위해서는 관찰이 가능한 대상만을 연구해야 한다는 입장을 말한다. 행동주의적 관점에서 본다면 리더의 심리적 특성이란 직접적인 관찰이 불가능한 것인데 심리 검사 등을 통하여 간접적으로 측정을 한다고 하더라도 측정 경과의 타당성을 확신할 수 없으므로 직접적이고 객관적인 관찰이 가능한 리더의 외형적 행동을 연구 대상으로 삼아야 한다는 것이다.

특성 연구에 대한 또 다른 비판 중의 하나는 연구 결과의 유용성에 관한 것이다. 심리적 특성이란 오랜 기간의 성장 과정을 통하여 형성되어 온 것으로서 단기간에 쉽게 변화되거나 변화시킬 수 있는 성질의 것이 아니다. 따라서 성공적인 리더가 되는 데 필요한 특성이 무엇인가가 밝혀졌다 하더라도 훈련이나 학습을 통하여 리더가 그 특성을 구비하도록 하는 것은 매우 어려운 일이다. 심리적 특성에 비해 행동은 학습이나 훈련을 통해 변화(modifying)시키거나 조형(shaping)하기가 비교적 용이하다. 그래서 특성 연구가 리더의 선발이나 배치 문제에서는 유용성이 있겠지만, 리더 훈련이라는 측면에서는 행동 연구가 훨씬 더 유용하다. 이런 점이 리더 행동 연구가 인기를 얻게 된 또 다른 주요 요인이었다.

리더십 효과에 관한 초기의 리더 행동 연구들은 리더십 효과의 만유적 관점을 가정하고 있다. 즉 모든 상황에 걸쳐서 가장 효과적인 리더십 행동이 무엇인가를 밝히려고 하였다. 이 입장의 대표적인 연구로서 Ohio 대학 연구자들에 의한 연구와 Michigan대학 연구자들에 의한 1950년대와 1960년대에 걸친 연구를 들 수 있다.

이러한 리더 행동 연구는 리더 행동과 리더십 효과 간의 관계에 관한 연구들이다. 리더 행동에 관한 연구의 또 다른 계통으로서 기술적 방법(descriptive method)을 사용하여 리더의 직책을 담당하고 있는 사람들이 어떤 행동을 하는가를 기술한 연구들이 있다. 이러한 유형의 연구는 1950년대부터 꾸준히 있어 왔는데, 1980년대 이후 많이 증가하는 경향으로 나타났다.

제2절 리더 행동 기술 연구

리더의 행동을 기술(記述)하는 연구들은 그들이 어떤 행동이나 활동을 하며, 그런 활동에 얼마만큼의 시간을 소비하고 또 그것의 빈도는 얼마나 되는가를 명세화하고자 한 것이다. 이러한 연구들이 주로 사용한 방법은 리더를 관찰하거나 일기 내지는 회고록에 의하거나 설문지에 의한 방법 등이었다. 이중 설문지법이 익명을 보장함으로써 신원의 노출에 따른 고의적 왜곡을 줄일 수 있다는 장점이 있어 선호된다. 그러나 어느 방법이든 기억의 왜곡, 편견, 판단 착오 등에 의한 비고의적 왜곡의 발생은 여전히 통제하기가 어렵다.

따라서 이 절에서는 리더의 행동 기술 연구에 따른 주요 결과인 관리자활동의 주요 특징과 Mintzberg의 분류법에 따른 리더 행동 범주를 제시하고자 한다. 이 연구 결과들은 리더로서 성공하는 데 핵심이 되는 행동이 무엇인가에 대한 답이 되는 것은 아니다. 그러나 조직이 왜 성공적인가를 설명해 주는 근거가 되는 행동 패턴이라 할 수 있으며 이러한 행동들은 서로 완전히 구분되는 과정이 아니라 두 가지 이상의 상호 중첩되는 것이라고 할 수 있다.

1. 관리자 활동의 주요 특징

관리자의 활동 내용의 특징에 관한 연구는 Carlson의 연구를 필두로 시작되었다고 볼 수 있는데, 1980년대 이후 연구가 활발하였다. 여기에서는 1980년대 이후의 연구들에서 나온 주요 결과들을 요약하였다.

가. 업무수행

전형적인 관리자는 장시간 일을 한다. 간부들의 주당 근무시간은 대개의 경우 최소가 50시간이며, 많은 관리자들은 업무를 집에까지 가지고 가서 처리하기도 한다. 그들의 마음은 계속적으로 새로운 정보를 찾고 분석하는 데 길들여져 있기 때문에, 집에 있거나 휴가 중인 때에도 그들은 직무에 대한 생각을 지워버리기가 쉽지 않다. 전형적인 관리자의 하루생활에는 그들이 업무부담에서 벗어나는 휴식시간이 거의 없다. 관리자들은 거의 연속적으로 많은 부하, 동료, 상관 및 조직 외부의 사람들로부터 정보, 지도 및 위임을 요구 받는다.

나. 업무의 내용

관리자의 일과를 보면 그들은 수많은 불연속적인 활동에 개입하게 되는데, 각각의 활동은 대부분이 매우 짧은 시간 내에 종결되는 것이다. Mintzberg에 의하면 관리자의 활동 중에서 반수 정도는 통상 9분 이내에 종결되고, 한 시간 이상의 장시간을 요하는 일은 1/10 정도에 불과하다. 감독관의 활동에 관한 연구에 의하면 대부분의 활동이 2분 이내에 종결된다고 한다.

관리자의 하루 업무 중에서 일어나는 활동의 종류도 매우 다양하다. 이 활동의 종류는 관리자가 비 관리자보다 가짓수가 더 많다. 관리자의 활동은 종류가 많을 뿐만 아니라 한 종류의 일도 시간적으로 토막 나는 경우가 많다. 관리자가 개입하는 활동은 수억 원이 걸린 문제의 결정에 관한 회의에서부터 망가진 수도꼭지의 수리에 관한 문제의 논의에 이르기까지 다양하다.

일반적으로 사람들은 관리자가 많은 시간을 할애하여 문제를 분석하고 세밀한 계획을 마련해서 일을 처리한다고 믿고 있다. 그러나 관리자가 계획안을 숙고하는 데 장시간을 투입할 여지는 거의 없다. 토막토막 쪼개어지는 시간, 끊임없이 밀어닥치는 과중한 업무부담 등은 관리자가 이러한 활동을 하는 데 필요한 단절 없는 오랜 시간을 가질 수 없게 만든다. 틈틈이 혼자 있는 시간에 관리자들이 주로 하는 일은 회신을 읽는 것, 행정적인 서류를 처리하는 것, 부하가 작성한 보고서를 읽는 것, 보고서 또는 메모를 작성하는 것, 전문 학술 잡지를 훑어보는 것 등이다. 더구나 관리자들은 항상 자신의 직무에 관련된 현안 문제에 주로 관심을 기울이고 있으며, 대화중에도 일반적인 문제나 장기적 전략에 관한 문제보다는 구체적이고 현안적인 문제들에 주로 초점을 맞춘다.

다. 상호 작용의 대상

대부분의 리더십 연구들이 리더와 부하 간의 관계에 초점을 맞추고 있지만, 연구 결과는 관리자들이 직속상관이나 직속 부하 이외의 다른 사람들과 접촉하는 시간이 상당히 많다는 것을 밝히고 있다. 관리자가 측방 사람들 또는 조직 외부 사람들과의 접촉이 많은 이유는 자신의 부서 운영에 영향을 주는 복잡하고도 불확실한 사건들에 관한 정보를 획득해야 하고, 또 직속의 상하 관계에 있는 사람들 이외의 많은 사람들로부터 협조와 도움을 얻어야 하기 때문이다.

Kanter에 의하면 일상적으로 업무를 수행하는 관리자보다 혁신적인 변화를 시도하는 관리자에게서 측방 접촉의 중요성이 더 커진다고 한다. 즉 성공한 기업가들의 경우를 보면 동료들과 먼저 일을 벌인 다음 상관들을 개입시키면서 지지자와 후원자를 결성한다. 지지자의 결성은 새로운 상품이나 계획의 승인과 자금 조달을 확보하고, 그것의 성공적인 수행의 보장을 위해 필요한 것이다.

라. 상호 작용 수단

관리자가 정보를 획득하는 주요 방식을 보면 서면 통신(메모, 서신, 보고서, 작업 지시서, 계약서 등), 전화 통신, 계획된 회의, 우발적 회의, 순시 등이 있다. 관리자들은 전화나 회의와 같은 구두로 하는 의사소통 방식을 강하게 선호한다. 연구에 의하면 중간 및 하위 직급의 관리자의 경우 구두 의사소통의 시간 비율이 27~28% 정도이고, 상위 직급의 관리자는 65~75% 정도가 된다고 한다. 대부분의 구두 의사소통은 계획된 회의나 우발적 회의 등의 대면상호 작용에서 사용된다.

구두 의사소통 내용의 대부분은 정보 교환에 관한 것과 사람들에 대한 영향력 행사에 관한 것으로 이루어진다. 관리자들은 최신의 정보를 갖고 싶어 하는데, 그러한 최신의 정보는 통상 대면 접촉을 통하여 얻을 수 있기 때문이다. 가십거리와 풍문은 최근의 사건들과 그 진전 사항에 관한 상세한 정보를 담고 있는 경우가 많다. 반면, 서면 보고서는 통상 이미 낡은 정보를 담고 있는 경우가 많다.

구두 의사소통은 합리적 설득, 자문, 개인적 호소, 영감적 호소 등과 같은 영향력 과정을 촉진시킨다. 구두 매체는 억양이나 몸짓, 기타 비언어적 의사소통의 효과가 더해지기 때문에 전달 내용의 효과를 배가시킨다. 대면 상호작용에서는 영향력 시도의 효과에 관한 피드백을 즉각 얻을 수 있고, 또 이 피드백에 근거하여 영향력 행사의 책략을 수정·개선할 수 있다. 구두 의사소통은 또한 원만한 대인 관계의 증진이나 유지를 촉진시켜 줄 수도 있다. 즉 직접적인 상호 작용을 할 때 주목, 지지, 인정, 지도, 상담 등을 하기가 더 쉽다.

마. 의사결정 과정

관리에 관한 많은 연구 문헌들은 의사결정이 한 사람 또는 한 집단의 관리자에 의해 질서 정연하고 합리적인 방식으로 이루어지며, 시작과 끝이 명확히 분절되는 과정인 것처럼 기술하고 있다. 그러나 연구에 의하면 그 내용은 매우 다르다. 관리자들이 주요 결정을 할 때 어떤 한 시점에서 직접적으로 결정을 내리는 일은 드물며, 오히려 언제 그러한 결정에 최종적으로 도달하게 되었는지 자신조차도 명확히 인지하지 못하는 가운데 방안의 결정이 이루어지는 경우가 허다하다. 의사결정 과정은 이성적이기보다는 오히려 혼돈, 혼란, 감정의 홍수 등으로 더 잘 특징지어진다. 사전에 설정된 목표와 관련하여 예상 결과에 대한 주의 깊은 분석이 이루어지기보다는 선입관이나 개인적 이익에 의해 정보의 왜곡이나 변형이 일어난다.

조직체 내에서의 의사결정 과정은 매우 정치적으로 이루어지며, 중요한 문제의 결정은 여러 수준의 직급에 있는 여러 관리자들 및 하부 조직의 관리자들의 지지와 승인을 필요로 한다. 의사결정에 참가한 사람들이 어떤 목표에 관해 합의를 했다고 하더라도 상이한 전공과 배경 지식에서 비롯되는 시각이나 가정, 가치관 등의 차이 때문에 그 문제의 본질, 각종 해결책의 예상되는 결과 등에 관해서는 합의를 잘 이루지 못하는 경우가 많다.

문제가 비교적 덜 중요한 것이라 할지라도 관리자가 그 문제들을 어떻게 해결하는가는 관리자의 성공에 크게 영향을 미친다. 성공적인 관리자가 되기 위해서는 사안이 장기간의 체계적인 분석을 요하는 문제인가 아니면 신속하고 단정적인 행동을 취해야 할 문제인가를 잘 분간해 내는 균형 감각을 갖추는 것이 필요하다.

바. 계획 수립 과정

관리에 관한 연구 문헌에 의하면 계획 수립은 통상 목표, 전략, 정책, 예산 등이 문서화되는 공식적인 과정이며, 조직 위계상 상부에서 하부로 하달되는 데 하부로 내려갈수록 보다 상세하게 만들어져 가는 것으로 기술되고 있다. 그러나 연구에 의하면 계획 수립은 통상 비공식적이고 비명시적인 과정으로 나타난다고 한다. 통상 기업들의 목표와 전략은 상의 하달적 또는 공식적인 과정을 거쳐서 수립되기보다는 상하 조직원간의 견해가 조정되고 통합되는 등의 하의 상달식의 정치적 과정을 거쳐서 결정된다. 이미 이렇게 비공식적이고 정치적인 과정을 거쳐 결정된 것을 단지 확정하는 의미를 갖는 것이다.

2. Mintzberg의 관리자 행동 범주

Mintzberg는 관리자의 활동을 관찰하여 그 활동 내용에 따라 10가지 관리자의 역할을 분류하였다. 이 중 세 가지 역할(상징 인물, 리더, 섭외자)은 대인 관계 행동에 관한 것이고, 세 가지(정보 수집자, 정보 제공자, 대변인)는 정보처리 행동에 관한 것이며, 네 가지(기업가, 위기 관리자, 자원 분배자, 협상자)는 의사결정 행동에 관한 것이다.

가. 대인관계 행동

(1) 상징 인물의 역할

관리자는 조직체의 장으로서 법적, 사회적 성격의 상징적 의무를 수행해야 한다. 이런 역할에는 문서 서명 날인, 회의나 기념행사 주재, 각종 의식이나 기념식 참석, 공식 방문자 접견 등이 있다. 이러한 일들이 관리라는 업무와 관련성이 적은 경우라 할지라도 관리자는 이러한 활동을 수행해야 한다.

(2) 리더의 역할

관리자는 조직의 기본 목적을 달성하기 위하여 그의 하위조직의 기능들을 전체로 통합할 책임이 있다. 관리자는 부하들에게 지침을 제공해주고, 그들을 동기화 시키며, 그들의 업무수행 여건을 호의적으로 만들어 주어야 한다. 수많은 관리활동들은 분명히 고용, 훈련, 감독, 칭찬, 비판, 승진 및 해고를 포함하는 리더 역할에 관한 것이다.

(3) 섭외자의 역할

섭외자 역할은 관리자가 조직 외부의 사람들 및 집단들과 좋은 관계를 형성하고 유지하는 것을 말한다. 이러한 관계들은 정보와 호의의 중요한 근원이 된다. 이러한 접촉 및 관계의 발전은 조직을 외부 환경과 연결해주기 위한 관리자의 책임의 일부이기도 하다. 섭외자 역할의 예로는 사교적 행사나 전문가 회의에 참가하는 것, 외부의 위원회, 클럽 또는 협의회에 참가하는 것, 동료에게 축하편지를 쓰는 것 및 다른 관리자에게 도움이 되는 정보를 제공하거나 도움을 제안하는 것 등이다.

나. 정보처리 행동

(1) 정보수집자의 역할

관리자는 보고서나 메모를 읽고, 회의나 브리핑 시간에 참석하며, 순시를 하는 등의 활동을 통해 여러 정보원으로부터 끊임없이 정보를 수집한다. 이렇게 수집된 정보의 일부는 부하에게 제공해 주고(정보 제공자의 역할), 또 일부는 외부 사람들에게 알려 준다(대변인의 역할). 대부분의 정보는 문제점이나 호기를 발견하기 위해 분석되며, 조직 외부에서 일어나는 사건과 조직 내부의 사정들을 파악하기 위해 분석된다.

(2) 정보제공자의 역할

관리자들은 부하가 접할 수 없는 정보를 많이 갖고 있다. 이러한 정보 중의 일부는 사실에 관한 것이고, 다른 일부는 그 관리자가 해주기를 바라는 상부 또는 하부 사람들의 희망 사항에 관한 것이다. 사실에 관한 정보는 원래의 형태대로 또는 재해석이나 편집을 하여 부하들에게 넘겨주면 된다. 그러나 희망 사항에 관한 정보는 정보원의 영향력 정도에 따라서 조정되어야 하고, 그런 연후에 회사 운영계획(규칙, 목표, 정책, 표준)의 형식이나 부하의 질문에 대한 답변의 형식으로 전달된다.

(3) 대변인의 역할

관리자는 조직 외부 사람들에게도 정보를 전달하고 규칙이나 정책을 발표해야 할 책임이 있다. 또 중간 및 하위 직급의 관리자는 그들의 상관에게 보고를 해야 하며, 최고 관리자는 이사회나 기업주에게 보고를 해야 한다. 따라서 관리자들은 상관이나 외부 인사와의 접촉 시에 그 조직체의 로비스트 겸 공공 관계 대표자로서의 역할을 해줄 것을 요구받는다.

다. 의사결정 행동

(1) 기업가의 역할

관리자는 현재 상황을 개선하기 위한 조심스런 변화의 주창자로 또 설계자로도 활동하게 된다. 계획된 변화는 새로운 제품의 개발, 새로운 장비의 구입 또는 공식적 조직구조의 개편과 같은 '개선 프로젝트'의 형태로 발생한다. 개선 프로젝트 중 어떤 것은 관리자에 의해서 직접 감독되며, 또 어떤 것은 부하들에게 위임된다.

(2) 위기관리자의 역할

이것은 기회를 포착하여 문제점을 자발적으로 해결하는 것(기업가 역할)과는 달리, 불가피한 돌발적인 위기 상황을 처리하는 것이다. 이러한 위기는 부하들 간의 갈등, 핵심 부하의 상실, 화재나 사고, 파업 등과 같은 예기치 못한 사건에 의해 발생한다. 위기 시에는 관리자는 다른 모든 역할보다 이 역할을 최우선 순위에 두게 된다.

(3) 자원분배자의 역할

관리자는 자신의 권한에 따라 예산, 인원, 물자, 장비, 시설, 용역 등과 같은 자원을 할당한다. 어떤 사업을 할 것인가를 결정할 때, 부하가 내린 결정을 승인해 줄 때, 예산을 계획할 때, 관리자 자신의 시간 계획을 짤 때 등의 모든 경우에서 자원 할당의 문제가 제기된다. 관리자는 자원 분배의 권한을 보유함으로써 전략 수립 시 통제권을 유지하고 전략 목표에 대한 부하의 행동을 조정, 통합할 수 있게 된다.

(4) 협상자의 역할

막대한 자원의 투입을 요하는 협상 문제는 그 투입 여부의 결정 권한을 갖고 있는 관리자가 개입했을 때 보다 쉽게 해결될 수 있을 것이다. 관리자가 자기 조직체의 전문적 대변인으로서 역할을 해 줄 때 협상은 또한 더 잘 해결될 수 있을 것이다. 관리자가 그 조직체의 장의 자격으로 협상에 임하는 경우 그 협상은 더욱 신뢰성을 부여받게 될 것이다. 관리자가 개입하게 되는 협상 문제들에는 노사 간 계약이나 고충 처리 문제와 같은 노동조합과의 협상 문제, 주요 고객, 공급업자, 자문 기관과의 계약 협상 문제, 핵심 인원들과의 고용 협상 문제, 기타의 수시 협상 문제 등이 있다.

제 3 절 효과적인 리더십행동

리더십 행동이론에서 초기(1950년대와 1960년대)의 연구는 모든 상황에 걸쳐서 가장 효과적인 리더십 행동이 무엇인가를 밝히려고 하였다. 즉 만유적 관점에 입각한 것으로서 Ohio주립대학과 Michigan대학에 의해서 주도되었다. 그 이후 현재까지의 리더십 행동 연구는 이 초기의 연구를 바탕으로 하여 발전되어 나온 것인데, 이 절에서는 만유적 관점의 초기 리더십 행동 연구에 대해서 알아본다.

1. Ohio주립대학의 리더십 연구

효과적인 리더십행동에 관한 대부분의 설문조사 연구는 Ohio주립대학교 리더십 연구의 영향을 많이 받았다. 이 연구프로그램의 주요 목적은 효과적인 리더십 행동을 찾아내는 것이었다. 이 연구자들의 처음 과제는 부하들로 하여금 그들 리더나 관리자의 행동을 서술하게 하는 데 사용할 설문지를 개발하는 것이었다. 이 연구자들은 리더십 행동의 1,800가지 사례 목록들을 작성한 후, 이를 다시 150개 항의 주요 리더십 기능목록으로 압축하였다. 이 연구자들은 이 문항들로 한 예비 설문지를 작성하여 일련의 군인과 민간인의 표본을 대상으로 설문조사를 실시하였는데, 그 내용은 각 개인이 그의 감독자의 행동을 기술하는 것이었다. 설문조사에서 얻어진 반응을 분석한 결과 부하들은 그들 감독자들의 행동을 주로, '배려'와 '업무선도'라고 이름 붙여진, 두 개의 차원 또는 행동내용범주로 인식하고 있는 것으로 나타났다.

가. 배려와 업무 선도

배려(consideration)는 인간적 관심을 말하는 것으로서, 리더가 우호적 및 지지적으로 행동하고, 부하에 대해 관심을 가지며, 부하의 복지 문제에 대해 관심을 보이는 등의 행동을 말한다. 부하의 개인적 부탁을 들어 주는 것, 부하의 문제를 상의해 주기 위해 시간을 할애하는 것, 중요한 일에 관해서 사전에 부하에게 조언을 해주는 것, 부하의 제안을 들어 주는 것, 부하를 동등하게 대우해 주는 것 등이 배려적 행동의 예들이다.

업무 선도(initiating structure)는 과업 수행에 대한 관심을 말하는 것으로서, 집단의 공식적 목표의 달성을 위하여 자신의 역할은 물론 부하의 역할을 규정 및 구조화하는 행동을 말한다. 작업 결과가 불량할 때 이를 질책하는 것, 시한 엄수의 중요성을 강조하는 것, 부하에게 과업을 할당하는 것, 작업 수행 수준을 명백하게 설정하는 것, 표준 작업 절차를 준수하도록 요구하는 것, 문제에 대한 새로운 접근법을 제공하는 것, 부하들 간의 활동을 조정하는 것, 최선을 다하고 있는가 여부를 감독하는 것 등이 업무 선도 행동의 예들이다.

배려와 업무 선도는 비교적 상호 독립적인 행동 범주인 것으로 나타났다. 이 말이 의미하는 바는 어떤 리더는 배려의 정도는 높지만 업무 선도의 정도는 낮은 반면, 다른 리더는 정반대의 패턴을 보이며, 또 어떤 리더는 두 요인 모두에서 그 정도가 높은데, 다른 리더는 두 요인 모두에서 그 정도가 낮다는 것을 말한다.

나. 배려와 업무선도 간의 상관관계 연구 결과

배려와 업무 선도의 정도를 측정하기 위한 두 가지의 질문지가 제작되었다. 리더 행동 기술 질문지(Leader Behavior Description Questionnaire: LBDQ)와 감독자 행동 기술 질문지(Supervisory Behavior Description Questionnaire: SBDQ)가 바로 그것이다. 배려와 업무 선도에 관한 상관 관계적 현장 연구의 하나로서 International harvest 회사의 한 트럭 제조 공장에서 실시된 Fleishman과 Harris의 연구를 들 수 있다. 57명의 생산직 감독의 행동에 대하여 그들의 부하에게 SBDQ를 작성하도록 하였다.

(1) 배려와 업무선도가 이직률과의 관계

리더십 효과의 기준으로서 11개월간에 접수된 고충 처리 신청서와 자발적 이직자의 빈도가 사용되었다. 결과를 보면 〈그림 4-1〉과 〈그림 4-2〉에서 처럼 배려 점수가 높은 감독자일수록 그의 부하 중에서 고충 처리 신청자와 자발적 이직자의 수가 더 적었다. 이와는 반대로, 업무 선도 점수가 높은 감독자일수록 그의 부하 중에 고충 처리 신청자와 자발적 이직자의 수가 더 많이 나왔다. 이 두 가지 모두의 경우에서 곡선적 관계 함수가 통계적으로 유의미한 것으로 나타났다.

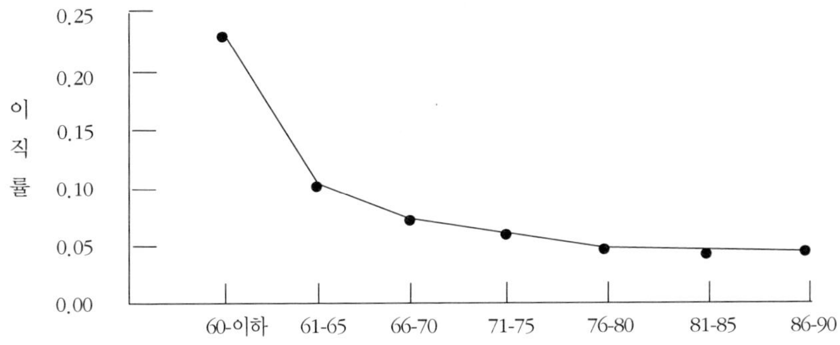

〈그림 4-1〉 배려와 이직률간의 관계

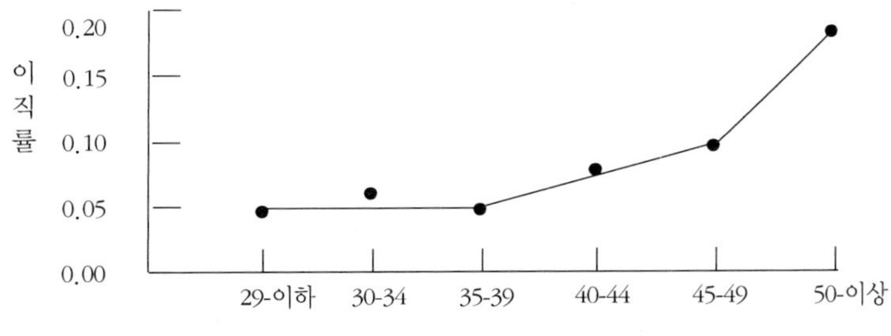

〈그림 4-2〉 업무 선도와 이직률 간의 관계

(2) 배려 / 업무선도 두 변인간의 상호작용 효과

이 연구자들은 또한 배려와 업무 선도의 두 변인이 결합되었을 때 어떤 결과가 나오는가를 검토하였다. 두 변인간의 상호 작용 효과가 통계적으로 유의미한 것으로 나왔는데, 이는 한 변인의 효과에 대해서 다른 변인의 효과를 무시한 채 일방적으로 결론을 내릴 수 없음을 나타낸다. 업무 선도적인 리더는 그가 배려적이지 않은 사람일 경우 높은 고충 처리 신청률과 이직률을 초래하였지만, 그가 배려적인 사람일 경우 업무 선도 점수와 고충 처리 신청률 및 이직률과는 아무런 상관이 없었다.

(3) 배려 / 업무선도 두 변인과 업무성과와의 관계

어떤 연구에서는 부하들이 업무 선도적 유형의 리더 아래에서 더 만족감을 나타냈고 또 업무 성과도 좋게 나타난 반면, 다른 연구에서는 그 반대의 결과가 나오거나 유의미한 관계가 나오지 않기도 했다. 이러한 양상은 배려와 업무 성과 간의 관계에 관한 연구에서도 마찬가지로 나왔다. 다만 한 가지 비교적 일관성 있는 결과를 보이는 것은 배려와 부하 만족도 간의 관계이다. Fleishman과 Harris의 연구에서 알 수 있듯이 부하들은 리더가 최소한 중간 정도의 배려적인 사람이면 대개 만족해 한다는 점이다.

2. Michigan대학의 리더십 연구

Ohio주립대학에서 리더십 연구가 시작된 때와 거의 비슷한 시기에 Michigan대학에서도 리더 행동에 관한 연구가 시작되었다. Michigan대학에서의 연구의 초점은 집단성과를 높이는 데 가장 효과적인 리더 행동이 무엇인가를 밝히는 것으로서 여러 유형의 리더를 대상으로 한 일련의 현장 연구들이었다.

연구 대상이 되었던 리더는 보험 회사의 지점장, 대규모 제조업 회사의 감독자, 철도 선로 보수반의 반장 등이었다. 연구자들은 면접과 질문지를 통하여 리더가 어떤 행동을 하는지를 조사하였다. 집단 생산성이라는 객관적 측정치를 사용하여 리더의 효과성을 평가한 다음, 생산성이 높은 집단의 리더와 생산성이 낮은 집단의 리더의 행동이 어떻게 차이가 나는가를 비교하였다.

가. 관계 지향적 행동과 과업 지향적 행동

Michigan대학의 연구에서도 Ohio주립대학의 연구에서 나온 배려와 업무 선도에 해당하는 두 가지 행동 차원이 도출되었다. 이들은 각각 과업 지향적(job centered) 행동과 관계 지향적(employee centered) 행동으로 명명되었다. 이 연구들은 과업 지향적 행동보다는 관계 지향적 행동이 집단의 성과와 사기를 높이고, 이직률이나 결근을 감소시키는 데 더 효과적이라는 결과를 보고 하였다.

성공적인 리더는 대인 관계를 손상시켜 가면서까지 과업 지향적 행동을 하지는 않았다. 그들은 보다 배려적이고, 지지적이며, 부하에게 도움을 주는 유형이었다. 효과적인 리더십과 상관관계가 있는 것으로 나타난 관계 지향적 행동의 예를 보면 신뢰감과 확신감을 심어 주고, 우호적이고 배려적으로 행동하며, 부하의 문제를 이해하려고 노력하고, 부하의 발전 및 경력 향상을 위해 도와주며, 부하의 기여와 성취를 인정해 주는 등의 행동이다. 또 성공적인 리더는 세부적인 감독보다는 전반적인 감독 방법을 사용하였다. 즉 부하가 달성해야 할 목표와 일반적인 지침만 주고, 그 일을 어떤 방법으로 하며, 속도는 어느 정도로 할 것인가에 관해서는 부하의 자율에 맡겼다. Likert는 리더가 부하로 하여금 지지받고 있다고 느끼며 자신이 가치 있고 중요하다는 생각을 가지도록 만들 수 있어야 한다고 주장한다.

Likert와 그의 관련 연구자들은 관계 지향적 행동을 지나치게 강조함으로써 과업에 관련된 행동을 비효과적인 리더 행동인 것처럼 인식하게끔 만들었다는 비판을 받는다. 그러나 사실은 이들이 과업과 관련된 행동의 중요성을 평가 절하한 것은 아니다. Michigan 대학의 연구들을 종합해 보면 리더가 과업과 관련된 행동을 할 때 그 행동 속에 배려적인 요소를 가미하는 것이 효과적이라는 것을 강조하고 있었던 것이다.

나. 참여적 리더십

Michigan대학의 관계 지향적 및 과업 지향적 리더십 연구의 뒤를 이어 가장 많은 연구를 촉진시킨 연구 문제가 바로 참여적 리더십이었다. 참여적 리더십이란 의사결정시에 구성원들이 리더에 대하여 어느 정도 영향력을 행사할 수 있도록 허용하는 방식의 리더십을 말한다. 참여적 리더십과 유사한 용어로서 자문, 합동 의사결정, 권력 공유, 분권화, 민주적 관리 등을 들 수 있다. 참여에 포함된 사람으로서는 부하, 동료, 상관, 외부 인사 등이 있을 수 있다.

Likert는 부하를 개별적으로 지휘하기 보다는 회의를 소집하여 집단적으로 지휘하는 것이 더 낫다고 제안하였다. 회의를 잘 활용하면 부하들의 의사결정 참여 촉진, 의사소통 원활화, 상호 협조의 증진, 갈등 해결 촉진 등의 효과를 가져올 수 있다. 회의에서 리더가 하는 역할은 토론을 이끌고, 그 토론이 지지적, 건설적, 문제 해결 지향적이 되도록 유도하는 것이다. 그러나 참여적 방법의 사용이 책임의 전가를 의미하는 것은 아니기 때문에 모든 결정과 그에 따르는 결과는 어디까지나 리더의 책임 소관으로 남는다. 회의를 활용하는 것에 대한 강조는 부하를 의사결정 과정에 참여시켰을 때 부하의 만족과 생산성이 더욱 향상된다는 Michigan대학 연구자들의 현장 실험 결과에서 나온 것이다.

다. 리더행동 대체 요인

Bowers와 Seashore는 대부분의 리더십 기능이 리더에 의해서만이 아니라 부하에 의해서도 수행될 수 있다는 견해를 제시함으로써 리더십 연구에 새로운 지평을 열었다. 때로는 리더가 부하에게 특정한 리더십 기능을 수행하도록 지시하는 경우도 있고, 어떤 때는 부하가 자발적으로 그러한 기능을 수행하기도 한다. 리더십 기능이란 것이 어느 한 지정된 리더에 의해서만 수행되라는 법은 없기 때문에 집단의 효율성은 리더 역할을 수행하고 있는 개개인보다는 그 집단의 총체적 리더십 역량에 의해 좌우된다고 보는 것이 더 타당할 것이다. 그러나 리더십의 공유를 주장하는 것이 공식적 리더를 가질 필요가 없다는 것을 의미하는 것을 아니다. 공식적으로 승인된 리더가 있어서 그의 주관 하에 비로소 상호 작용적 리더십의 패턴이 형성될 수 있다는 것은 상식적으로 뿐만 아니라 이론적으로도 충분한 근거가 있다.

3. 관리격자 이론

만유적(universal) 이론은 모든 상황에서 가장 효과적인 어떤 하나의 리더십 유형이 있다는 것을 가정한다. 이러한 만유적 이론의 하나가 Blake와 Mouton의 관리 격자 이론(management grid theory)이다. 이 이론은 리더의 행동을 '관계에 대한 관심'과 '과업에 대한 관심'이라는 두 요인의 관점에서 기술한다.

가. 관리격자의 구성

〈그림 4-3〉에서와 같이 가로 세로축 각각의 행동 차원을 다시 '1(低)'에서 '9(高)'까지 9개의 등급으로 구분하고 이 두 행동을 결합하면 모두 81개의 격자점이 나오는데, 이들은 이 중에서 5개의 주요 격자점을 중심으로 이론을 기술하였다.

1-1형은 과업과 관계에 대해 모두 관심이 낮으며 리더 자리를 유지하기 위한 최소의 일만을 하는 리더로서 방임형(impoverished)이라고 한다.

9-1형은 다른 무엇보다 집단의 목표를 달성하고 성과를 증진하는 데 주안점을 두며, 인간을 과업 수행을 위한 도구로써 생각하는 리더로서 권위형(authority-compliance)이라고 한다.

1-9형은 집단 구성원들 간의 원만한 인간관계 조성과 화기애애한 분위기 유지를 최우선시 하며, 업무로 인해 이러한 분위기가 손상될 우려가 있는 경우에는 과업을 희생시키는 것이 더 낫다고 보는 리더로서 사교형(country club)이라고 한다.

5-5형은 일종의 보수형적인 리더로서 효과가 잘 검증된 기조의 기술이나 절차만을 사용하고 결코 모험적인 시도나 개혁적인 제도는 도입하려고 하지 않으

며 현상 유지를 최선의 목표로 삼는 리더로서 중도형(middle of the road)이라고 한다.

9-9형은 과업과 관계의 양적 모두에 대해 높은 관심을 갖고 있으며 부하들의 성취 욕구를 자극하고, 부하의 참여, 헌신, 책임감, 신뢰 등을 이끌어 내는 리더로서 팀형(team)이라고 한다.

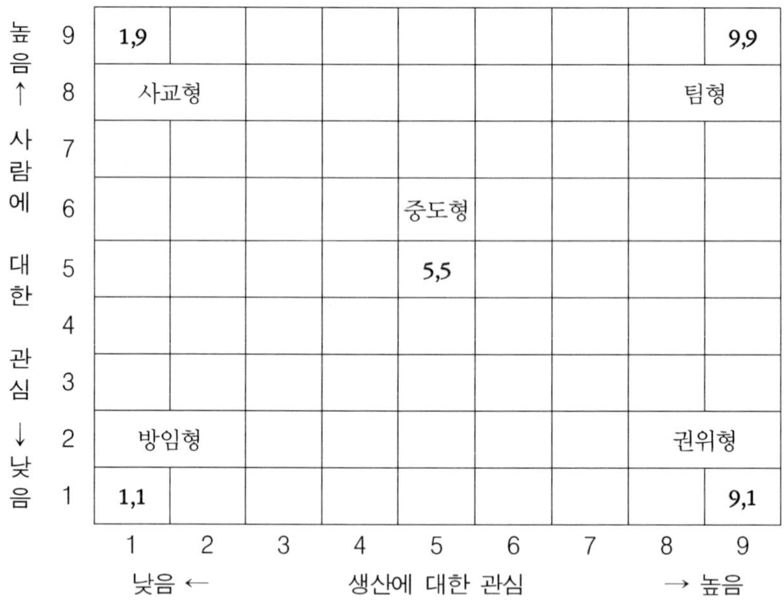

〈그림 4-3〉 Blake와 Mouton의 관리격자 이론

나. Blake와 Mouton의 주장과 평가

Blake와 Mouton은 9-9형 즉 팀형(team)의 리더가 모든 상황에서 가장 효과적인 리더라고 주장 한다. 여기서 만유적 측면이란 것은 리더로 하여금 9-9형 즉 팀형의 행동을 하게 만드는 가치 지향을 말하는 것이지 모든 상황에 자동적으로 적용 할 수 있는 어떤 고정된 행동 방식을 제시하고 있음을 말하는 것은 아니다. 즉 효과적인 리더십행동이란 과업과 관계 모두에 대해 관심을 갖는 경우인데, 그러한 관심이 행동으로 표출되어 나오는 경우 구체적인 행동의 형태

는 상황에 따라서, 또 부하에 따라서 달라질 수 있다.

구체적 행동의 수준에서 보면 9-9형 즉 팀형 리더와 다른 유형의 리더 간의 차이는 9-9형 리더가 순전히 과업적인 행동과 순전히 관계적인 행동이라는 두 유형의 행동을 모두 더 많이 한다는 데 있는 것이 아니라, 과업과 관계의 두 요소를 동시적으로 내포하는 그런 행동을 더 많이 한다는 데 있다. 9-1형의 리더는 순전히 과업 지향적인 행동만 하고, 1-9형의 리더는 순전히 관계 지향적인 행동만 한다는 생각은 잘못된 고정 관념들이다. 마찬가지로 9-9형 리더는 모든 가능한 과업 지향적 행동과 모든 가능한 관계지향적 행동을 모두 하는 사람으로 알고 있는 것도 틀린 생각이다.

따라서 효과적인 리더십행동이란 언제라도 과업적 관심과 관계적 관심을 동시에 달성할 수 있는 그런 행동을 선택할 줄 아는 사람이다. 한편 비효과적인 리더십행동은 과업 목표에만 관심을 두고 대인 관계는 무시하는 행동이거나, 그 반대의 경우이거나, 또는 두 가지를 모두 무시하는 행동이다.

경험적 연구들의 결과에 의하면, 9-9형 즉 팀형 리더가 언제나 효과적이라는 만유적 명제는 Blake와 Mouton이 설명하고 있는 바와 같이 단지 부분적으로만 지지를 받고 있다.

제 4 절 행동연구에 대한 평가

리더십의 행동연구는 효과적인 리더십행동을 위해 일련의 처방을 제공해 주고 있다. 유형연구는 리더가 자신의 행동을 두 가지 행동차원으로 분할해서 새롭게 보도록 하는 하나의 방법을 제공할 뿐 아니라 리더 자신의 리더십행동을 광범하게 측정할 수 있는 틀을 제공하고 있다.

1. 강점

리더십행동연구는 리더십과정의 이해에 몇 가지 긍정적인 공헌을 하고 있다.

첫째, 행동연구는 리더십연구의 초점을 보편적인 것으로 바꾸기 시작했다는 점이다. 행동연구가 시작되기 이전의 연구자들은 리더십을 단지 성격특성으로 다루었다. 행동연구는 리더십연구의 범위를 넓혀 리더의 행동들을 포함시켜 여러 다양한 상황에서 그들이 무슨 행동을 하는가를 연구하였다. 그리하여 더 이상 리더십연구의 초점은 리더의 개인적 특성에 있지 않고 '리더의 행동과 리더가 어떻게 행동 하는가'를 포함시키는 방향으로 확대되었다.

둘째, 리더십행동에 관한 광범한 연구가 리더행동의 유형을 검증하였고 이 연구의 기본적 주장에 신뢰성을 부여하고 있다는 점이다. 처음 오하이오 주립대학교와 미시간대학교의 연구자들에 의해 계획·수행되고 나중에 Blake와 Mouton 그리고 Blake와 McCanse의 연구에 의해 완성된 이 연구는 수많은 후속 연구들에 의해 실증적으로 구체화되었고 리더십과정의 이해를 위한 생동적인 이론이 되고 있다.

셋째, 개념적 수준에서 행동연구의 연구자들은 리더십유형이 기본적으로 두 가지 주된 행동유형으로 구성되었다는 것이다. 과업행동(high task), 높은 관계성행동(high relationship)이 그것이다. 이 같은 아이디어의 중요성은 과소평가될 수 없다. 리더십이 있는 곳에는 언제나 과업행동과 관계성행동 모두를 하고 있는 것이다. 따라서 유능한 리더가 되는 열쇠는 리더가 이들 두 행동들의 조합을 어떻게 만들어 가느냐에 달려 있다. 그래서 그 두 가지 행동유형의 조화가 리더십과정의 핵심을 형성한다는 것이다.

넷째, 행동연구는 문제 발견적 학습방법을 제공하고 있다는 점이다. 행동연구는 리더십의 복잡성을 이해하는 데 유용한 '광범한 개념적 지도(broad conceptual map)'를 제공하고 있다. 이를 통하여 리더는 자신에 대해 많은 것을 배울 수 있게 된다. 그리고 자신들의 행동을 과업차원과 관계성차원의 관점에서 살펴봄으로써 다른 사람에게 어떻게 접근할 수 있는가를 배우게 된다. 행동

연구를 근거로 하여 리더는 자신의 행동을 측정하고 자신의 리더십유형을 개선하기 위해 어떤 변화를 시도해야 할 것인가를 결정할 수 있게 한다.

2. 비판

행동연구는 그 강점들과 더불어 몇 가지 약점을 가지고 있다. 먼저 행동연구는 리더십유형이 업적성과와 어떤 관계를 가지고 있는가를 적절하게 보여주지 못하고 있다는 점이다. 연구자들은 과업행동 및 관계성 행동과 집단 성원들의 사기, 직무만족 및 업적 등과 같은 효과성간의 일관된 관계를 입증하지 못하고 있다.

또 하나의 비판은 이연구가 거의 모든 상황에 효과적일 수 있는 보편적 리더십유형을 찾아내지 못하였다는 점이다. 리더행동의 유형을 연구한 연구자들이 내걸었던 목표는 언제나 일관되게 효과적인 성과를 초래하게 하는 일련의 보편적 리더십행동을 확인하려 했던 것처럼 보인다. 그러나 결정적인 리더십특성을 찾을 수 없었던 특성연구에서와 같이 리더십행동연구에서도 리더십효과성에 일관되게 관련성을 가지고 있는 보편적 리더십행동을 확인해 낼 수 없었다.

리더십행동연구의 마지막 비판은 가장 효과적인 리더십유형이 높은 과업행동과 높은 관계성행동, 즉 '팀형 리더십유형'이라고 주장한다는 점이다. 비록 몇몇 연구자들이 팀형 리더를 가장 효과적이라 말하고 있지만, 모든 경우에 그같이 효과적인 것만은 아니다. 사실 모든 연구결과를 검토해본 결과 단지 제한적으로만 보편적 리더십유형(high-high style)을 지지하고 있을 뿐이다. 왜냐하면 상황에 따라서는 팀형 리더십유형이 아닌 다른 리더십유형이 요구되기 때문이다. 리더십유형에 관한 연구의 현시점에서 '높은 과업행동 - 높은 관계성행동'의 유형이 가장 선호할 만한 리더십유형인지 여부는 아직 불명확한 채로 남아 있다.

제 5 장 리더십 상황 이론

사람들은 리더가 주어진 상황에 관련된 지식과 권위를 가질 때 리더를 따르기 마련이다. 1960년대 후반에 접어들면서 기존의 리더 특성이나 리더 행동에 관한 연구접근법에 중요한 비판이 가해졌다. 즉 기존의 특성 연구나 행동 연구는 모든 상황에서 성공적일 수 있는 특성이나 행동이 무엇인가를 찾으려고 하였으나 그런 일반적인 요인은 있을 수 없다는 것이다. 그 이유는 부하의 특성이나 과제의 성질과 같은 상황적 요소가 달라짐에 따라 효과적인 특성이나 행동이 달라진다는 것이다.

이 장에서는 이와 같은 리더의 특성과 행동에 영향을 미치는 상황 조정 변인 및 매개 변인과 상황적 결정 요인(situational determinants)에 관한 연구와 이론들을 다루게 될 것이다.

제 1 절 리더십 상황연구의 개관

리더십의 상황에 대한 고려는 크게 2가지의 연구 접근으로 구분할 수 있다. 첫째는 리더의 특성이나 행동이 조직체의 성과나 구성원의 만족도 등에 영향을 미치는 과정에 대한 조정 변인으로서의 측면을 규명하고자 하는 연구 시도라고 할 수 있다. 즉 리더의 특성이나 행동을 리더십 현상의 인과 관계에서 원인적 요인(독립 변인)으로 취급하고, 그 원인 변인의 효과를 가감하는 조정 변인으로서의 상황의 역할을 주로 연구하였다. 이를 상황 부합 이론(contingency theory)이라 한다. 둘째는 리더의 행동을 결과 변인으로 간주하고 조직 유형이나 리더의 조직 내 직책 등과 같은 상황적 맥락이 어떻게 리더 행동에 영향을 미치는가를 연구하는 원인 변인으로서 상황의 역할을 탐구하고자 하는 연구 접근이다. 이를 상황적 접근법이라 한다.

상황 부합 모델(contingency model)은 리더 특성의 효과가 상황에 따라 다르게 나온다는 초기의 특성 연구들에 대한 비판에 기초하여 리더십 효과에 대한 만유적 관점 대신 상황 특수적 관점의 접근 방법으로 등장하게 되었다. 이러한 특성 연구에서와 마찬가지로 1970년대부터는 리더 행동의 효과가 상황에 따라 달라진다는 증거들이 나오게 되면서 리더 행동의 효과성에 관한 상황부합 이론이 대두하게 된다. 이 입장은 상황에 따라서 효과적인 리더 행동이 달라진다고 가정한다. 따라서 이 계통의 연구는 리더 행동의 효과를 달라지게 만드는 상황 조정 변인(situational moderator variable)이 무엇인가를 찾는 것이 주요 관심사였다. 이에 부가하여 리더 행동과 리더십 효과 간을 매개하는 매개 변인(intervening variable) 즉 특정한 행동의 효과가 왜 상황에 따라 변하는지를 설명해 줄 수 있는 매개 변인이 무엇인가를 발견하는 것이 이 시기 연구의 또 다른 주요한 특징이었다.

리더십에 대한 상황적 접근은 리더의 집단이 수행하는 작업의 본질, 외부 환경의 본질, 그리고 부하의 특성 등과 같은 요인들의 중요성을 강조하여 이러한 상황적 요인이 리더의 행동을 어떻게 규정짓게 되는가를 규명해 보고자 하는 것이다. 다시 말하면 리더의 행동이 인과 관계의 연쇄에서 결과적 요인(종속 변인)으로서 다루어지게 된다.

제2절 상황 부합 이론

이 절에서는 60년대에 논의된 특성 연구의 상황 부합 이론중 하나인 Fiedler의 LPC 부합 모델과 70년대에 논의된 행동 연구의 상황 부합 이론인 경로-목표 이론과 부하 성숙도 이론 그리고 리더십 대체 이론 세 가지를 살펴보고자 한다.

1. Fiedler의 LPC 부합 모델

Fiedler의 LPC 부합 모델은 상황 요인이 어떤 방식으로 리더의 특성과 그 효과 간의 관계를 조정하는가를 기술하고 있다. Fiedler의 연구는 LPC(Least Preferred Coworker) 점수라고 불리는 하나의 성격 특성 점수로써 리더십의 효과를 예측하려는 것이다.

가. LPC 점수 산출

LPC 점수는 다음과 같은 방식으로 나오게 된다. 응답자에게 과거부터 현재에 이르기까지 함께 일했던 동료들을 모두 머리 속에 떠올리게 한다. 그 다음 그들 중에서 함께 일하기가 가장 싫은 사람을 한 사람 선택하게 하여 그 사람을 양극 형용사 척도들로 구성된 질문지상에서 평가하게 한다. 양극 형용사 척도가 여러 개 있으므로 그 척도들에서 평가된 점수를 모두 합하면 그것이 곧 응답자의 LPC 점수가 된다. LPC 척도의 한 예가 〈그림 5-1〉에 나와 있다.

'가장 싫어하는 동료'를 평가함에 있어서 전반적으로 부정적으로 평가하는 사람은 낮은 LPC 점수를 받게 되고, 전반적으로 관대하게 평가하는 사람은 높은 LPC 점수를 받게된다. LPC 점수가 의미하는 바가 무엇인가에 대한 해석은 이 이론이 최초에 나온 이후 여러 차례 바뀌었다. 최근의 Fiedler의 해석에 의하면 LPC 점수는 리더의 동기 위계(motive hierarchy)를 나타낸다고 한다.

이제 귀하께서 가장 함께 일하고 싶지 않은 사람을 한 사람 생각해 주십시오. 그 사람은 현재 귀하의 직장에 함께 있는 사람일 수 도 있고, 과거에 같은 직장에 있었던 사람일 수도 있습니다. 그 사람은 귀하가 가장 싫어하는 사람이 아닐 수 도 있습니다. 다만 그 사람은 귀하가 함께 일을 하기에 가장 싫은 사람이어야 합니다. 그 사람에 대해 귀하께서 어떻게 생각하시는지 아래에다 표시해 주십시오.

유쾌하다 :__8_:_7_:_6_:_5_| 4_:_3_:_2_:_1__: 불쾌하다

친절하다 :__8_:_7_:_6_:_5_| 4 :_3_:_2_:_1__: 불친절하다

거부적이다 :__8_:_7_:_6_:_5_| 4_:_3_:_2_:_1__: 수용적이다

배려성이 많다 :__8_:_7_:_6_:_5_| 4_:_3_:_2_:_1__: 배려성이 없다

의욕이 부족하다 :__8_:_7_:_6_:_5 | 4_:_3_:_2_:_1__: 의욕적이다

경직되어 있다 :_ 8_: 7_:_6_:_5_| 4_:_3_:_2_:_1__: 여유가 있다

멀게 느껴진다 :__8_:_7_:_6_:_5_| 4_:_3_:_2_:_1__: 가깝게 느껴진다

차갑다 :__8_:_7_:_6_:_5 | 4_:_3_:_2_:_1__: 따뜻하다

협조적이다 :__8_:_7_:_6_:_5_| 4_:_3_: 2_:_1__: 비협조적이다

지지적이다 :__8_: 7_:_6_:_5_| 4_:_3_:_2_:_1__: 적대적이다

따분하다 :_ 8_:_7_:_6_:_5 | 4_:_3_:_2_:_1_ : 재미있다

남과 잘 다툰다 :__8_:_7_:_6_:_5_| 4_:_3_:_2_:_1__: 남과 잘 지낸다

자신감 있다 :__8_:_7_:_6_:_5_| 4_:_3_:_2_:_1__: 자신감 없다

유능하다 :_ 8_:_7_:_6_:_5_| 4_:_3_:_2_:_1 _: 무능하다

우울하다 :__8_:_7_:_6_:_5 | 4_:_3_:_2_:_1_ : 명랑하다

개방적이다 :__8_:_7_:_6_:_5_| 4_:_3_:_2_:_1__: 폐쇄적이다

비열하다 :_ 8_:_7_:_6_:_5_|_4_:_3_:_2_:_1__: 정정당당하다

불성실하다 :_ 8_:_7_:_6_:_5_| 4_:_3_:_2_:_1_ : 성실하다

〈그림 5-1〉 LPC 척도의 예

나. LPC 척도

높은 LPC 점수(64점 이상)의 리더는 1차적인 동기가 부하를 포함하여 다른 사람들과 친밀한 대인 관계를 유지하는 것이고, 관계가 좀 소원해질 것 같으면 배려적이고 지지적인 방식으로 행동을 한다. 과업 목표의 성취는 2차적인 동기가 되는데, 이것은 1차적 동기인 친애 욕구가 충족된 연후에 비로소 중요한 동기로서 떠오르게 된다.

낮은 LPC 점수(57점 이하)의 리더는 1차적인 동기가 과업목표의 성취가 되고, 과업상에 문제가 있으며 항상 과업 지향적 행동을 강조한다. 부하들과 좋은 관

계를 유지한다는 것은 2차적인 동기인데, 집단의 업무가 잘 돌아가고 있고 심각한 과업상의 문제가 없을 때만 중요한 것으로 부상된다.

다. LPC 점수와 리더십효과 간의 관계

리더의 LPC 점수와 리더십 효과 간의 관계는 상황 유리도(situational favorability) 라고 하는 상황 변인에 따라 달라진다. Fiedler에 의하면 상황 유리도란 리더가 부하를 통제함에 있어서 상황적 여건이 리더에게 어느 정도 유리한가의 정도를 말한다.

상황 유리도는 그 상황 내에 있는 다음의 세 가지 측면에 근거하여 측정된다.

① 리더 - 부하 관계 : 리더가 부하의 지지와 충성을 받고 있는 정도 및 부하들과의 우호적이고 협조적인 관계를 유지하고 있는 정도
② 과업 구조 : 과업 수행을 위한 표준 작업 절차, 완제품이나 서비스의 요건에 대한 상세한 명세서, 과업 수행과정 및 결과 평가에 관한 객관적 지표 등이 구비되어 있는 정도
③ 직책 권력 : 리더가 부하의 성과를 평가하고 그에 따라 상벌을 줄 수 있는 권한을 보유하고 있는 정도

상황 유리도는 상황이 이 세 가지 요소에 각각의 가중치를 주어서 합산을 함으로써 계산할 수 있다. 각 요소의 중요성 정도에 따라 가중치가 부여되는데 그 중요도는 리더 - 부하 관계, 과업 구조, 직책 권력의 순서라고 가정하고 있다. 세 요소 각각을 유리 - 불리의 두 수준으로 나누어서 조합을 하면 총 8가지의 상황 유리도 수준이 나온다. 리더 - 부하 관계가 좋고, 과업이 잘 구조화되어 있고, 리더가 충분한 직책 권력을 갖고 있는 상황이 리더에게 가장 유리한 조건이다. 리더 - 부하 관계가 좋으면 부하들은 리더의 요구나 지시를 무시해 버리는 일이 없이 잘 순종한다. 과업이 잘 구조화되어 있으면 리더가 부하에게 일을 지시하기에도 편리하고 업무 수행을 감독하기에도 좋다. 리더가 직책 권

력을 충분히 갖고 있으면 부하들에게 영향력을 발휘하기가 용이해 진다. 리더에게 가장 불리한 상황은 리더 - 부하 관계가 나쁘고, 직책 권력은 낮으며, 과업이 구조화되어 있지 않은 조건인 경우이다. 이 모델에서 취급되는 변인들 간의 인과적 관계가 〈그림 5-2〉에 도시되어 있다.

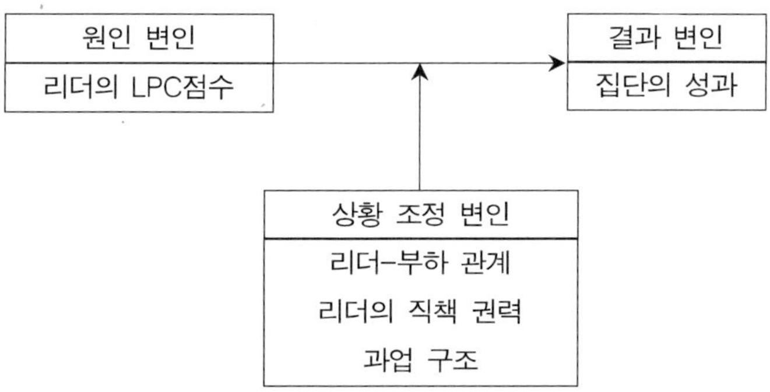

〈그림 5-2〉 Fiedler의 부합 이론에서 변인들 간의 인과 관계

Fiedler에 의하면 ①상황 유리도가 낮거나 중간 정도인 조건에서는 리더는 자신의 1차적 동기를 충족하는 방향으로 행동을 하게 된다. 그래서 이 두 조건에서는 低 LPC의 리더는 과업 지향적인 행동을 하게 되고, 高 LPC의 리더는 관계 지향적인 행동을 하게 된다. ②상황 유리도가 높은 조건에서는 리더들은 자신의 1차적인 동기가 충족되었으므로 2차적인 동기를 충족시키는 방향으로 행동하게 된다. 그래서 이 조건에서는 低 LPC의 리더는 관계 지향적인 행동을 하게 되고, 高 LPC의 리더는 과업 지향적인 행동을 하게 된다.

라. 상황별 리더의 효과

Fiedler는 상황 유리도의 수준에 따라서 효과적인 리더 행동이 무엇인가에 관하여 다음과 같은 가정을 한다. ①상황 유리도가 낮은 조건에서는 과업 지향적 행동을 하는 것이 집단성과를 높이는 데 더 효과적이다. 반면 ②상황 유리도가 중간 정도인 조건에서는 리더의 관계지향적 행동이 집단성과를 높이는 데 더 중요한 요인이 된다. 그리고 ③상황 유리도가 높은 조건에서는 관계 지향적인 행동인 더 효과적이다.

이러한 가정에 비추어 본다면 〈표 5-1〉에서와 같이 상황 유리도의 각 조건별로 어떤 리더가 더 효과적일 것인가를 예측할 수 있다.

〈표 5-1〉 LPC부합모델에서 상황별 리더의 효과

상황유리도	리더 특성		리더십효과성
	저 LPC	고 LPC	
낮은 경우	과업지향적	관계지향적	저 LPC
중간 경우	과업지향적	관계지향적	고 LPC
높은 경우	관계지향적	과업지향적	저 LPC

① 상황 유리도가 낮은 조건에서는 각 리더는 자신의 1차적 동기를 충족하는 방향으로 행동하게 된다. 즉 低 LPC의 리더는 과업 지향적으로 행동하고, 高 LPC의 리더는 관계 지향적으로 행동하게 된다. 이 조건에서는 과업 지향적으로 행동하는 리더가 더 효과적이므로 低 LPC의 리더가 더 효과적이게 된다.

② 상황 유리도가 중간 정도인 조건에서도 각 리더는 자신의 1차적 동기를 충족하는 방향으로 행동하게 된다. 즉 低 LPC의 리더는 과업 지향적으로 행동하고, 高 LPC의 리더는 관계 지향적으로 행동하게 된다. 이 조건에서는 관계 지향적으로 행동하는 리더가 더 효과적이므로 高 LPC의 리더가 더 효과적이게 된다.

③ 상황 유리도가 높은 조건에서는 각 리더는 자신의 1차적 동기가 이미 충족되었으므로 자신의 2차적 동기를 충족하는 방향으로 행동하게 된다. 즉 低 LPC의 리더는 관계 지향적으로 행동하고, 高 LPC의 리더는 과업 지향적으로 행동하게 된다. 그런데 이 조건에서는 관계지향적으로 행동하는 리더가 더 효과적이므로 低 LPC의 리더가 더 효과적이게 된다.

마. LPC 부합 모델의 평가

이 모델 자체와 모델 검증에서 사용된 방법에 관한 주요 비판 내용은 다음과 같다.

첫째, LPC 점수의 의미가 불명확하다. 그 점수에 대한 해석은 여러 차례 임의적으로 변경되었다. 최근에 나온 해석이란 것도 의문의 여지가 많은 것이어서 앞으로 또다시 변경될 소지를 안고 있다.

둘째, 리더의 LPC 점수가 집단성과에 어떤 방식으로 영향을 미치는가를 설명해 주지 못하고 있다. 즉 LPC 점수와 집단성과 간을 매개해 주는 변인이나 리더 행동을 제시하지 못하고 있다.

셋째, 이 모델에 대한 경험적 지지 증거도 약하다. 대부분의 연구에서 나온 상관 계수의 값이 통계적으로 유의미하지 못하였다.

넷째, 상황 유리도를 계산하는 데 사용된 가중치의 결정이 임의적이며 명확한 논리적 근거가 없다. 또 상황의 세 측면이 통합되어 하나의 차원으로 취급되었는데 그렇게 해야 할 근거가 무엇인지에 대한 설명이 없다.

다섯째, LPC 점수의 분포를 생각해 보면 중간 점수대의 리더가 높은 점수대와 낮은 점수대의 리더들을 모두 합한 수보다 더 많을 것이다. 그럼에도 불구하고 이 모델과 대부분의 검증 연구들은 LPC 점수가 중간인 리더들에게 대해서는 별로 많이 다루지 않았다. 이것은 중간대의 점수를 갖는 리더들이 친애 욕구와 성취 욕구를 균형 있게 갖추고 있기 때문일 수 있음을 시사한다.

여섯째, 이 모델은 과업 구조를 이미 주어진 것으로서 취급했는데 많은 경우에 있어서 특히 작업 과정이 제대로 규명되지 않은 경우에는 리더가 바로 그 과업 구조를 조직화할 책임을 가지고 있는 것이다. 어떤 연구는 LPC 점수가 집단성과에 미치는 효과보다 과업 구조를 잘 조정하는 것이 집단성과에 미치는 효과가 더 큰데 그 차이가 크게는 10배에 까지 달한다고 보고하고 있다.

그럼에도 불구하고 Fiedler의 이 이론은 리더십 연구에서 상황 요인을 주요한 설명변인으로 고려하도록 만들었다는 점에서 공헌점을 찾을 수 있다.

2. 리더십의 경로 – 목표 이론

리더십의 경로-목표이론은 리더의 행동이 부하들의 만족과 성과에 어떻게 영향을 미치는가를 알아보기 위하여 개발된 이론이다. 초기 Evans에 의해 만유적 관점에서 출발한 이후, House는 상황변인을 포함하는 그 이론의 보다 정교한 모형을 만들었다. 경로 - 목표이론은 한 상황이론으로써, 리더행동의 부하만족 및 노력에 대한 효과가 과업 및 부하 특성들을 포함하는 상황에 의존함을 말해준다.

House에 의하면 리더의 동기적 기능은 업무목표 달성에 관한 부하들의 개인적 이득을 증대시켜주는 일, 경로를 명료화시켜주고 중도의 장애와 함정을 제거해줌으로써 그 이익에 쉽게 도달할 수 있게 해 주는 일 및 개인적 만족의 기회를 증대시켜주는 일로 구성된다. 부하의 만족에 대한 리더행동의 효과가 부하의 노력에 대한 리더행동의 효과와 반드시 같은 것은 아니다. 상황에 따라서는 리더행동이 그 둘에 상이하게 영향을 주거나 또는 하나에는 영향을 주지만 다른 것에는 영향을 주지 않을 수도 있는 것이다.

가. 경로 – 목표 이론의 변인들

(1) 원인 변인

경로-목표이론의 초기 모형은 지지적 리더십과 지시적 리더십의 두 가지 리더행동만을 포함하였다. 그 후 House와 Mitchell의 변형 모형에서는 두 가지 리더행동이 더 추가되었다. 그 원인 변인인 리더행동 네 가지는 다음과 같이 정의된다.

- **지지적 리더십** : 부하들의 요구에 대해 배려를 해주며, 그들의 복지에 대해 관심을 보여주고, 조직에 우호적인 분위기를 조성함.
- **지시적 리더십** : 부하들에게 수행해야 할 일이 무엇인지 알려주고, 그들이

규칙과 절차에 따르도록 요구하며, 그들의 업무를 계획하고 조정해줌.

· **참여적 리더십** : 부하들과 협의하며, 그들의 견해와 제안을 반영해줌.

· **성취지향 리더십** : 도전적인 목표를 설정하고, 성과의 증진을 추구하며, 수행이 뛰어날 것을 강조하고, 부하들이 높은 표준을 갖도록 자신감을 심어줌.

(2) 상황조정 변인

경로-목표이론은 한 상황이론으로써, 리더행동의 부하만족 및 노력에 대한 효과가 과업 및 환경과 부하의 특성들을 포함하는 상황에 의존함을 말해준다. 이 상황조정변인들은 부하의 동기증대 가능성과, 리더가 동기를 고양시키기 위해 따라야 하는 행동방식 둘 다를 결정한다. 상황변인들은 또한 부하의 만족에 대한 리더의 영향에 영향을 줌으로써, 특수한 유형의 리더십 행동에 대한 부하의 선호에도 영향을 준다. 이 이론의 일반적인 인과관계가 〈그림 5-3〉에 예시되어 있다.

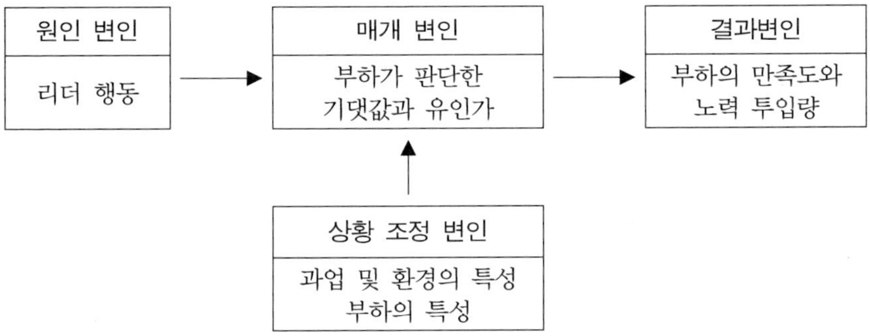

〈그림 5-3〉 경로—목표 이론에 포함된 변인들 간의 인과 관계

(3) 매개변인

경로-목표 이론의 매개변인들은 리더의 행동이 부하의 만족과 노력에 어떻게 영향을 미치는가를 설명해 준다. 이 이론의 매개변인에는 부하가 판단한 기댓

값(expectancy)과 유인가(valence)가 있다. 이 매개변인들은 '기대이론'이라고 하는 한 동기이론으로 부터 빌려온 것이다. 기대이론에는 여러 가지 변형들이 있으나, 그것들 모두는 작업동기를, 한 사람이 한 주어진 시점에서 직무에 얼마나 많은 노력을 투입할 것인가를 결정하는 합리적 선택의 과정으로 설명한다. 사람들은 최대의 노력과 최소의 노력 사이에서 선택을 할 때, 한 주어진 노력 수준이 과업을 성공적으로 완수시킬 가능성과 그 과업의 완수가 바람직하지 않은 결과들(해고, 사고, 견책, 동료들의 거부반응, 과중한 스트레스)을 피하면서 바람직한 결과들(급여인상, 인정, 승진, 성취감, 즐거움)을 가져올 가능성을 고려한다. 결과에 대한 지각된 확률을 기댓값이라고 하며, 그 결과의 바람직성을 그것의 유인가라고 한다. 일반적으로 부하들이 가치 있는 결과는 힘든 노력을 통해서만 얻을 수 있고 또 그 노력은 반드시 성공할 것임을 믿는다면, 노력을 하게 될 것이다. 리더행동의 효과는 주로 이러한 지각 및 신념들을 변화시키는 것이다.

나. 리더의 대처 행동

원인변인인 리더의 행동이 상황조정변인들에 의해 부하가 판단하는 기댓값과 유인가에 따라 결과 변인인 리더십의 효과 즉 부하의 만족도와 노력 투입량으로 나타난다. 따라서 부하의 만족도와 노력 투입량이 최대화 되게 하기 위해 어떠한 상황일 때 어떠한 리더행동을 구사할 것인가를 이 경로-목표 이론은 제시해 주고 있다.

(1) 과업이 스트레스를 주거나 권태롭거나 싫증나거나 또는 위험한 것일 때에는 지지적 리더십이 부하의 자신감을 높이고, 불안감을 감소시키며, 업무의 불쾌한 측면들을 극소화 시켜줌으로써 부하의 노력과 만족을 증대시킨다. 기대이론식으로 말하자면, 리더가 과업을 수행하는 것의 내적 유인가(즐거움)와 그것이 성공적으로 완수될 것이라는 기대 둘 다를 증대시키는 것이다. 그러나 과업이 본래 재미있는 것이고 부하들이 이미 자신감을 갖고 있다면, 지지적 리더

십은 별 의미가 없을 것이다.

(2) **과업이 구조화되어있지 않고 복잡하며, 부하들이 경험이 없고, 업무를 알려주는 규정이나 절차가 확립되어 있지 않을 때,** 지시적 리더십은 부하들의 만족과 노력을 높여줄 것이다. 부하들이 그들에게 기대되고 있는 것이나 일을 수행하는 방법에 대해 모르고 있을 때 갖게 되는 역할 모호성을 줄여줌으로써 그들의 기대를 증대시키고 결과적으로 그들의 노력도 증대시키게 된다. 한 걸음 더 나아가서 이 이론은 역할 모호성이 불쾌한 것이며 따라서 그것을 줄여주는 것 자체가 부하들의 만족을 증대시킨다고 가정한다.

(3) **과업이 구조화되어 있거나 부하들이 유능한 사람들일 때**에는, 지시적 리더십은 부하들의 노력에 아무런 효과도 내지 못한다. 더욱이 이러한 상황에서 부하들이 리더의 세밀한 지시와 감독을 불필요한 통제라고 지각하게 되면 오히려 만족이 감소될 수도 있다. 지시적 리더십이 부하의 노력에 영향을 미치는 길은 하나가 아니다. 부하의 노력은, 새롭고 큰 성과-보상의 발견과 그 보상들을 부하의 성과에 보다 밀접하게 관련시켜 부과해줌으로써도 증대될 수 있다. 이러한 여러 가지 가능성은 Evans와 House가 이 이론을 처음 만들었을 때의 초기이론에는 포함되어 있었으나, 대부분의 후속 연구에서는, 정적 보상행동이 지시적 행동의 일반적 정의와 잘 부합되지 않는다는 이유 때문에 무시되었다.

(4) **참여적 리더십과 성취지향 리더십에 관한 명제들**은 지지적 및 지시적 리더십에 관한 그것들처럼 잘 발전되거나 연구되지 않았다. 참여적 리더십은 과업이 구조화되어 있지 않을 때 역할 명료성을 증대시켜줌으로써 부하의 노력과 만족을 증대시켜주는 것으로 가정된다. 과업이 구조화되어 있을 때에는 이 행동이 효과가 거의 없거나 아주 없다. 참여적 리더십은 또한 업무의 내적 유인가를 증가시킬 수 있고 따라서 성취와 자율 욕구가 높은 부하들의 만족을 증대시킬 수 있다. 성취지향 리더십은 과업이 구조화되어 있지 않을 때, 도전적인

과업이나 목표의 성공적 달성에 대한 자신감과 기대를 증가시켜줌으로써 부하의 노력과 만족을 증대시켜 주는 것으로 가정된다. 과업이 단순하고 반복적인 것일 때에는 이 행동은 효과가 거의 없거나 아주 없다.

다. 경로 – 목표 이론의 평가

경로 - 목표 이론은 개념적으로도 많은 문제점을 내포하고 있는데 이러한 문제점들이 이 이론의 실제적 유용성을 제한하는 요소가 된다.

첫째, Schriesheim과 kerr는 경로 - 목표 이론의 개념적 근거에서 문제가 있다고 지적하고 있다. 즉 이 이론은 기대 이론에 근거하여 리더 행동이 부하의 동기에 미치는 효과를 설명하고 있는데 기대 이론 자체가 문제점이 많은 이론이라는 것이다. 기대 이론은 인간의 동기화 과정을 너무 이성적인 계산 과정으로 파악함으로써 감정적인 요인의 작용을 도외시하고 있다는 점에서 비판을 받는다.

둘째, 이 이론에서 도출된 가설의 선행 조건이 되는 가정 상에 문제점이 있다는 지적이 있다. 예를 들면 역할 모호성은 부하들에게 불유쾌한 것이라고 가정하고 있는데 오히려 의무 사항이나 작업 절차가 구조화되어 있지 않아서 스스로 자신의 역할을 규정해 가면서 일할 수 있는 것을 더 좋아하는 사람들이 있다는 것이다. 또 역할이 모호하면 부하들의 과업의 성공적 완수에 대한 기대가 낮아지므로 리더가 역할을 명확히 해주면 이러한 기대가 자동적으로 높아진다고 가정하고 있는데 역할을 명확히 해주었을 때 부하들은 오히려 그 과업의 성공적 완수가 생각보다 더 어려운 것이라는 생각을 갖게 되는 경우도 있다는 것이다.

셋째, 이 이론은 리더가 부하를 동기화시키는 과정에 초점을 두고 있는데 기술 증진을 위한 훈련이나 필요한 자원의 획득, 작업의 효율적 조직화와 같은 다른 방식에 의해서도 부하의 작업성과에 영향을 주는 방법이 있는데 이에 대해서는 전혀 고려하고 있지 않다. 단순히 부하의 노력 동기를 증가시킴으로써 얻을 수 있는 성과의 증대보다는 앞서 예시된 것과 같은 매개 과정에 영향을 미치는 다른 일들을 함으로써 훨씬 더 나은 작업성과를 올릴 수 있는 것이다.

넷째, 각각의 리더 행동의 효과가 개별적으로 고려되고 있고 리더 행동들 간에 있을 수 있는 상호 작용 효과가 연구된 적이 없다. 또한 리더 행동과 상황 간에 상호 작용이 있을 수가 있는데 이 점에 대한 언급이 없다. 예를 들면 이 이론은 비 구조화된 과제 상황에서는 지시적 리더십이 효과가 있을 것이라고 가정하는데 이런 상황이라고 할지라도 부하가 그 문제를 해결할 만한 능력을 구비하고 있다면 리더의 지시적 행동은 불필요한 것이 될 것이다.

이런 여러 가지 제한점들에도 불구하고 경로 - 목표 이론은 리더 행동 연구의 유용한 개념적 연구 틀을 제공함으로써 연구자들로 하여금 중요한 상황 변인들을 발굴할 수 있도록 하는데 큰 공헌을 한 이론이다.

3. Hersey와 Blanchard의 상황적 리더십 이론

Hersey와 Blanchard는 원래는 '리더십의 일생적 주기 이론(life cycle theory of leadership)'이라고 불렀으나 후에 '상황적 리더십 이론'이라고 명명된 리더십 이론을 발전시켰다. 이 이론은 부하 성숙도라는 하나의 상황 조정 변인과 관계적 행동과 과업적 행동이라는 두 가지 리더 행동을 다루고 있는데 부하 성숙도가 리더 행동의 효과를 어떻게 조정하는가를 제시하고 있다.

가. 변인들 간의 관계

이 이론에 포함되는 변인들 간의 관계가 〈그림 5-4〉에 나와 있다.

(1) 원인 변인

원인 변인인 리더행동은 과업적 행동과 관계적 행동으로 구분된다. 과업적 행동(task behavior)은 리더가 각각의 부하는 무엇을 해야 하고 언제, 어디서, 어떻게 그 과업을 완수해야 한다는 것을 지시하는 등의 부하의 역할을 조직화 및 정의하는 것을 말한다.

관계적 행동(relationship behavior)은 의사소통의 언로를 트고 사회 정서적 지원을 제공하며 '심리적 위무'을 하는 등의 부하와의 인간적 관계를 유지하는 것을 말한다.

(2) 상황 조정 변인

부하의 '성숙도(maturity)'라고 불리는 상황 조정 변인은 부하가 수행하는 과제와 관련해서만 측정될 수 있는 것이다. 부하의 성숙도는 직무 성숙도(job maturity)와 심리적 성숙도(psychological maturity)의 두 가지 요소로 구성된다.

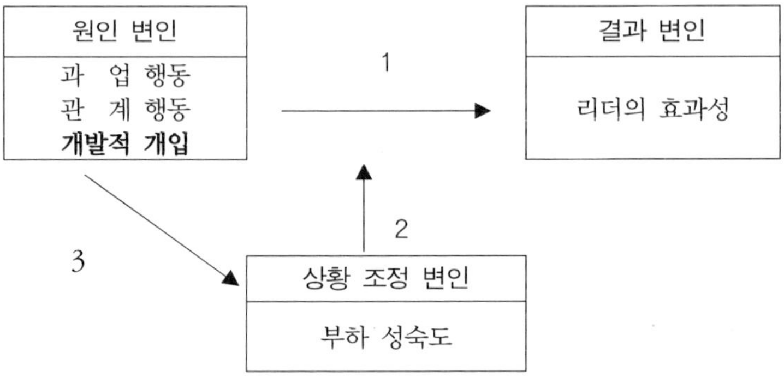

〈그림 5-4〉 상황적 리더십 이론에서의 인과관계

직무 성숙도는 부하의 과업 관련 기술과 전문적 지식의 정도이고, **심리적 성숙도**는 부하의 과업 수행에 대한 자신감과 자부심의 정도이다. 高성숙도의 부하는 과업 수행에 대하여 능력과 자신감을 갖춘 사람으로서 이들은 책임감이 높으며 어렵지만 달성 가능한 목표를 설정하는 등의 특성을 갖는다. 低성숙도의 부하는 능력과 자신감이 모두 부족한 사람들이다.

(3) 개발적 개입

리더 행동은 리더십의 효과에만 영향을 미칠 뿐만 아니라(〈그림 5-4〉의 화살표 1과2), 리더 행동은 부하의 성숙도에도 영향을 미친다(<그림 5-4>의 화살표 3). Hersey와 Blanchard에 의하면 리더는 개발적 개입(developmental intervention)이라는 방법을 통하여 부하의 성숙도 수준을 변화시킬 수 있다고 본다. 미성숙 수준의 부하에 대한 한 가지 간단한 개발적 개입방법은 특정한 과제에 대해서 지시의 양을 좀 줄이고 부하에게 보다 많은 책임을 위임하는 것이다. 부하의 반응이 긍정적인 방향으로 나오면 그것을 강화하는 칭찬과 정서적 지지를 보내 준다.

보다 복잡한 것으로서 부합적 계약(contingency contracting)이라고 하는 개발적 개입의 방법이 있다. 여기서는 부하의 책임과 과업 목표는 무엇이고, 반면 부하가 그 목표를 달성하는 데 조력자로서의 리더의 역할은 무엇인가 등의 문제에 관해 리더와 부하가 약속을 한다. 부하가 성숙 수준에 도달하는데 어느 정도의 기간이 걸릴 것인가는 과제의 복잡성 정도와 부하의 특성에 따라 달라진다.

나. 리더의 행동 처방

각 상황에서 효과적인 리더 행동이 무엇인가에 관한 처방이 <그림 5-5>에 나와 있다. <그림 5-5>는 부하의 성숙 수준을 나타내는 하단부 수평 척도와 그 위의 리더 행동을 제시한 4분면으로 구성되어 있다. 먼저 부하의 성숙 수준을 나타내는 하단부 수평 척도는 오른쪽에서 왼쪽으로 갈수록 증가하는 것으로 도시되어 있다. 이 성숙도는 네 수준으로 구분되고 있는데, 이러한 구분이란 미숙 수준에서 성숙 수준까지의 연속선상에 있는 것을 편의상 갈라놓은 것이다. 부하의 성숙도 수준을 파악한 후 그 부하에 대해 리더가 취할 적합한 행동에 대한 처방을 찾는 방법은 다음과 같다.

부하의 성숙도 수준을 수평 척도에서 찾은 다음 그 위치에서 위로 수직선을 긋는다. 이 수직선과 포물선이 만나는 지점을 찾는다. 이 지점의 X축의 값은 과업 행동의 적정량이 되고, Y축의 값은 관계 행동의 적정량이 된다.

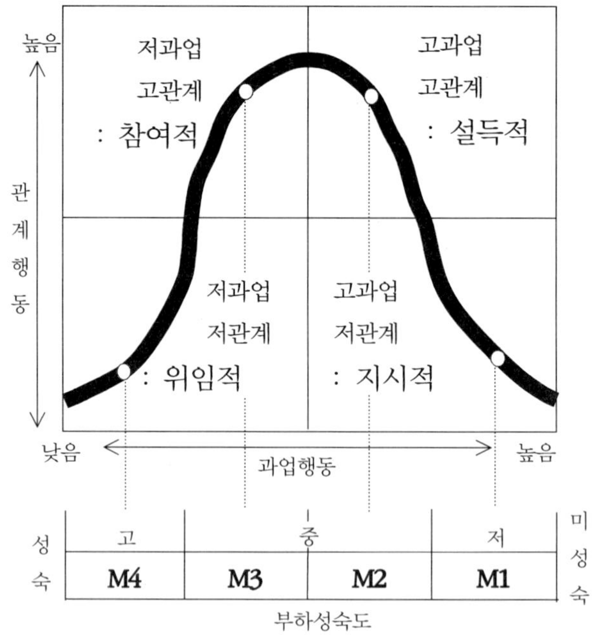

〈그림 5-5〉 상황적 리더십 이론에서의 행동처방

매우 미숙한 수준(M1)의 부하에 대해서는 리더가 부하들이 일을 하는 방법에 관해 일일이 '지시(telling)'해 주어야 한다. 즉 역할을 명시해 주고 목표, 기준, 절차를 설정해 주는 등 주로 과업 지향적 행동에 주력해야 한다. 이 수준에 해당하는 부하로는 갓 전입해 온 신병을 예로 들 수 있다.

두 번째 단계의 성숙 수준(M2)에 해당되는 부하에 대해서는 상품을 판매할 때처럼 상대방에 대해 관심을 많이 표명하면서 동시에 제품에 대해 자세하게 설명하는 '설득(persuading)'을 해야 한다. 즉 심정적 지지를 해주는 동시에 일의 원리를 잘 가르쳐 주어야 한다. 이 수준에 속하는 부하로는 군 생활에 갓 적응한 일등병을 예로 들 수 있다.

세 번째 단계의 성숙 수준(M3)에 해당되는 부하에 대해서는 업무에 적극적으로 '참여(participating)'할 수 있도록 유도하는 것이 필요하다. 이 수준의 부하들은 업무 능력은 있으나 업무에 열심히 임하고자 하는 동기가 낮은 상태이기 때문에 지지적인 행동을 해주고, 의사결정시 의견을 제시토록 하고 주목을 해주는 것이 필요하다. 이 수준에 해당하는 부하로는 잘 훈련되어 있지만 일시적인 패배 등의 이유로 사기가 저하된 부대원이나 군 생활의 속성을 잘 파악하고 있는 상등병을 예로 들 수 있다.

매우 성숙한 수준(M4)의 부하에 대해서는 작업을 어떻게 실행할 것인가에 관한 책임을 '위임(delegating)'하고 상당한 정도의 자율성을 부여하는 것이 필요하다. 성숙한 부하는 리더의 지시가 없어도 일을 잘 처리할 능력을 갖고 있으며, 리더의 지지적 행동이 없다고 하더라도 자기 일에 대해 자신감을 갖고 있기 때문이다. 이 수준에 속하는 부하로는 전문가 집단이나 병사중의 고참인 병장을 예로 들 수 있다.

Hersey와 Blanchard는 부하의 성숙도가 오히려 퇴보하는 경우도 있음을 발견하고 리더의 행동이 융통성 있게 조정되어야 함을 강조한다. 예를 들면 원래는 매우 책임감 있고 업무에 열성적이던 사람이 개인적인 불행을 겪은 후에 업무에 무관심해지는 수가 있다. 이러한 부하에 대해서는 세부적으로 감독을 하면서 개발적 개입을 통해 원상을 회복하도록 만들어야 한다.

다. 상황적 리더십 이론에 대한 평가

이 이론의 개념적 취약점에 대해서는 다음과 같은 지적들이 있다.

첫째, 이 이론에 매개 변인이 명시되어 있지 않다. 부하의 능력이나 동기화 정도를 매개 변인의 일부로 볼 수도 있겠지만 그것들은 이미 성숙도라는 상황 조정 변인의 구성 요소로 들어가 있다. 상황 조정 변인과 매개 변인을 명확히 구분하지 않음으로 해서 불필요하게 모호성과 혼동을 초래하고 있다.

둘째, 성숙도라는 것이 너무 광범위하게 정의되고 있고 개념적으로도 모호하다. 그것은 여러 가지 이질적인 요소들로 구성된 합성적인 상황 변인인데 각각의 요소에 가중치가 어떻게 부여되고 또 그 요소들이 어떻게 합성되는지에 관한 기준이 없다. 예를 들면 자신감과 책임감은 높지만 과제에 대한 능력이 부족한 사람과 자신감과 책임감은 낮지만 과제에 대한 능력이 높은 사람은 서로 같지 않을 것이며 이들은 또 그 모두에서 중간 정도의 성숙도를 가진 사람과는 서로 다를 것이다. 이 세 가지 경우는 이 이론에 따르면 모두 중간 수준의 성숙도 범주에 속하겠지만 질적으로 서로 다른 부류이다.

셋째, 리더 행동이 여러 성숙도 수준에 따라서 일관성 있게 정의되고 있지 않다. 예를 들면 관계적 행동은 M2에서는 주로 '사회 정서적 지원'의 의미로 기술되고 있는 반면, M3에서는 '참여적 의사결정'의 의미로서 기술되고 있다. 과업적 행동은 M1에서는 주로 '부하의 역할 명시'라는 의미로서 기술되는 반면, M4에서는 '위임'의 의미로서 기술되고 있다.

넷째, 이 이론은 부하 성숙도 외에 많은 중요한 상황 변인을 무시하고 있다. 과업 및 관계적 행동의 결정에 관계되는 다른 많은 상황 변인들이 있기 때문에 이러한 상황 변인의 누락은 치명적인 결점이 될 수 있다. 비록 누락된 상황 변인들이 부하 성숙도 보다 더 중요하지는 않을는지 모르지만 적어도 동등한 정도로 중요할 가능성이 크다.

위에서 언급된 여러 가지 문제점에도 불구하고 상황적 리더십 이론은 많은 긍정적 공헌을 했다. 첫째, 융통성 있고 적응적인 리더 행동을 강조했다는 점이다. Hersey와 Blanchard는 리더가 부하를 다루는 데 있어서 부하에 따라 다르게 그리고 같은 부하라도 상황이 변하면 그에 맞추어 다르게 대하는 것이 중요하다는 점을 상기시켰다. 둘째, 부하는 현재의 상태에서 변하지 않는 존재가 아니며 부하의 능력과 자신감이 언제라도 변화될 수 있다는 사실을 인식하고 또 이것들을 변화시켜야 할 때가 언제인가에 대해 리더가 항상 주의를 기울이고 있어야 한다는 정말로 중요한 지적을 하고 있다.

4. 리더십 대체 이론

Kerr와 Jermier는 리더십 행동의 효과성을 대체 또는 소멸 시켜 버리는 상황을 다루는 모델을 발전시켰다. 이 이론은 새로운 중요한 리더 행동을 찾아내기 보다는 기존의 중요하다고 인정된 리더 행동의 효과가 제한이 되는 상황을 찾아내는 것이 주요 관심사이다.

가. 2가지 상황 요인과 리더 행동

이 모델에서는 대체 요인(substitute)과 중화 요인(neutralizer)이라는 두 종류의 상황 변인을 제안하고 있다.

대체 요인은 리더 행동을 불필요한 것 또는 군더더기의 것으로 만드는 상황 요인이다. 부하의 명확한 역할 인식, 작업 방법 숙지, 고도의 동기화, 직무에 대한 만족 등을 보장해 주는 부하, 과제, 조직의 제반 특성들이 모두 리더 행동의 대체 요인이 될 수 있다.

중화 요인은 리더가 어떤 행동하는 것을 못하게 만들거나 리더 행동의 효과를 소멸시켜 버리는 제반 상황적 요인을 말한다. 예를 들면 리더가 성과를 많이 올린 부하에게 상을 줄 수 있는 권한을 갖고 있지 않다면 이것은 리더의 보상 부여 행동에 대한 중화 요인으로 작용하는 상황이라고 볼 수 있다. 또 리더가 내걸은 상에 대해 부하가 아무런 관심을 갖고 있지 않다면 이것은 리더의 보상 부여 행동을 효과가 전혀 없게 만드는 상황이 된다.

이 이론은 **매개 변인**을 명확히 규정하고 있지는 않지만 매개 변인들이 이 모델의 가정에 저변으로 깔려 있다. 대체 요인은 매개 변인의 효과가 일정 수준에서 그대로 머물러 있게 만드는 상황 요인이고, 중화 요인은 매개 변인이 갖고 있는 원래의 결함을 개선하려는 리더의 행동을 막아 버린 상황 요인이라고 할 수 있다.

이 이론에서의 리더 행동은 지지적 리더십과 도구적 리더십으로 표형하고 있다. **지지적 리더십**은 배려와 비슷하고, **도구적 리더십**은 업무 선도와 비슷한 것으로 파악하면 무방하다.

나. 상황요인에 따른 리더 행동의 대체와 소멸

지지적 리더십과 도구적 리더십에 대한 대체 요인과 중화 요인의 목록이 〈표

5-2)에 나와 있다.

〈표 5-2〉 지지적 및 도구적 리더십의 대체 요인과 중화 요인

상황 요인	지지적 리더십	도구적 리더십
1. 부하의 특성		
· 경험, 능력, 훈련		대체 요인
· '직업' 의식	대체 요인	대체 요인
· 조직에서 주는 보상에 대한 무관심	중화 요인	중화 요인
2. 과제의 특성		
· 구조화된, 일상적인, 명확한 과제		대체 요인
· 과업 수행의 결과에 대한 정보		대체 요인
· 스스로 만족해하는 직무	대체 요인	
3. 조직의 특성		
· 응집성이 강한 집단	대체 요인	대체 요인
· 직책 권력이 낮음	중화 요인	중화 요인
· 공식화된 조직		대체 요인
· 융통성을 허용하지 않는 조직		중화 요인
· 리더가 부하와 거리상 이격	중화 요인	중화 요인

(1) 부하의 특성

부하의 특성 중 여러 가지가 지지적 및 도구적 리더십에 대한 대체 요인 및 중화 요인으로 작용할 수 있다. 부하의 풍부한 경험이나 숙달된 훈련은 리더의 도구적 리더십에 대한 대체 요인이 될 수 있다. 즉 부하가 무엇을 해야 하고 또 그것을 어떻게 하는가에 관한 기술과 지식을 갖추고 있으므로 리더가 따로 지도를 할 필요가 거의 없다. 예를 들면 의사, 비행기 조종사, 회계사, 전기 기사, 기타 전문 직업 종사자, 장인(匠人) 등과 같은 사람들에게는 감독이 거의 요구되지 않는다. 대부분의 전문 직업인들은 그들이 가지고 있는 가치, 욕구, 윤리 등에 의해서 내재적으로 동기화되어 있으므로 이들에게 굳이 리더의 지지적 행동이나 도구적 행동이 필요하지 않다. 과제가 갖고 있는 특성들이 리더 행동의 대체 요인이 될 수 있다. 과제가 단순하고 반복적인 것이면 부하는 오랜 기간의 훈련이나 리더의 지도가 필요 없이 단시간 내에 필요한 기술을 습득할 수 있다.

(2) 과제의 특성

과제가 작업 수행의 결과를 자동적으로 알 수 있게 되어 있는 것이라면 결과에 대한 정보를 리더로부터 받을 필요가 없게 된다. 과제가 흥미를 유발하고 즐길 수 있는 성질의 것이라면 부하의 지루함을 달래 주기 위한 지지적 리더십의 발휘가 필요 없어진다.

(3) 조직의 특성

조직의 공식화 정도가 높을 경우 이것은 도구적 리더십 행동의 대체 요인이 된다. 규칙, 규정, 정책 등이 세부적으로 문서화되어 있는 조직에서는 부하가 그 규칙이나 정책을 일단 익히고 나면 리더에 의한 지도가 거의 필요치 않게 된다. 규칙이나 정책이 융통성을 허용하지 않게끔 시행되고 있으면 리더가 부하의 노력을 촉구하기 위하여 작업 절차를 변경한다든가 하는 조치를 전혀 취할 수 없게 되므로 그러한 상황은 대체 요인일 뿐만 아니라 중화 요인으로도 작용한다.

직책 권력을 갖고 있지 못하면 부하를 동기화시키기 위한 보상과 벌의 사용이 불가능해지므로 이는 중화 요인으로 작용한다. 함께 일하는 부하들의 집단 응집성이 매우 높을 경우 부하들은 상호간에 심리적 지지를 얻을 수 있으므로 리더의 지지가 따로 필요 없게 되어 지지적 리더십의 대체 요인으로 작용한다.

다. 리더십 대체 이론에 대한 평가

Kerr와 Jermier의 모델은 비교적 최근의 것인데, 대체 요인 및 중화 요인에 관한 명제를 검증한 연구는 아직 적다. 그러나 몇 가지 개념적인 문제점을 보면 아래와 같다.

첫째, 이 이론은 기본적으로 두 유형의 리더십 행동에 조정 효과를 미치는 상황 변인들을 목록화한 것이지 근저에 깔려 있는 인과 관계를 설명하는 이론이라고 보기는 어렵다. 예를 들면 부하 능력의 중요성은 사무 자동화나 인공 지능과 같은 과학 기술 향상으로 감소될 수 있고 이것은 다시 지도나 훈련을 통해 부하를 개발해야 할 필요성을 감소되게 만든다.

둘째, Kerr와 Jermier는 때로는 리더가 완전히 불필요한 상황이 있을 수 있다는 흥미로운 가설을 제안하였다. 그러나 부하의 만족도나 업무 성과에 미치는 리더의 영향이 큰 경우도 있고 적은 경우도 있다는 것은 가능한 얘기지만 리더의 영향이 전혀 없는 상황이 있다는 것은 그다지 가능성 있는 얘기인 것 같지 않다.

이 이론이 기여한 공헌점은 대체 요인과 중화 요인으로서 작용하는 조건들에 관심을 갖게 만들었다는 점이다. 이와 동시에 이 이론이 리더 행동을 대체할 수 있는 요인들에 대해 관심을 갖게 함으로써 리더십 연구의 새로운 지평을 열게 하는데 선도적인 역할을 하였다는 점이다. 즉 기존의 리더 행동에 대한 많은 연구들이 공식적 리더의 역할에만 초점을 맞춘 데 비해 리더십 대체 이론은 공식적인 리더를 대체할 수 있는 요인들에 대해 관심을 갖게 함으로써 결과적으로 위임과 참여의 범위를 확대하는 직무 범위 확대(job enrichment), 모든 구성원을 리더화하는 자기 - 관리 집단(self - managed group), 컴퓨터나 신기술 도입을 통한 사무 자동화(automation) 등과 같은 리더 역할에 대한 대안들을 리더십의 일부로 통합하는 방안을 고려하게 만든 것이다.

제 3 절 상황적 접근법

상황적 접근법은 리더의 행동을 결과 변인으로 간주하고 조직 유형이나 리더의 조직 내 직책 등과 같은 상황적 맥락이 어떻게 리더 행동에 영향을 미치는가를 연구하는 원인 변인으로서 상황의 역할을 탐구하고자 하는 연구 접근이다. 즉 리더의 행동이 인과 관계의 연쇄에서 결과적 요인(종속 변인)으로서 다루어지게 된다.

이 장에서는 이와 같은 리더의 행동에 영향을 미치는 상황적 결정 요인(situational determinants)에 관한 연구와 이론들로서 역할 이론과 요구 - 제약 - 선택 모델 그리고 거시적 및 미시적 상황 결정 요인에 관한 연구를 논의할 것이다.

1. 역할 이론

역할 이론(role theory)은 Merton에 의해 발전된 것으로 "영화감독이 배우에게 배역에 따른 역할 수행을 기대하게 되고, 좋은 배우라면 주어진 배역을 잘 소화해 내는 것"과 같이 리더는 역할 기대라고 하는 상황(원인변인)을 잘 이해하고, 이 상황에 적합한 리더 행동(결과변인)이 요구된다는 것이다. **역할 기대(role expectation)**란 상사나 동료 또는 부하와 같은 사람들이 리더 자신에게 행하기를 기대한다고 지각하는 리더로서의 역할을 말한다. 이 **역할 기대자(role sender)**들은 그들이 생각하고 있는 리더로서의 적절하고 필요한 행동을 리더가 행하도록 압력을 가한다. 리더에 대한 역할 기대는 문화적 규범과 가치에 의해서도 영향을 받는다. 〈그림 5-6〉에 이 이론에 포함하는 개념들 간의 인과 관계가 도시되어 있다.

가. 역할 기대 전달 방식

부하나 동료에 의한 역할 기대는 통상 구두로 전달된다. 부하로부터 오는 역할 기대는 더 미묘한 방식으로 전달되는데 사회성이 민감한 리더는 이를 이해하고 그 기대를 처리하는 방법을 빨리 습득한다.

반면 상사에 의한 역할 기대는 구두뿐만 아니라 문서를 통해서 전달된다. 조직체에서 일하는 리더에게는 직무 내용의 목록과 그 직책에 부과되는 의무, 책임, 권한, 정책 및 규정 등을 열거한 문서가 주어진다. 리더는 이러한 규정 사항과 금지 사항 그리고 매일매일 상사로부터 내려오는 요구, 명령, 지시 등을 통해서 자신에게 기대되는 역할 요구가 무엇인가를 알게 된다.

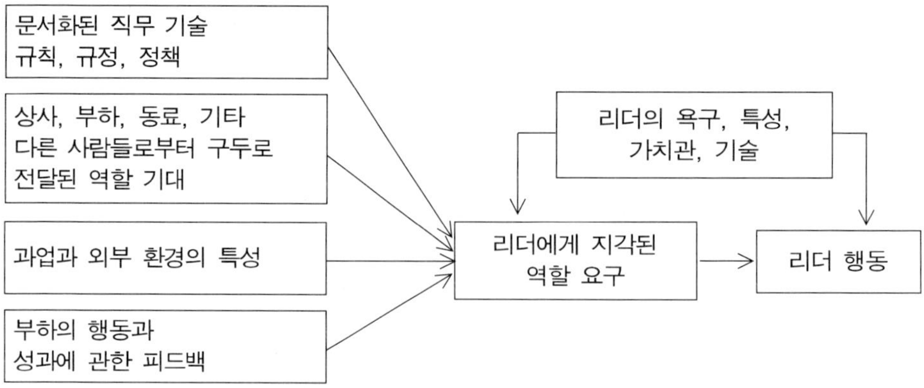

〈그림 5-6〉 리더 행동의 결정 요인에 관한 역할 모델

나. 역할 갈등과 해결

역할 기대자 들에게서 오는 역할 기대가 서로 상충될 수가 있는데 이런 경우 리더는 역할 갈등(role conflict)을 경험하게 된다.

(1) 상사와 부하들로부터 서로 상충되는 요구를 받는 경우 리더는 이 두 가지의 갈등적인 요구를 가능한 한 모두 충족시키려고 노력하지만 그것이 어려울 경우에는 상사의 요구에 더 부응하는 경향을 보인다. 이는 부하나 동료들보다는 상사가 자신에게 더 큰 권력을 행사할 수 있기 때문이다. 그러나 역할 갈등에 대처하는 방식은 각각의 역할 요구자에게 그 요구가 얼마나 절실한 것인가에 따라 일부 달라질 수 있다. 군대의 장교들을 대상으로 한 연구를 보면 상관과 부하에게서 갈등적인 요구를 동시적으로 접하는 경우 리더는 요구자 본인에게 보다 더 절실하다고 여겨지는 쪽의 요구에 더 부응하게 된다고 한다. 또 다른 연구를 보면 관리자의 행동 중 과업 지향적 행동은 상사에 의해 더 영향을 받고 인간관계 지향적 행동은 부하에 의해 더 영향을 받는다고 한다. 상사와 부하로부터 오는 다양한 요구들을 얼마나 잘 조정하는가가 곧 리더로서의 성공 여부와 관련이 높다.

(2) **부하나 상사에 의한 역할 기대가 집단 임무나 과제의 요구와 상충하는 경우** 리더는 집단성과가 좋지 않게 나올 위험성을 각오하면서도 역할 요구자의 기대에 부응할 것인가 아니면 역할 요구자들에게서 생길 수 있는 반감을 감수하면서라도 성공적인 과업 수행을 위한 필요한 조치들을 취할 것인가의 사이에서 갈등을 느끼게 된다.

리더에 대한 역할 기대가 절대적으로 고정되어 있는 것이 아니면 리더는 자신에게 기대되는 역할을 자신이 원하는 바대로 만들어 갈 수 있는 여지가 상당히 많이 있다. 능력이 있는 리더는 시간만 충분히 주어진다면 상충되는 역할 요구들을 모두 충족시켜 줄 수 있다. 상사의 신임을 받는 리더에게는 자신의 역할을 재 정의하고 혁신을 주도할 수 있는 자유가 더 많이 주어진다. 그러나 역할 기대의 수정에 대한 융통성은 그것이 조직 구성원의 핵심 가치와 관련된 것이 아닐 때 더욱 커진다.

(3) **성공적인 리더십의 달성을 위해 요구되는 행동이 리더 자신의 욕구나 가치관과 상충되는 경우** 이것 역시 또 하나의 역할 갈등을 불러일으키는 상황이다. 대부분의 경우 역할 요구자들은 객관적인 과업 요구가 무엇인지를 알고 있으며 그것에 맞추어서 리더에게 어떤 행동을 하게끔 압력을 가한다. 그러나 압력이 충분히 강하지 않으면 리더는 그 상황에서 자신이 취할 적절한 행동이 아니라는 것을 알면서도 자신의 욕구나 가치관대로 행동을 할 수가 있다. 예를 들어서 Kipnis와 Lane의 연구에 의하면 문제 부하를 다루는데 있어서 자신감이 낮은 리더는 상사에게 '책임전가를 하는'식으로 문제를 해결하려고 하는 반면 자신감이 높은 리더는 자기 자신이 그 일을 해결해보려고 노력하고 또한 그 부하와 문제점에 대해 상의를 한다.

리더의 성격은 리더의 행동선택에 영향을 미칠 뿐만 아니라 역할 요구에 대한 리더의 지각에도 영향을 미쳐서 차후의 리더 행동에 대해서도 간접적으로 영향을 준다. 첫째, 욕구와 가치관은 리더가 어떤 정보와 사건에 주목하게 될 것인가에 영향을 미친다. 예를 들면 친애 욕구가 강한 사람은 타인에 의한 수용 또는 거부의 신호에 특히 민감하다. 성취 욕구가 강한 사람은 수행 결과의 피드백에 관심을 기울인다. 둘째, 정보와 사건에 대한 해석이 리더의 욕구, 가치관 또는 태도에 의해 편향될 수 있다. 예를 들면, 부하에 대해 부정적인 고정관념을 갖고 있는 리더는 업무 수행상의 문제점을 부하의 능력 부족이나 동기의 부족 탓으로 돌리며, 작업 흐름의 체계적 결함과 같이 부하의 통제 범위 밖에 있는 요인 때문일 수도 있다는 생각은 잘 하지 않는다. 작업 수행상의 문제점에 대해 리더가 어떻게 진단을 하느냐에 따라 그 문제가 어떻게 처리될 것인가가 결정된다.

2. Stewart의 요구 - 제약 - 선택 모델

Stewart는 관리직무들을 기술하고 관리자가 그것들을 어떻게 수행하는가를 알아보기 위해 관찰법, 면접법 및 일기법을 사용하는 광범한 연구에 기초를 두고 한 모델을 만들었다. 이 모델은 요구, 제약 및 선택이란 세 개의 요소를 갖는다.

요구(demands)는 직무를 맡은 사람이 수행하지 않으면 어떤 제재나 해임을 감수해야하는 것이다. 실제로 요구는 권력을 가진 사람의 관리자에 대한 역할기대이다. 요구에는 지켜져야 할 업무의 표준, 목표 및 마감시한, 예산안이나 보고서를 준비하는 일, 어떤 모임에 참가하는 일, 지출을 승인하는 일, 문서에 서명하는 일 및 수행을 평가하는 일과 같은 소홀히 취급하거나 다른 사람들에게 위임할 수 없는 행정절차들이 포함된다.

제약(constraints)은 관리자가 할 수 있는 일을 제한하는 조직 및 외부환경의 특성을 말한다. 주요 제약은 법, 규정, 정책 및 조례이다. 다른 유형의 제약은 시설, 장비, 예산, 보급 및 용역 같은 자원들의 이용가능성이다. 일을 하는데 적용하는 기술은 그 일의 수행방법에 대한 선택의 자유를 제한한다.

선택(choices)의 범위는 관리자가 꼭 할 필요는 없으나 할 수는 있는 활동들로 구성된다. 선택의 범위는 무엇을 할 것인가와 어떻게 할 것인가를 결정해야 하는 한 특수한 유형의 관리직에 있는 사람에게 적용되는 기회에 관한 것이다. 요구와 제약은 단기적으로 선택의 범위를 제한하지만, 장기적으로는 변경, 제거 또는 우회의 기회를 갖게 하여 선택의 범위를 확대시켜준다.

성공적인 관리자는 자신에게 부여된 요구와 제약들인 상황을 간파하고 그것을 어떻게 할 것인가 하는 조정과 선택을 위해 적극적으로 시도하는 사람이라 할 수 있다.

요구, 제약 및 선택은 직무의 본질을 형성하며 관리자의 행동에 큰 영향을 미친다. Stewart의 연구에 의하면, 다음의 요인들이 행동적 요구의 관점에서 관리 직무들을 비교하는 데 중요하다.

가. 대인 관계 방식

상사, 부하, 동료 및 조직체 외부 사람들로부터 관리자에게 가해지는 요구는 관리자가 시간을 어떻게 사용할 것이며, 역할 요구 수행을 위하여 어느 정도의 기술 수준이 필요할 것인가를 판단하는 데 영향을 준다.

부하와의 관계에는 부하들 간의 작업 조정, 부하들에 대한 작업 할당, 부하의 업무 수행 감독, 명령 및 지시 이행을 확고히 하기 위하여 공식적으로 주어진 권위에 부가해서 다른 유형의 영향력을 행사할 것인가에 관한 고려 등의 문제가 있다. 부하들이 상호 연관성을 갖는 작업을 담당하고 있을 때, 새로운 업무의 할당이 빈번하게 이루어져야 할 때, 부하의 업무 수행에 대한 감독이 요구되지만 그렇게 하기가 어려울 때, 부하가 합법적 권위를 인정하여 지시와 요구를 자동적으로 이행하리라는 것을 확신할 수 없는 등의 경우에는 부하를 다루는 데 있어서 더 많은 시간과 기술이 요구된다.

상사와의 관계에는 권위, 자원, 작업 할당, 직무 범위의 한계 등에 관해 상급자에게 의존해야 하는 문제 등이 포함된다. 상사에의 의존도가 높을수록, 또 상사의 요구 사항에 대한 예측 가능성이 낮을수록 상사를 대하는 데 있어서 더 많은 시간과 기술이 요구된다.

동료와의 관계에는 서비스, 공급품, 협조 등을 동료에게 어느 정도 의존해야 하는가의 문제와 서비스, 정보, 조언을 동료에게 어느 정도 제공해야 하는가의 문제가 포함된다. 작업에 관한 투입물과 산출물에 대한 승인을 동료에게 의존해야 하는 정도가 높을수록 동료를 대하는 데 있어서 더 많은 시간과 기술이 요구된다.

외부 사람과의 관계에는 의뢰인, 고객, 납품업자, 하청업자 등과 같은 사람에게 어느 정도 의존하는가와, 이러한 사람들과 어느 정도 개인적인 관계를 가져야 하고, 합의점을 도출하기 위한 협상을 해야 하고, 공공 활동을 수행해야 하고, 좋은 인상을 주어야 하며, 조심스럽게 행동해야 하는가의 문제가 포함된다. 그 의존성이 높을수록 또 그러한 활동의 중요성이 클수록 외부 사람들과의 접촉에서 더 많은 시간과 기술이 요구된다.

나. 업무 방식의 유형

관리자의 직무에 따라서 업무 방식이 어떻게 되어야 하는가에 관하여 여러 가지 측면이 연구되었다.

첫 번째로는 관리자의 활동이 얼마만큼 **자발적인 것**인지 아니면 요청이나 지시 또는 다른 사람의 문제에 대한 반응적인 것인지에 관한 것이다. 주로 반응적인 활동으로 수행되는 직무(즉, 생산 관리자, 서비스 관리자)보다는 자발적인 활동이 주로 요구되는 직무(즉, 제품 관리자, 연구 관리자, 훈련 감독자)에서 주도성이 훨씬 더 많이 요구된다.

두 번째 측면은 **시한 엄수의 중요성**에 관한 것이다. 회계 관리자, 참모 관리자, 생산 관리자 등에게는 시한 엄수가 그 직무의 일차적인 요건이 된다. 연구 관리자나 제품 관리자에게는 그것이 훨씬 덜 중요한 것이 된다.

세 번째 측면은 업무가 **반복적인 성질의 것**인가 아니면 변화가 있는 것인가의 문제이다. 회계 관리자와 생산 관리자의 경우에는 일일 및 주간 업무가 주기적으로 반복되는 것이다. 연구 관리자, 제품 관리자, 그리고 기획 관리자의 경우는 업무 내용이 훨씬 다양한 것들이다.

네 번째 측면은 **불확실성에 관한 것**인데, 관리자 자신의 통제 범위를 벗어난 예측 불가능한 문제와 업무량의 변동에 관한 문제이다. 생산 관리자나 서비스 관리자와 같이 위기 상황에 자주 직면하게 되는 관리자는 연구 관리자나 회계 관리자에 비해서 해결사적인 활동을 훨씬 더 많이 해야 하나, 자신의 시간 계획을 잡기는 훨씬 더 어렵다. 그러나 어떤 범주에 속하는 관리자라 할지라도 그것이 당면하는 불확실성의 정도는 과제, 전문 기술, 외부 환경에 따라 달라진다.

다섯 번째 측면은 관리자 기능 수행의 지속 시간에 관한 것과 보고서, 계획서, 예산안 작성과 같은 **활동에 주의 집중**을 얼마만큼 지속적으로 기울여야 하는가에 관한 것이다. 연구 관리자, 생산 관리자 중 일부, 참모 관리자 중 일부에게는 이러한 종류의 업무 활동에 대해 지속적인 주의 집중이 요구 된다. 반면 다른 유형의 관리자들, 특히 부하와 동료로부터의 요구가 많은 관리자들의 경우에는 짧은 시간의 분절적인 업무가 진행되는 것이 보통이다.

다. 위험 부담

직무 수행에 어떤 행동과 기술이 요구되는가를 결정짓는 관리자 직무의 또 다른 측면으로서 위험 부담(exposure)이 있다. 이것은 관리자에게 지워지는 '책임 부담'과 관련되는 것인데, 단순히 책임감만의 문제는 아니다.

위험 부담의 정도는 심각한 결과를 초래할 수 있는 사안에 대한 **결정권을 책임지고 있는 정도**에 따라 일부 결정된다. 어떤 결정이나 행동이 그 조직체에 중대한 결과를 초래하고, 실수를 하거나 잘못된 판단을 내릴 경우에 자원 손실, 조업 중단, 사람의 건강이나 생명을 위협하는 결과를 초래할 수도 있는 것일 때 그 직무는 위험 부담이 큰 것이 된다.

위험 부담의 정도를 결정짓는 다른 요소로서 실수나 잘못된 결정 여부가 밝혀질 때까지의 **시간적 지연 기간**이다. 관리자의 결정과 행동의 결과를 평가할 수 있는 시기가 오랜 시간 경과를 요구할수록 그 직무의 위험 부담은 낮아진다.

위험 부담의 정도는 실패에 대하여 관리자가 지게 되는 **책임의 한도**에 따라 또한 달라진다. 결정이 집단적으로 이루어지거나 다른 사람의 자문을 받아서 되는 경우 그리고 저조한 성과의 원인이 관리자의 잘못에 기인한다는 것을 확인할 수 없는 경우에는 책임의 정도가 적어지게 된다.

라. 핵심 요구와 관리자 선발

관리자 직무의 핵심 요구(core demands)에 관한 연구는 관리자의 선발과 승진에 중요한 시사점을 갖고 있다. 왜냐하면 직무마다 다소간 다른 특성과 기술을 요구하기 때문이다. 예를 들면 **매우 정력적이고 지략이 있으며 결단성 있는 사람**은 분절적인 활동, 반응적 업무 수행, 해결사적 활동, 시한 엄수 등이 요구되는 관리자의 직책에 더 적합하다. **주도성이 강하고 내재적 동기가 강한 사람**은 자발적인 활동, 덜 분절적인 활동, 위급 상황이라고 할 것이 별로 없는 업무, 보다 지속적인 주의 집중이 요구되는 활동 등이 요구되는 관리자의 직책에 더 적합하다. 인원 선발 시 각 관리자 직책에 요구되는 행동 특성을 먼저 파악해야만 응시자의 적합성 여부를 올바로 평가할 수 있을 것이다.

3. 상황 결정 요인에 관한 연구

상황결정요인에 관한 연구는 거시적 및 미시적 상황결정 요인이 리더의 활동방식과 행동에 어떤 영향을 미치는 가에 관한 연구이다. 거시적 상황 결정 요인이란 조직 내외에 관련하여 조직운명을 좌우하는 요인들이며 미시적 상황결정 요인은 과제의 성질, 부하의 능력 등 조직내적인 요인을 말한다.

가. 거시적 상황 결정 요인에 관한 연구

거시적 상황 결정 요인으로는 관리자의 직위, 조직체 단위의 기능, 조직체 단위의 크기, 측면 상호 의존성, 환경의 불리성, 조직의 생애주기 단계 등을 들 수 있다. 이와 같은 거시 변인이 리더의 활동 방식과 행동의 내용에 어떤 영향을 미치는가를 알아보고자 한다.

(1) 관리자의 직급 수준

관리자의 직급은 리더의 활동 방식에 영향을 미치는 가장 중요한 상황 요인 중의 하나이다. 직급수준에 따라서 관리자에게 부과되는 직무 요구 사항이 달라진다. 고위 직급의 관리자는 통상 큰 권한을 활용하여 장기적인 계획을 세우고, 정책을 구상하며, 조직체의 구조를 수정하고, 새로운 방식으로 일하는 것을 주도하는 등의 일에 관심을 갖는다. 하위 직급의 관리자는 정책과 계획의 내용을 잘 파악하고 그것을 실행하는 것에 더 관심을 둔다. 따라서 권위의 위계를 따라서 아래로 내려갈수록 관리자의 재량권과 행동의 자유는 제약을 받는다.

직급 수준에 따라 관리자가 하는 역할들의 상대적 중요성과 각 역할에 투입되는 시간의 상대적 양이 달라진다. 관리자의 역할에 관한 관찰 연구 및 질문지 연구의 결과를 보면 자원 분배자, 대변인, 상징적 인물의 역할은 하위 직급의 관리자보다는 최고 관리자에게서 더 중요한 것으로 나타났다. 기업가, 연락자, 협상자의 역할에 관한 연구 결과는 연구들 간에 일정하지가 않지만, 대개 이런 역할들은 하위 직급의 관리자에게서보다는 중간 직급 및 최고 관리자에게서 더 중요한 것 같다.

활동 방식에 관한 연구 결과에 의하면 일일 활동의 가짓수는 하위 직급의 관리자가 더 많다. 예를 들면, 고위 직급의 관리자의 경우 일일 활동의 가짓수는 평균 34가지, 또는 22가지 정도인 것으로 나타났다. 이에 비해 하위 직급의 관리자의 경우는 일일 평균 300 내지 400가지 정도인 것으로 나타났다. 하위 직급의 관리자의 경우 일일 활동의 가짓수가 많은 만큼 각각의 활동에 소요되는 시간의 길이는 그만큼 짧다. 예를 들면, 감독관 활동의 대부분은 2분 이내에 끝나는 것이 보통이었다.

몇몇 연구는 참여적 리더십이 직급의 수준별로 어떻게 다른가를 연구하였다. 그 결과를 보면 고위 직급의 관리자들보다 하위 직급의 관리자들이 참여적 리더십을 더 적게 사용한다는 것으로 나타났다. 그러한 이유로서는 하위 직급의 관리자가 주요 사항에 관한 결정 권한이 적다는 점을 들 수 있는데 이는 특히 고도로 중앙집권화된 조직체에서 더욱 그렇다.

(2) 조직체의 기능

관리자의 행동을 규정하는 또 다른 중요한 상황 요인으로서 관리자가 담당하는 기능의 종류를 들 수 있다. 연구 결과를 보면 생산 부서의 관리자는 판매나 참모부서의 관리자에 비해 더 많은 시간을 부하들과 접촉하는 데 보내고, 혼자 있는 시간이 더 적으며 보다 다양하고 분절적인 활동을 한다는 것이 밝혀졌다. 생산직 관리자는 작업의 진행과 관련된 문제를 해결하는 데 더 많은 시간을 소비하고 문제 해결자로서의 역할이 특히 중요시된다. 그들은 작업 점검, 지시 하달, 부하에 대한 작업 지시 등과 같은 지시적 행동을 하는 데 보내는 시간이 많다. 그들은 또 의제 결정시 통상 부하의 참여를 통하기보다는 독단적인 방식으로 결정을 내린다.

판매직 관리자는 대인 관계 역할을 강조하는 경향이 있다. 판매직 관리자들이 의뢰인이나 고객들과의 외부적 접촉을 중요시한다는 것은 그들이 연락자의 역할, 상징적 인물의 역할을 항상 염두에 두고 있다는 점에서 알 수 있다. 이들은 상당한 시간을 회사 밖에서 보내게 되는데, 이 시간에 하는 활동은 공공 관계 활동, 상품 선전 활동, 회사 홍보 활동, 고객과의 사교 활동 등이다.

참모직 관리자는 감독자 및 대변인으로서의 역할과 다른 부서 및 상급 관리자에 대한 조언자이며 전문가로서의 임무가 중요한 기능이다. 사람들은 참모직 관리자가 자기 분야의 전문 지식과 기술의 발전에 대하여 최신 지식까지 항상 갖추고 있고, 전문 기술에 관하여 조언을 하며, 회의에서는 자신의 전공 분야를 대변하는 기능을 해주기를 바란다. 이 관리자들은 다른 부서의 관리자에 비해 혼자서 일을 하는 시간이 많으며, 서류를 취급하는 일을 주로 하고, 활동의 가짓수가 적고, 일이 덜 분절적이다.

(3) 조직체의 크기

리더의 '통제 범위'가 갖는 의미는 소규모 집단에 관한 연구에서부터 최고위 간부에 관한 연구에 이르기까지의 여러 유형의 연구에서 검토되어 왔다.

부하의 수가 많아질수록 그들 모두를 회의에 참석하게 하는 것은 어려워지고 각각의 부하를 개별적으로 자문해 준다는 것도 어려워진다. 따라서 리더는 참여적 리더십을 더 적게 사용하거나 '간부회의'에만 사용하거나 또는 소수의 '심복 부하'에게만 사용하게 된다. Heller와 Yukl에 의하면 통제의 범위가 증가할수록 고위 직급의 관리자는 보다 더 전제적인 방식으로 의사결정을 하며 위임을 더 많이 활용한다고 한다.

집단의 규모가 커질수록 부하 각 개인과의 상호 작용 기회가 제한된다. 대규모 집단의 리더는 각각의 부하에 대해 지지해 주고 격려해 줄 수 있는 시간이 적으며 부하와 좋은 인간관계를 유지하는 데 필요한 상호 작용 행동을 할 시간을 내기가 어렵다. 집단의 크기가 커질수록 훌륭한 성과를 올린 사람을 발굴하여 보상을 해주는 기회가 적어진다. 문제 부하는 공식적이고 비인간적으로 처리되기 쉬우며 관리자는 경고와 처벌을 사용할 가능성이 더 높아진다. 집단의 크기가 커질수록 부하의 업무 수행 상에 문제가 있을 때 리더가 개별적인 훈련이나 조언을 줄 수 있는 가능성은 더 적어진다.

집단의 크기는 리더의 팀 구성 활동과도 관계가 깊다. 집단의 크기가 커질수록 파벌과 파당이 형성되기 쉽다. 이러한 파당들 간에는 권력과 자원을 차지하기 위한 경쟁이 유발되는데 이것은 집단 내의 갈등을 조장하고 집단의 응집성과 팀워크에 위협적인 요소가 된다. 따라서 대규모 집단의 리더는 집단에 대한 일체감을 갖게 만들고, 협력을 증진시키고, 갈등을 조정하는 등의 활동에 시간을 더 많이 투입할 것이 요구된다.

(4) 측면 상호 의존성

한 리더가 책임지고 있는 부서가 같은 조직체 또는 외부 집단의 다른 부서에 어느 정도 의존성을 갖는가가 리더의 행동에 상당한 영향을 미친다. 다른 부서에의 측면 상호 의존성이 증가할수록, 외부 집단과 협조의 필요성이 증가할수록, 그리고 환경의 불확실성과 변화가 클수록 계획안 작성, 일정표 작성 및 여러 가지 활동들 간의 조정이 보다 중요해짐과 동시에 또한 어려워진다. 측면 상호 의존성은 조직체에 일종의 위협요소라고도 볼 수 있는데, 그 이유는 다른 부서의 요구를 수용해야 하기 때문에 자기 조직체의 일상적인 활동이 보다 빈번히 수정되어야 하며 그 결과 자율성과 안정성의 손상을 초래할 수도 있기 때문이다.

측면 관계에서 사용되는 영향 책략에 관한 연구를 보면 첫째, 합리적 설득 즉 친구간의 의리나 과거의 호의에 대한 보답을 빌미로 한 호소 등이다. 둘째, 리더는 통상 측방의 다른 부서 관리자에게 어떤 권한을 갖고 있지 않지만 역할 요구, 조직체의 정책, 전통적 관습 등에 근거하여 합법적인 요구를 할 수가 있다. 셋째, 고위급 인사를 배경 인물로 내세우거나 다른 부서들과 동맹을 형성함으로써 간접적인 압력을 가하는 경우도 때때로 있다. 희소 자원에 대한 경쟁이나 관할권에 대한 분쟁이 있을 경우 리더는 이런 종류의 정치적 활동에 더 많은 시간을 투입하게 된다.

(5) 환경의 불리성과 위기 상황

집단이 어려운 과제를 수행해야 하거나 불리한 환경에서 생존해 남아야 하는 극히 어려운 여건에 놓이게 될 경우 리더에 대한 역할 기대는 변하게 된다. 이런 상황에서 부하는 리더가 보다 지시적이며, 결단성 있게 행동하기를 기대한다. 부하들은 위기 상황에 대하여 문제가 무엇인가를 정의하고, 해결 방안을 찾아내며, 집단의 대처 반응을 지시하는 데에서 리더가 주도성을 보일 것을 희망한다.

적지에 추락한 공군 승무원들의 생존에 관한 연구를 보면 리더가 신속한 그러나 적절한 상황 판단을 하고, 공동의 목표를 수립하여, 진행 상황을 모든 부하가 제때에 알고 있도록 조치를 한 경우에 구조되는 경우가 더 많았다. 마찬가지로 시한이나 성과 개선에 관하여 외부로부터 강한 압력을 받는 집단의 리더는 보다 목표 지향적이 되는 경향을 보였고 또한 그들은 지시 - 업무선도적 행동은 더 많이, 배려 - 지지적 행동은 더 적게 하였다.

(6) 조직의 생애 주기 단계

조직은 유기체와 마찬가지로 출생기, 성장기, 성숙기, 쇠퇴 또는 재활기 등과 같은 생의 주기를 따라 발달해 간다. 리더십의 상황도 이런 조직의 생애 주기에 따라 변하게 될 것이다. Baliga와 Hunt는 각 단계 동안 어떤 유형의 절차들이 중요해지는가를 살펴봄으로써 리더십의 요구, 제약, 선택 등에서의 변화를 규명할 수 있을 것이라고 제안하였다.

첫째, 조직의 초기 단계에서, 리더의 기본적인 책임은 조직의 설립과 조직의 비전을 명확히 전달하는 것이다.

둘째, 조직의 성장 단계에서, 작업을 수행하는 데 필요한 기술을 확인하고 획득하는 것, 조직의 참모 부서에 필요한 중요 인력들을 채용하는 것, 신입 구성원들의 몰입을 유발하는 것, 그리고 적절한 관리 체계(정보 획득 체계, 통제 체계, 보상 체계 등)를 설계하는 것 등이 부각될 것이다.

셋째, 조직이 안정화되는 성숙기에 리더의 주요 책임은 작업의 효율성을 증진시키기 위해 작업을 구조화하고 공정 절차를 개발하는 것과 통제의 증가와 승진 기회의 감소에 따른 조직원들의 사기와 동기 유발을 유지시키는 것이다.

마지막으로, 마침내 조직은 극심한 환경적 위협들(즉, 새로운 경쟁자, 생산품이나 서비스에 대한 수요 감소 등)에 직면하게 된다. 이러한 위기 상황에서는 어떻게 적응하고 생존할 것인가 하는 것이 리더의 주요 책임이다. 새로운 전략들을 찾아야 하고, 조직 구성원들이 그 전략들을 지원할 수 있도록 변화되어야 하며, 변화의 비용을 충당할 수 있는 자금 출처를 찾아야 하고, 외부 관련자들과의 신뢰 관계가 재설정되어야 하고, 새로운 전략에 부합되도록 조직 구조도 변화되어야 한다. 이런 노력의 성공이 그 조직이 쇠퇴할 것인지 아니면 재부활할 것인지 여부를 결정한다.

나. 미시적 상황 결정 요인에 관한 연구

리더의 행동은 부하에 의해 수행되는 과제의 성질, 부하의 능력과 같은 미시적 변인에 의해서도 또한 영향을 받는다. 이러한 미시적인 조직 내적 요인의 관리 여부가 조직의 성패를 결정한 예는 역사적으로 많이 발견되고 있다.

(1) 과제의 특성

부하에 의해 수행되는 과제의 특성은 리더의 행동에 중요한 의미를 갖는다. 단위 부서의 기능에 관한 연구에서 나온 결과들은 사실상 과제의 특성에 기인하는 것일 가능성이 크다. 주요 관심사가 되는 과제의 특성으로는 과제의 구조, 복잡성, 난이도, 변동성, 불확실성, 기계화 정도 등이 있다.

과제의 구조화되어 있지 않거나, 부하가 기술이나 경험이 부족한 경우에 지시적이고 업무 선도적인 리더 행동이 적절하다. 과제는 구조화되어 있지 않지만 부하가 능력과 경험을 갖추고 있는 경우에는 리더가 지시적 행동을 덜 사용하고 자문과 위임을 더 많이 사용하는 것이 바람직하다. 예를 들면 부하가 숙련된 기술자, 전문 기능인 또는 전문가일 경우 그들은 리더로부터의 지시를 그리 많이 필요로 하지 않을 것이다.

또 다른 중요한 과제의 특성으로서 부하들이 갖고 있는 **과제들의 상호 의존성**의 문제를 들 수 있다. 부하 간 상호 의존성이 높은 과제에서는 부하들의 활동을 조정하고 시간을 맞추는 것이 더욱 필요해지게 되는데, 이것은 리더의 계획과 지시, 집단 회의의 활용 또는 특별 조정관의 활용을 통하여 처리할 수 있다. Hackman의 실험실 연구에 의하면 과제 수행 전략에 관해 사전에 토론을 함으로써 부하들 간의 상호 조정을 촉진하도록 했을 때 상호 의존적인 과제에 대한 집단성과가 더 좋게 나온다는 것을 발견하였다.

작업 수행에 사용되는 **전문 기술(technology)**이 또한 리더의 행동 방식에 영향을 미치는 것 같다. 전문 기술에는 과제의 복잡성, 상호 의존성, 변경 가능성에 부가하여 기계화 정도, 작업 순서의 변경 가능성이 포함된다. 영국에서 실시된 네 가지 유형의 회사를 대상으로 한 연구에서, Thurley와 Hamblin은 기계화의 정도와 작업 순서의 변경 가능성 정도를 구분하는 것이 유용하다는 것을 발견하였다. 기계화의 정도가 높을수록 감독자는 기계를 점검하고 고장을 처리하는 데 더 많은 시간을 보냈다. 작업 순서의 변경 가능성이 클수록 감독자는 작업의 계획, 일정표 작성, 작업 촉진 구상을 하는 데 시간을 더 많이 보냈다.

(2) 부하의 능력과 성과

작업 집단에서는 리더 행동의 가장 중요한 결정 요인 중의 하나가 바로 부하의 능력과 작업 성과이다. 리더는 작업성과가 좋은 부하와 작업성과가 수준 이하인 부하에게 각각 다르게 반응한다. 이 문제에 관한 20편 이상의 연구에 의하면 **부하의 성과가 저조** 할 경우 리더는 다음에 열거된 것들 중의 어느 하나 또는 그 이상의 행동을 취하였다.

- 보다 세밀한 감독
- 보다 적은 배려- 지지적 행동
- 보다 많은 전제적 행동
- 보다 적은 칭찬과 정적 보상
- 보다 많은 지시적- 업무 선도적 행동
- 보다 많은 비판적- 처벌적 행동
- 더 많은 성과의 강조
- 보다 적은 위임

부하의 지식과 신뢰성에 대하여 리더가 어떻게 지각하는가에 따라 리더 행동이 달라진다. 리더는 관련 지식을 갖추고 있고 함께 일해 볼 만하다는 **신뢰감이 가는 부하**에게는 더 많은 참여를 허용한다. 지식이 풍부하고 신뢰할 수 있다고 여겨지는 부하에게는 더 많은 책임과 권한을 위임한다. **순종을 잘 하지 않는 부하**에 대해 리더는 업무 성과가 저조한 부하에게 대하는 것과 비슷한 방식으로 행동한다는 연구 결과가 있다. 부하가 규칙이나 지시에 순종하지 않을 경우, 리더는 더 처벌적이고, 더 지시적이며, 덜 배려적이고, 덜 참여적으로 행동할 가능성이 높다. 이러한 행동은 부하에게 규칙이나 지시에 순종하도록 압력을 가하거나, 그것이 안 될 경우 그 부하를 고립시키고 처벌하기 위한 시도로서 볼 수 있다.

업무 성과가 낮거나 비순종적인 부하에 대한 리더의 전형적인 반응들이 그리 효과적인 방법이 아닐 수 있다. 강제, 압력, 적대감을 수반하는 방법의 사용은 적절한 지시와 지도를 해가면서 지지적이고 문제 해결적인 방법을 사용하는 것에 비해 덜 효과적이다.

제3부

팔로어중심 리더십

제 6 장 카리스마 / 변혁적 리더십

1980년대 들어서 리더십 연구는 조직 문화의 창조 및 조직의 변화 또는 회생에 깊은 관심을 갖기 시작하였다. 이러한 관심은 많은 미국기업들이 외국기업들과의 점증하는 경제 경쟁에서 살아 남기위해 조직을 크게 변화시켜야할 필요성을 인식하게 되는 시기와 관련된다. 기업 조직에 새로운 생기를 불어넣고 급격히 변화하는 외부 환경에 재빨리 적응하려는 현실적인 욕구는 조직 내의 효율적인 리더십에 대한 새로운 이론의 등장을 요구했다.

카리스마적 리더십과 변혁적 리더십은 조직 구성원들의 태도에 중요한 변화를 일으키도록 영향을 주고, 조직의 임무나 목표에 대해 적극적 참여 분위기를 구축해 나가는 과정으로 팔로어 중심적이라는 새로운 리더십을 의미한다.

이 장에서는 새로운 리더십의 등장을 가져 오게 한 조직문화, 그리고 카리스마적 리더십과 여기에서 더 발전한 변혁적 리더십에 대한 개념 및 주요 연구들을 논의해 보고자 한다.

제 1 절 조직문화

문화는 일정한 사회의 구성원들이 공통으로 가지고 있는 가치관과 신념, 이념과 습관 그리고 지식과 기술 등을 포함한 종합적인 것으로 사회구성원의 행동과 사회조직을 형성하고 양자를 연결하고 조정하는 요소이다.

이와 같은 문화개념을 조직에 적용시킨 것이 조직문화(organizational culture)이며 조직 구성원과 조직의 행동에 영향을 미친다. 즉 조직문화는 리더십의 구성요소인 리더와 부하와 상황 중에서 상황의 주된 요인으로서 중요한 의미를 갖는다.

1. 조직문화의 기능

조직문화의 기능에 대한 Robbins의 견해는 다음과 같다.

첫째, 조직문화는 조직의 경계를 설정해 주는 역할을 수행한다. 즉 문화는 하나의 조직과 다른 조직을 구별해 준다.

둘째, 조직문화는 조직구성원들에게 변하지 않는 존재의 본질 즉 정체감을 제공해 준다.

셋째, 조직문화는 구성원들이 자기의 개인적 이익보다 더 큰 어떤 것을 위하여 헌신하는 것을 가능하게 해준다.

넷째, 조직문화는 사회시스템의 안정성을 높여 준다. 문화는 구성원들이 무엇을 말하고 행동해야 하는가에 대한 적절한 표준을 제공해 줌으로써 조직을 통합시켜 주는 사회적 접착제이다.

다섯째, 조직문화는 구성원들의 태도와 행동을 지도하고 조성하는 의미형성 및 통제 메커니즘으로서의 기능을 발휘한다. 문화는 조직 안에서 게임규칙을 정해주며 구성원들의 행동에 일관성을 확보해 준다. 문화는 공식화의 대체물로서 기능을 수행할 수 있다. 즉 높은 공식화는 조직 안에서 예측 가능성, 질서정연함, 일관성을 만들어 내지만 문화도 그와 동일한 결과를 달성할 수 있다. 조직문화가 확립되어 있을수록 관리자는 공식적인 규칙이나 규정이 없이도 구성원들의 행동을 지도할 수 있게 된다.

여섯째, 조직문화는 조직유효성에 대해서 역기능적으로 작용할 수도 있다. 문화는 그 공유가치가 조직유효성을 촉진시키는 가치들과 조화를 이루지 못할 때에는 일종의 부담이 된다. 이것은 조직의 환경이 동태적일 때 특히 그렇다.

환경이 급격히 변화할 때 조직의 경직된 문화는 더 이상 적합성을 잃어버리게 된다. 안정된 환경 하에서는 강한 문화에 의한 행동의 일관성은 조직의 자산이 될 수 있었다. 그러나 격변하는 환경 속에서 그것은 조직의 변화에 민감하게 반응하는 것을 어렵게 하므로 조직에 부담이 된다.

2. 미국과 일본기업의 문화적 특성

1980년대까지 미국의 관리자와 학자들은 미국식 경영방법이 세계적으로 보편적이며 효율성이 있다고 믿었다. 그러나 전혀 다른 문화적 특성을 가진 일본기업의 성공은 이러한 관점을 수정하도록 하였다. Ouchi에 의한 A이론과 Z이론의 기업문화를 비교하면 〈표 6-1〉과 같다. A이론에 의한 조직문화는 미국기업의 문화적 특성이고, Z이론에 의한 조직문화는 일본기업의 문화적 특성이다.

〈표 6-1〉 A이론과 Z이론에서의 조직문화

A 이 론 (미국 기업)	Z 이 론 (일본 기업)
단기적 고용	장기적 고용
경력 경로의 구체화	경력 경로의 비구체화
개별화된 의사결정	집단적 의사결정
빈번한 평가	빈번하지 않은 평가
명백하고 공식적인 평가	비공식적인 은연중의 평가
신속한 승진	느린 승진
종업원 복지에 대한 단편적 관심	종업원 복지에 대한 포괄적인 관심

가. 미국 기업의 문화적 특성

첫째, 종업원을 엄격하게 통제할 수 있도록 조직구조를 설계하고 직무를 정밀하게 규정하여 종업원들을 전문화한다. 따라서 종업원들이 타 조직간에 이동하는 것이 용이하다.

둘째, 구성원들의 전출입이 빈번한 조직시스템에서는 상호의존성을 최소화하기 위하여 의사결정의 책임을 개별화한다.

셋째, 이직률이 높기 때문에 관리직위의 공석이 자주 발생하고 따라서 승진의 기회가 많다.

넷째, 상사들은 업무와 관련된 것 이외는 종업원들에 대하여 아는 것이 없기 때문에 종업원들에 대한 평가는 공식적이고 비 정의적이다.

다섯째, 개인주의적인 윤리에 따라서 이직이 빈번하기 때문에 경력경로는 구체적이고 조직과 하나 되기 위한 동기는 유발하지 않는다. 따라서 종업원들의 복지에 대한 포괄적인 관심을 갖지 않는다.

나. 일본 기업의 문화적 특성

첫째, 종업원들이 기업에 채용될 때 조직과 인연을 맺는 것은 영원한 것이라는 신념을 가진다. 따라서 이직률은 낮고 조직과 관리자에 의한 강력한 사회화 과정은 정당화된다.

둘째, 장기고용에 의하여 종업원들은 횡적으로 순환근무를 하기 때문에 조직에 대한 전반적인 이해가 가능할 뿐만 아니라 다른 종업원들과 인간관계를 가질 수 있다.

셋째, 종업원들은 전문영역 뿐만 아니라 조직 전체에 대한 관련감을 갖기 때문에 다른 부서의 구성원들과 갈등 없는 의사소통을 하고 집단적 의사결정에 참여하게 된다. 따라서 개인에 대한 업적을 평가할 뿐만 아니라 다른 사람과 함께 일할 수 있는 능력도 평가의 대상이 된다.

Z이론에 의한 조직문화는 어떻게 보면 권력을 행사하려는 관리자들 입장에서 종업원들을 순응시키는데 있어서 불리하다는 느낌을 가질 수 있다. 종신고용제 때문에 해고의 위협이 적고 직무관련 의사결정이 집단에 위임되기 때문이다. 그러나 종업원들의 입장에서는 일생동안의 몰입 없이는 불만이 증가하여 참아내지 못할 조건들을 참고 견디기 때문에 권력을 가진 관리자에게 순응할 가능성이 더 높다. 뿐만 아니라 전문가가 아닌 제너럴리스트(generalist)인 종업원들은 자동적으로 대체가능성이 적어 이동가능성이 낮다. 따라서 권력의 행사

에 더욱 순응할 가능성이 있다. 따라서 Z이론에 의한 조직문화는 권력의 행사에 유리하기도 하고 불리하기도 한 양면성을 가지게 된다.

3. 우수기업의 문화적 특성

동일한 상황에서 특별한 성과를 달성하는 기업이 있다면 다른 요인이 동일한 경우 문화적 특성을 살펴 볼 필요가 있다. McKinesy Consulting 회사가 연 10억 달러 이상의 매출액 외형을 가진 기업체를 대상으로 20년 동안 자본이익률과 자산증가 등 6개의 수익 및 성장지표에 나타난 성과를 포함한 우수기업의 선정기준에 따라 62개의 기업체를 선정하였다. 이 우수기업들의 문화적 특성은 다음과 같다.

가. 적극적인 적응행동

7S의 문화구조를 가진 우수기업은 개방적인 조직분위기 속에서 구성원간의 유기적인 의사소통과 팀을 통한 창의적인 아이디어를 활용하여 직면한 환경에 잘 적응하는 특징을 가지고 있다. 개방적인 기업문화, 유기적인 상호작용 그리고 창의적인 분위기가 효율적인 환경적응을 가능하도록 만든다.

나. 고객 중심주의

우수기업은 고객에 대하여 최우선적 가치를 부여한다. 관리의 각 기능이나 조직전체도 중요하게 생각하지만 조직구성원 모두가 고객 위주의 사고방식을 가지고 있다. IBM의 고객 서비스에 대한 기업문화는 설립자인 Watson으로부터 시작되어 IBM의 기업문화가 되었다.

다. 공유가치의 중심성

기업의 공유가치는 목적달성을 위하여 경영이념과 전략을 설정하고 그것을 실천하는 과정에서 형성된다. 이렇게 하여 형성된 전통가치는 경영자와 구성원들의 행동에 의하여 규범화되고 정착되며 시간을 통하여 강화된다. 전통가치에 의하여 형성된 공유가치는 경기침체와 같은 조직 환경에서 부터 야기되는 어려움을 극복할 수 있는 에너지가 된다.

라. 특수한 능력을 전문으로 하는 경영

특수한 능력에 기초한 경영은 공유가치와 관련된 것이다. 우수한 기업들은 규모는 크지만 대부분 단일제품이나 소수의 제품을 취급하는 회사이다. 자신의 강점과 조직의 문화적 특성에 적합한 부분에만 전력을 기울인다.

마. 인간존중

우수기업은 인적자원을 중요하게 생각하기 때문에 조직구성원의 동기부여를 통하여 생산성을 향상시키는 인간중심적 경영을 강조한다. 우수기업들은 인간존중의 경영을 통하여 시설이나 물질적 요소를 강조하는 기업들보다 더 높은 생산성을 달성한다.

사. 사내기업가

기존의 제품과 관련된 제품개발과 달리 일정한 부분에 대하여 사내기업가를 개발하고 활용한다. 구성원들이 새로운 아이디어를 개발할 수 있도록 자율성과 재량권을 부여 한다. 구성원들은 자발적으로 제안하고 몰입감에 의하여 사업을 추진하는 사내기업가 정신을 강조한다.

아. 단순조직

우수기업들은 단순한 조직(lean staff)을 선호한다. 대규모 조직의 관료화를 지양하고 단순한 분권화된 조직을 지향한다. 임원이나 관리직을 최소화하여 관료화를 예방한다. 미국의 우수기업들은 단순한 조직구조를 가지고 단일의 목적을 추구하는 경향이 강하다. 단일 목적을 추구하기 위한 구성원의 행동을 개발한다.

자. 자율과 통제의 조화

조직구조와 구성원들 간의 상호작용에 있어서는 자율적 경영을 하는 반면에 고객서비스, 기술개발, 품질 등에 있어서는 철저한 통제 경영을 강조한다. 즉 자율과 통제가 조화된 경영관리 행동을 취한다.

제 2 절 카리스마적 리더십

1. 카리스마 의미의 변화

카리스마(charisma)란 기적을 행하거나 앞일을 예언하는 능력과 같은, 하늘이 부여한 재능이라는 뜻의 희랍어에서 출발한 것이다. 이 카리스마의 의미는 전통적인 리더중심 리더십과 현대의 팔로어중심 리더십에서 많은 변화를 보이고 있다.

첫째, 리더 자질 면에서, 과거의 카리스마는 리더가 유전적으로 타고 나면서 보유한 특성으로 보는 반면 오늘날에는 부하들의 지각(知覺) 과정에 의해 결정되는 것이 카리스마인 것으로 본다. 이러한 지각은 리더십의 상황적 맥락과 부하의 개인적 · 집단적 욕구에 의해서 영향을 받는다.

둘째, 리더십의 효과 즉 종속변수 면에서, 과거에는 조직의 성과, 집단 성원의 만족 등을 카리스마로 본 반면에 오늘날은 부하의 활동에 관련된 리더의 자극에서 오는 리더에 대한 자부심 및 신뢰감과 주어진 의무 또는 책임 이상으로 수행하려는 부하의 동기 부여 정도를 카리스마라 한다.

셋째, 리더 행동면에서, 과거는 과업 지향적-관계 지향적 행동에서 카리스마로 본 반면 오늘날에는 부하들의 마음속에 긍정적인 이미지를 형성하도록 하고, 부하를 신뢰하고 존중하며, 비전을 제시하고 사명감을 강화하는 행동을 하는가에 따라 카리스마적 리더로 본다.

이렇듯 카리스마 의미의 변화는 오늘날의 리더십이 이전의 리더십 이론에 비해서 부하들의 역할을 강조한 것에서 찾아 볼 수 있다. 현대적인 팔로어 중심 리더십의 가장 두드러진 특징은 기존의 리더십 이론이 리더중심이거나 리더-부하와의 관계에서 리더의 역할에 초점을 두었던 것에서 부하에 초점을 두는 것으로 관점이 변했다는 것이다. 그리고 이러한 이론들은 리더들을 보다 더 의미 있는 삶을 약속해 주고, 미래에 대한 희망을 주는 사람으로 본다.

2. House의 카리스마적 리더십 이론

House는 신화나 설화보다는 관찰 가능하고 검증할 수 있는 가정을 통하여 카리스마적인 리더가 어떻게 행동하고, 다른 사람들과 어떻게 구별되며, 또 그들이 가장 효과적인 경우가 언제인가에 대한 이론을 제시하고 있다. 그의 이론에는 리더의 특성, 행동, 영향력, 상황적 조건 등 모든 요인을 담고 있어서 다른 이론과는 달리 그 시각이 상당히 포괄적이다.

가. 카리스마적 리더의 특성

House는 카리스마적 리더를 '개인적인 능력에 의해서 부하들에게 특별한 영향을 미칠 수 있는 리더'로 정의하고 다음과 같은 지표에 의해서 결정된다고 보았다.

- 리더 신념의 정당성에 대한 부하들의 신뢰
- 리더 신념과 부하들 신념의 유사성
- 부하들의 무조건적인 리더 수용
- 부하들의 리더에 대한 애정

- 부하들의 리더에 대한 복종 의지
- 조직의 임무에 대한 부하들의 정서적 관여
- 부하들의 고양된 수행 목표
- 조직 임무의 성공에 기여할 수 있다는 부하들의 신념

이 이론에 따르면 카리스마적 리더는 극단적으로 높은 수준의 자기 신뢰성, 지배성에 대한 강한 욕구 그리고 자신의 신념의 도덕적 정당성에 대한 강한 확신 등을 지니고 있다. 지배성에 대한 강한 욕구는 리더가 부하들에게 영향력을 행사할 수 있도록 동기화시킨다. 자신감과 강한 신념은 리더의 판단에 대한 부하들의 신뢰감을 증가시킨다. 자신감과 신념이 없는 리더는 부하들에게 영향력을 행사하기 어렵고 비록 영향력이 행사되더라도 성공하기가 어려울 것이다.

나. 카리스마적 리더의 인상관리 행동

카리스마적인 리더들은 부하들이 리더를 능력 있고 성공적인 리더로 보도록 인상(印象)을 관리하는 행동을 한다. 이러한 인상 관리(impression management)는 리더의 결정에 대한 신뢰를 강화시키고 부하들의 자발적인 복종을 증진 시킨다. 카리스마적 리더의 인상 관리 행동은 다음과 같다.

첫째, 행동 모델링(behavior modeling)으로, 부하들이 리더를 인정하고 존경하게 되면 그들은 리더의 신념과 가치를 모방하게 된다. 카리스마적 리더들은 부하들이 모방하도록 자신의 행동 모델을 제시한다. 이러한 과정을 거쳐서 카리스마적 리더들은 부하들의 만족과 동기에 상당한 영향을 미칠 수 있다.

둘째, 목표의 명확한 제시로서, 카리스마적 리더들은 부하들의 가치나 이상을 조직 목표와 관계된 이상적인 목표로 결집시킨다. 또한 미래에 대한 호소력 있는 비전을 제시해서 집단의 업무에 더욱 의미를 부여하고 부하들의 열정을 고취시킨다. 이러한 행동의 결과는 집단 과제에 대한 부하들의 감정적인 몰입의 고취와 집단의 목적에 대한 참여 내지는 개입의 확대이다.

셋째, 자기 충족적 예언(self-fulfilling prophecy)으로, 카리스마적 리더들은 부

하들의 수행에 대해서 높은 기대를 가지고 의사소통을 하는 동시에 부하들의 능력에 대한 자신감을 표현한다. 매우 존경받는 리더가 자신감을 표현하는 것은 부하들의 자존심과 성공 가능성에 대한 신념 간을 연결시킨다. 자기 충족적 예언에 대한 연구들을 보면, 부하들은 리더가 그들에 대해서 자신감을 표현할 때 더욱 높은 수행을 보인다는 것을 시사해 주고 있다.

넷째, 동기 유발이다. 카리스마적인 리더들은 집단 업무에 관련된 동기들을 고양시키는 방향으로 행동한다. 성취동기를 고양시키는 것은 주도적이고, 미리 계산된 모험 감수, 개인적 책임감, 지속적인 노력 등을 필요로 하는 복잡하고 도전적인 과제의 수행과 관계가 깊다. 권력동기의 고양은 경쟁적, 이성적, 능동적으로 행동할 것을 필요로 하는 과제 수행에 필요하다. 친애 동기를 고양시키는 것은 협동, 집단 작업, 상호 지지 등이 필요한 과제의 수행과 관계가 깊다. 부하들의 가치에 대한 감정적인 호소를 통한 동기의 고양은, '충성심', '최선을 다하자' 등과 같은 것에 대한 강조를 통해서 이루어진다.

다. House 이론에 대한 Bass의 확장

Bass는 전통적으로 인정되었던 카리스마 리더의 특성과 카리스마적 리더십의 결과 등을 추가하여 House의 이론을 확장시켰다. Bass에 의하면 카리스마적 리더들은 단순히 자신들의 신념을 확신할 뿐만 아니라 스스로를 초자연적인 속성을 지닌 것으로 파악한다. 또한 부하들은 단순히 리더를 신뢰하고 존경할 뿐 아니라 리더를 초인간적인 영웅이나 영적인 존재로서 숭배하고 이상화시킨다.

카리스마적인 리더는 특히 부하들이 규범, 신념, 환상 등을 공유하고 있을 때 발생한다. 이러한 부하들의 공통적인 관념들을 근본으로, 카리스마적인 리더들은 부하들에 대해 감정적, 이성적인 호소를 통해 그 영향력을 발휘한다. 일반적으로 카리스마적인 리더에 대한 부하들의 반응은 비 카리스마적인 리더에 대한 반응보다도 더 극단적으로 나타난다.

카리스마적인 리더는 조직이 어려운 상황에 처해 있을 때 부각되기 쉽다. 공식적인 권한이 심각한 위기를 극복하지 못하고 전통적인 가치와 신념이 의심받게 되는 상황에서 카리스마는 자라난다. 그래서 카리스마적인 리더십은 매우 성공적인 오래된 조직보다는 생존을 위해 몸부림치는 신생 조직이나 실패를 거듭한 오래된 조직에서 자주 발생한다.

3. Conger와 Kanungo의 카리스마 리더십 이론

카리스마에 대한 또 다른 리더십 이론으로서 Conger와 Kanungo는 카리스마는 귀인(歸因) 과정의 결과라는 가정을 기초로 삼고 있다. 즉 부하들은 리더의 행동과 결과를 관찰한 것에 기초하여 리더에게 카리스마적인 특성들을 귀인 시킨다는 것이다. 따라서 이들의 이론에 의하면 리더는 집단 성원들이 자신들에게 가장 큰 영향력을 발휘한다고 지각하는 사람을 의미한다.

가. 카리스마의 귀인을 유도하는 행동차원

모든 카리스마적인 리더들의 행동들이 같은 정도로 나타나지는 않기 때문에 카리스마의 귀인을 유도하는 각 행동 차원들의 중요성도 상황에 따라 달라진다. 그 행동 차원들은 다음과 같다.

(1) **비전의 극단성.** 부하들이 받아들일 수 있는 범위 내에서 현재와는 현저하게 다른 이상을 적극적으로 제시하는 것이다. 비 카리스마적인 리더는 전형적으로 현상 유지를 원하거나 아주 사소한 점진적인 변화를 원한다. 현재의 상태와 별반 차이가 없는 이상을 제시하는 리더는 다른 사람들과 별로 특출하게 구분되지 않는다. 그러나 지나치게 극단적인 이상은 부하들에게 받아들여지지 않을 뿐 아니라 리더를 능력이 없거나 비정상적인 사람으로 보게 할 수도 있다.

(2) **높은 개인적 모험성.** 이상의 추구에 있어서 자기희생과 자신의 지위, 돈 등의 손실을 감수하는 것이다. 신뢰감은 카리스마적인 리더에 있어서 필수적인 것이라고 볼 수 있는데, 부하들은 자신의 이익보다는 부하들의 관심을 반영하

는 전략을 선택하는 리더에게 더욱 신뢰감을 느낄 것이다. 가장 인상적인 경우는 리더가 돈이나 지위와 같이 자신의 물질적·사회적 손실을 감수하는 경우일 것이다.

(3) **비전통적 방식의 사용.** 공통의 이상을 실현하기 위해서 비전통적 방식으로 행동하는 것이다. 이 방식은 부하들에게 리더가 특별하다는 인상을 심어 주기 위해서는 필수적인 것이다. 이것은 첫 번째로 제시된 리더의 이상의 독특성은 단지 목표만이 아니라 그 전략에 있어서도 적용된다는 사실을 의미한다.

나. 카리스마의 귀인을 촉진하는 특성

카리스마의 귀인을 촉진하는 특성들은 다음과 같다.

(1) 자신감. 자신의 제안에 대해서 자신감을 나타내는 리더들은 그렇지 않은 리더들보다 카리스마적인 리더라고 지각될 가능성이 높다. 만일 리더가 자신감을 표현하지 않은 경우에 리더가 선택한 혁신적인 전략의 성공은 우연으로 귀인 될 가능성이 높다.

(2) 인상 관리 기술. House의 인상관리 행동과 유사하다.

(3) 정확히 상황을 평가하는 인지적인 능력. 기존의 전략에 내재된 위험 때문에 상황을 평가하고 기회를 포착하고 수행 전략을 조절하기 위해 필요한 인지적인 능력은 전략을 수행하는 데 있어서 필수적인 것이다. 중요한 것은 타이밍인데, 같은 전략이라도 시간적으로 너무 늦거나 너무 빨리 수행되는 경우에는 완전히 그 결과가 달라질 수도 있다.

(4) 부하들의 욕구와 가치를 이해하기 위해서 필요한 사회적 민감성 및 공감 능력. 카리스마적인 리더는 혁신적이고, 적절하고, 호소력 있고, 시간적으로

잘 들어맞는 이상을 찾아내기 위해서, 환경뿐만이 아니라 부하들의 욕구와 가치에 대해서도 민감해질 필요가 있다.

다. 카리스마적 / 비 카리스마적 리더의 비교

Conger와 Kanungo가 카리스마적인 리더와 비 카리스마적인 리더의 행동을 비교한 내용이 〈표 6-2〉에 정리되어 있다.

〈표 6-2〉 카리스마적 / 비 카리스마적 리더의 행동 비교

구 분	비 카리스마적 리더	카리스마적 리더
현 상태에 대한 태도	현 상태에 집착하여 유지하려고 노력	현 상태를 변화시키려고 노력
미래의 목표	현 상태와 목표가 별 차이가 없음	현 상태와 크게 다른 이상적인 목표 제시
호감을 얻는 원인	공통된 시각	공통된 시각과 더불어 이상적인 목표를 통해 부하들의 동일시와 모방의 대상이 됨
신뢰성	설득 과정에서 부하들의 지지에 무관심	개인적인 위험과 손실을 감수하더라도 부하들의 지지에 집착
전문성	정형화된 과정에 의한 목표 수행에 있어서 사용되는 수단들에 대한 전문성	현존하는 과정을 초월하는 비전통적인 수단을 사용하는 데 대한 전문성
행동기준	보수적이고 현존하는 규칙에 동조적	혁신적이거나 현재의 규칙에 배치됨
환경에 대한 민감성	현상을 유지해야 하므로 덜 민감	현상을 변화시키기 위해서 민감성에 대한 욕구가 강함
수사적 표현	목표와 동기 유발에 대한 약한 수사적 표현	미래의 이상과 동기 유발에 대한 강한 수사적 표현
권력 기반	직책 권력과 개인적 권력 (보상, 전문성, 호감 등에 근거)	개인적 권력(전문성, 존경, 영웅에 대한 경외심 등에 근거)
리더-부하의 관계	평등주의, 합의를 추구, 지시적임 동일한 시각을 가지기 위해 부하들에게 명령하거나 넌지시 유도	엘리트주의, 사업가적, 모범적 급격한 변화에 찬성하도록 사람들을 변화시킴

권력의 측면에서 보면 권한이나 참여보다는 전문성 권력이나 준거 권력을 통해서 부하들에게 영향력을 행사하는 리더에게 카리스마에 대한 귀인이 더 잘 이루어진다. 호소력 없이 부하들의 복종을 얻기 위해서 자신의 권위를 사용하

는 리더가 혁신적인 전략을 선택했을 경우에, 만일 전략이 성공했을 때는 전문가적인 권력을 더 얻을 수 있을지도 모르지만 카리스마적인 지도자로 지각될 가능성은 적다. 마찬가지로 부하들의 전략적인 합의를 유도하기 위해, 집단으로 부하들과 만나는 리더는 부하들의 만족을 유도할 수는 있지만 리더 자신이 특이한 능력을 지녔다고 지각되기는 어렵다.

상황 요인에 있어서 커다란 변화를 요구하는 위기나 부하들이 현재 상태에 대해 불만족하고 있는 경우에 카리스마적인 리더가 나타나기가 쉽다. 그러나 위기가 존재하지 않는 상황에서도, 리더는 문제를 비전통적인 방식으로 다루는데 있어서의 자신의 뛰어난 능력을 보여 주기 위해서, 스스로 불만족을 만들어 낼 수도 있다. 따라서 카리스마적인 리더와 위기 상황이 반드시 인과적인 관계에 있는 것은 아니다.

제 3 절 변혁적 리더십

변혁적 리더십은 1980년대에 들어서 조직문화의 창조 및 조직의 변화 또는 회생에 깊은 관심을 가진 결과로 태어났다. 리더가 일방적으로 끌고 가는 전통적 리더십이 아닌, 부하 스스로 하도록 부하를 변혁할 필요성과 조직의 문화 즉 분위기가 조직을 이끌어 가도록 하는 리더십이다. 그러므로 개인적인 리더십이라기보다는 조직 내의 여러 계층과 하위 조직의 여러 리더들의 행동이 포함된 조직 전체의 리더십 과정에 초점을 둔 리더십이다. 변혁적 리더십 이론은 Burns에 의해 1978년 처음 제기되었으며, Bass에 의해 정립된 새로운 리더십 이론으로, 단기적이 아닌 장기적 영속적 조직을 목적으로 한 부하 중심의 리더십이라 할 수 있다.

1. Burns의 변혁적 리더십 이론

Burns는 리더십을 '리더와 부하가 점점 더 높은 수준의 도덕성과 동기 수준으로 변혁하도록 서로를 이끌어 가는 상호 관계를 포함하는 과정'이라고 보았다. 여기서 변혁(transform)은 단순히 바꾸는 것(change)과 다르다. '바꾸다'라는 말은 거래적 성격이 있다. 그러나 '변혁한다'는 것은 사물의 상태나 본질 그 자체가 변화되도록 하는 것을 말한다. 이런 관점에서 Burns는 리더십이 변혁적 리더십과 거래적 리더십의 두 가지 형태 중 어느 하나를 취할 수 있다고 본다.

가. 거래적 리더십

거래적 리더십(transactional leadership)은 리더가 부하들의 개인적 가치와 교환하는 과정의 리더십을 말한다. 부하들의 직무에 대한 노력과 보수, 지위 등과 같은 개인적인 관심에 호소함으로써 동기화를 시도한다. 즉, 리더가 제시한 조직목표를 구성원들이 성취하면 그것에 따른 보상(award)을 주는, 목표달성과 보상을 서로 거래(교환)하는 현상을 리더십으로 보는 입장이 거래적 리더십 이다. Burns가 변혁적 리더십이론을 제기하기 위하여 종래의 모든 리더십 이론을 거래적 리더십이론이라고 비판하면서 등장한 이론이다.

나. 변혁적 리더십

변혁적 리더십(transformational leadership)은 리더와 부하가 서로 동기 부여와 도덕성을 보다 더 높은 수준으로 높일 수 있도록 상호 작용을 할 때 발생하는 리더십이다. 변혁적인 리더는 인본주의, 평화, 평등, 정의, 자유와 같은 높은 수준의 도덕적인 가치와 이상에 호소하여 부하들의 의식을 더 높은 단계로 끌어올리려 한다. Maslow의 이론에서 볼 때, 변혁적 리더들은 부하들의 자아실현의 욕구 등과 같은 상위 수준의 욕구를 활성화시키는 것이다. 부하들은 자신의 '일상적인 자아(everyday selves)'에서 '더 나은 자아(better selves)'로 상승하는 것이다. Burns에 의하면, 변혁적 리더십은 하나의 과정이기 때문에 반드시 리더와 부하와의 관계만이 아닌 동료들 간이나 혹은 하위 조직의 여러 리더들 간의 영향력 과정도 포함된다. 즉 조직의 문화 또는 분위기가 조직을 이끌듯이 변혁적 리더십은 조직 내의 어느 위치에 있는 사람에게서도 발휘될 수 있는 것이다.

결론적으로, 변혁적 리더십은 부하의 가장 기본적이고 지속적인 욕구들이라고 할 수 있는 고차원적이고 일반적이며 포괄적인 가치에 호소하여 부하와 집단이 행복을 추구할 수 있도록 하는 리더십이라 할 수 있다.

2. Bass의 변혁적 리더십 이론

Bass에 의하면 변혁적리더십이란 "리더는 부하들에게 과제의 결과에 대한 가치나 중요성을 상기시키거나, 부하들의 고차원적인 욕구를 자극하거나, 부하들이 조직을 위하여 개인적인 관심을 초월하도록 유도함으로써 부하를 변혁하는 리더십"으로 정의하고 있다. 이러한 변혁적리더십은 카리스마, 개별적 배려, 지적 자극 등 3가지의 하위 차원으로 설명되고 있다.

가. 카리스마

카리스마(charisma)는 부하들에게 성공이나 성취에 대한 비전을 자신감과 열정으로 제시하여 부하들로 하여금 그러한 비전을 강력하게 지지하게 만들어 그들을 이끌어 나가는 능력을 의미한다. 카리스마를 갖춘 리더는 부하들 마음속에 미래 모델상으로 인식되고 그들이 나아가야 할 방향과 성취의 상징으로 여겨지게 된다. 이러한 리더 밑에서 일하는 부하들은 상사의 능력과 판단을 믿고 따르기 때문에 어떤 역경도 극복해 나갈 수 있다는 신념으로 리더와 공동체를 이루기 위해서 최선의 노력을 하게 된다.

나. 개별적 배려

개별적 배려(individualized consideration)는 부하들에게 지지와 격려, 발전적인 경험 등을 제공하는 것을 말한다. Kuhnert 와 Lewis에 의하면 개별적 배려는 리더가 조직구성원 개개인에 세심한 관심을 기울여 그들이 갖고 있는 욕구나 역량을 파악하고 그들에 맞게 대우해 줌으로써 부하 스스로 동기를 유발하도록 만드는 것을 의미한다. 이러한 리더는 부하들 각자의 욕구나 역량에 따라 개별적인 배려를 하기 때문에 부하들 스스로 개별적 욕구를 확인하게 만들고 나아가 부하들이 보다 높은 차원의 욕구를 가질 수 있도록 도와준다.

또한 이러한 리더는 부하들로 하여금 자신이 조직의 일원으로서 가치 있는 존재라고 느끼게 함과 동시에 같은 조직 내의 다른 구성원들도 중요한 존재라고 느끼게 하기 때문에 조직 구성원 간의 신뢰감을 증진시키는데 중요한 역할을 한다.

다. 지적 자극

지적자극(intellectual stimulation)은 부하들이 과거의 구태의연한 사고방식과 업무관습에서 벗어나 새로운 방식으로 문제를 인식하고 이를 해결하도록 권장하는 것을 의미한다.

이러한 리더는 부하들의 사고 능력과 문제해결 능력을 향상시키기 위해서 부하들이 새로운 방식으로 문제에 접근하도록 장려하며, 부하들에게 늘 문제에 대해 생각하도록 유도하는 경향이 있다. 또한 이러한 성향을 갖고 있는 리더는 부하들에게 현재 직면하고 있는 문제점이 무엇인지 알려주며, 이들이 스스로 문제해결 방식을 찾을 수 있도록 권고하고, 부하들이 합리적인 해결방식을 찾을 수 있도록 함께 고민한다.

라. Burns와 Bass의 변혁적 리더십 차이

Burns와 Bass의 변혁적 리더십 개념 간에는 여러 가지 면에서 유사한 점이 많지만, 몇 가지 차이점도 있다. 첫째, Burns는 변혁적 리더십을 부하들의 높은 윤리적 가치 및 높은 위계 수준의 욕구에 호소함으로서 부하들에게 이로움을 주는 보다 진보된 리더들에 국한한다. 이에 비해 Bass는 변혁적 리더의 그 효과가 궁극적으로 부하들을 이롭게 하는지의 여부에 관계없이 부하들의 동기를 자극하고 참여를 증대시키는 사람으로 정의한다. 즉 Hitler와 같은 부정적 결과를 초래한 사람들도 변혁적 리더로 간주되었다.

둘째, Bass는 거래적 리더십을 보다 더 넓은 의미로 정의했다. 그러므로 그는 거래적 리더십과 변혁적 리더십이 구분되기는 하지만 상호 배타적인 과정은 아니며 동일한 리더가 상황과 시간에 따라 두 과정을 모두 사용할 수 있다고 보았다.

제 4 절 카리스마적 리더와 변혁적 리더의 비교

1. 리더의 비교

카리스마적인 리더는 극단적으로 존경을 받고 부하들로 하여금 무조건적으로 복종하고 신뢰하게 하는 리더인 반면에 변혁적 리더는 부하로 하여금 더욱더 자율적, 자기 지시적, 자아 실현적이고, 이타적이 되도록 하는 리더라고 할 수 있다.

카리스마적 리더는 때로 부하들을 약하고 의존적으로 만듦으로써 이상에 대한 몰입보다는 개인적인 충성을 얻으려 하는 반면에 변혁적 리더는 부하들이 발전하고 고양되는 것을 추구하는 리더라 할 수 있다.

2. 요구되는 상황의 비교

이러한 차이로 인하여 두 가지 형태의 리더는 요구되는 상황이 각기 달라진다. 비정상적인 육체적·감정적 노력을 요구하는 상황이나 위기가 항상 존재하는 전투 상황 같은 경우와 부하들의 과업이 중요한 이념적 요소를 갖고 있을 때에는 고차원의 욕구와 개인적 가치보다는 집단적 가치에 호소하는 독재적인 카리스마적 리더가 적합한 반면에 급변하는 불확실한 상황에 대한 적응력과 업무에 대한 창의력이 요구되고 부하들의 자발성과 책임감이 요구되는 상황에서는 변혁적 리더가 적합할 수 있을 것이다.

그러나 어떤 학자들은 자존심이 높고 자율성에 대한 높은 욕구를 가진 사람은 그렇지 않은 사람들보다 카리스마에 덜 반응할 것이라고 주장하는 반면에 부하들의 개인 특성에 무관하게 리더십과 개인적 능력으로 부하와 카리스마적인 관계를 형성할 수 있는 리더도 있다고 주장하는 학자들도 있다. 사실 카리스마적인 리더십과 변혁적 리더십 사이의 구분은 아직 불분명하다.

제 7 장 슈퍼 리더십

'슈퍼(super)'란 뛰어난 지혜나 능력을 가리키는 말이다. Manz와 Sims에 의하면 슈퍼리더십은 부하들이 자기 자신을 리드할 수 있는 역량과 기술을 갖도록 함으로써 그들을 셀프리더로 육성하는 리더십이다. 즉 셀프리더십의 개발이 슈퍼리더십인 것이다. 이러한 슈퍼리더십의 기본적인 정신은 인간존중의 정신과 팔로어 중심의 사상과 '맥그리거의 Y이론적 발상'인 인간에 대한 낙관적이고 긍정적인 태도에서부터 출발한다고 할 수 있다.

제 1 절 슈퍼리더십의 배경과 개념

1. 21세기 조직환경의 변화

슈퍼리더십(super leadership)은 조직환경의 변화로 등장한 리더십이다. 21세기의 조직구조 형태는 첫째, 수평적 조직구조(horizontal organization) 즉 소 계층 구조, 보다 큰 통제의 범위, 짧은 명령의 연쇄를 가진 조직구조이다. 둘째, 순수한 프로젝트 조직 즉 작업이 임시적인 팀에 의해 완성되고 각 팀의 시작과 끝이 한정되어 있는 프로젝트 조직이다. 셋째, 필요시 취사선택하여 조합, 운용하는 연결망 조직구조 즉 컨소시엄 형태나 제휴형태이다.

이와 병행하여 (1) 오늘날 리더들은 글로벌 경영의 패러다임으로 인하여 전

세계에 걸쳐 공간적으로 분산되어 일하는 부하들의 노력을 조정하도록 요구받고 있다. (2) 이 같은 리더와 부하들 간의 의사소통은 IT의 획기적인 발전의 결과인 e-메일, 보이스메일(voice mail), 화상회의 등과 같은 전자매체를 통해 가능하게 되었다. (3) 발전된 전자통신기술에 의해 지식・정보의 확산 및 공유가 일반화되고 있다.

2. 슈퍼리더십의 개념

21세기 조직환경의 변화는 종전의 리더에 대한 의존 관계는 약화되고 부하들의 자율적 관리가 요구되는 반면, 전통적 경영방식이 개인의 무한한 잠재능력을 이끌어내지 못함으로써 조직성과를 내려는 열의라는 이상을 획득하기 위해서는 사람들의 내적 에너지와 잠재 능력을 활성화하는 획기적인 전기 마련이 불가피하게 되었다. 이러한 시대적 요구에 따른 전략이 슈퍼리더십이다.

이러한 슈퍼리더십의 본질은 부하에게 권한 위임을 바탕으로 임파워먼트를 하는 것이다. 임파워먼트란 '자율권 부여'로도 표현하고 있는데 단순히 부하에 대한 권한위임 뿐만 아니라 모든 정보를 공유한다는 것이다. 또한 부하들의 능력을 개발하고, 자긍심을 고양시켜주는 것도 포함된다. 궁극적으로는 리더가 필요없는 부하 자신이 주인이 되고 리더가 되도록 함으로써 부하들의 뛰어난 지혜나 능력인 슈퍼성을 이끌어 내고자 하는 것이 슈퍼리더십이다.

법가(法家)의 대표적 철학자 한비자(韓非子)는 "3류의 리더란 자기의 능력만으로 리드하고자 하고, 2류의 리더는 부하들의 힘을 이용하여 리드하고자 하며, 1류의 리더는 부하들의 지력을 이용하여 리드하는 리더"라고 하였다. 이는 결국 리더는 부하 구성원들로 하여금 그들의 지력을 최대한 발휘하도록 하는 것임을 한비자는 일깨워 주고 있다. 이런 의미에서 임파워먼트를 수단으로 하는 슈퍼 리더십은 매우 의미가 크다 할 것이다.

제 2 절 슈퍼리더십과 임파워링 리더십

1. 슈퍼리더와 셀프 리더십

셀프리더십(self leadership)은 "부하 스스로 자신들을 리드하기 위해 무엇을 할 것인가"이다. 어떤 면에서 셀프리더십은 하나의 개선된 팔로어십(followership)이 그 같은 책임과 임파워먼트에서 오는 도전에 대응하기 위해 구체적으로 책임 있게 무엇을 할 수 있는 것인가? 이에 대한 일련의 전략을 제시하는 것이 셀프리더십이다.

슈퍼리더는 부하로 하여금 자신의 뛰어난 지혜나 능력인 슈퍼성을 이끌어내도록 하는 즉 셀프리더십을 구비하도록 도와서 궁극적으로는 리더가 없어도 되는 셀프리더를 만드는 리더이다.

이를 위해 슈퍼리더의 행동은 첫째, 셀프리더십의 모범이 되어야 하므로 셀프리더십을 완수함으로써 부하들이 발휘되기를 바라는 책임감, 창의력, 자발성, 지속적인 개선 등 전체적인 능률을 고양한다. 둘째, 부하들의 셀프리더십 전환을 촉진하기 위해 그들에게 실무를 허용하며 적성에 맞는 분야에 대한 훈련과 학습의 기회를 제공 한다. 셋째, 조직의 경쟁력과 효율성을 높이기 위한 주요 수단인 팀워크를 조성하고 셀프리더십을 발휘하는 분위기에 적합하도록 조직문화를 만드는 것 등이다.

2. 임파워링 리더십

임파워링 리더십(empowering leadership)은 첫째, 리더와 부하가 비전과 정보를 공유하고, 둘째, 부하에게 권한을 위임하여 부하의 의욕을 고취하며, 또한 셋째, 부하의 자율성을 중시하고 창의력을 발휘할 수 있도록 여건을 보장함으로써 업무의 성과를 극대화하는 리더십을 말한다.

또한 임파워링 리더십은 자신을 스스로 이끌어나가는 셀프리더십과 자신의 부하를 셀프리더로 만드는 슈퍼리더십을 통합시킨 개념으로 볼 수 있는데, 박원우의 견해에 의하면 실제적으로 슈퍼리더가 되기 위해서는 먼저 자신이 셀프리더가 되어야 하기 때문에 임파워링 리더십은 내용적으로 곧 슈퍼리더십과 동일하다고 볼 수 있다.

제 3 절 셀프 리더십의 개발

슈퍼 리더에 이르는 셀프리더십의 개발 방법을 Mans와 Sims는 다음과 같이 밝히고 있다.

1. 모범보이기를 통한 셀프리더십 개발

모범보이기(modelling)는 다른 사람의 행동을 관찰함으로써 행동이 학습되는 하나의 과정이다. 전형적으로 모범보이기를 통한 학습은 비체계적이고 우연하게 이루어진다. 그것은 의식적인 방향이나 노력이 없이 일어나기 때문이다. 그럼에도 불구하고 그 파급효과와 영향력 때문에 리더가 그 모범보이기 과정을 이해하고 그것을 신중하게 활용하는 것은 매우 유용할 것이다.

모범보이기의 기본적 특성은 셀프리더십의 실제적인 체험 보다 자기보다 상위직의 셀프리더십을 관찰함으로써 일어난다는데 있다. 시간의 경과와 함께 부하들은 그들의 눈으로 실제로 본 리더의 행동을 올바른 리더십 그리고 성공적인 리더십과 연관시킨다. 그래서 셀프리더십의 학습에서 일차적인 에너지는 리더가 실제로 보이고 있는 셀프리더십이다.

부하들의 셀프리더십개발 과정에서 '모범보이기'는 여러 가지 방법으로 매일매일 활용될 수 있다. 첫째, 새로운 행동, 특히 부하의 셀프리더십행동을 확립하는데 사용된다. 둘째, 부하들의 이미 배운 긍정적 행동을 계속할 수 있는 가능성을 높이기 위해 사용된다. 바람직한 행동의 지속가능성은 부하들이 '그 모델이 바람직한 행동 때문에 보상을 받고 있는 것을 보게 될 때' 촉진된다. 그러나 '모범보이기'가 잘못 이해되고 잘못 관리되면 오히려 부적인 결과를 초래하기도 한다.

2. 목표설정을 통한 셀프리더십의 개발

목표설정은 슈퍼리더십에서 결정적으로 중요한 부분이다. 연구결과에 의하면 구체적인 목표설정은 일반적으로 목표가 없거나 애매한 목표를 설정한 것보다 더 높은 업적을 낳는다는 것이다. 중간정도로 어려운 목표는 일반적으로 쉬운 목표나 불가능한 목표보다는 더 높은 업적으로 이어진다는 것이다. 그리고 목표설정과정에 참가하게 되면 그것이 목표달성을 위한 자발적인 노력을 증대시킨다.

슈퍼리더에게 주요한 도전은 부하들이 실제적으로 그들 자신의 목표를 설정할 수 있는 역량을 개발하는 것이다. 그들 자신의 목표에는 자기 자신의 셀프리더십개발을 위한 목표도 포함된다. 할당된 목표에서 자신이 설정한 목표로의 전환기간은 매우 어려운 기간이지만, 이 중요한 기간 동안에 부하들은 실수를 저지를 수 있는 행동이 허용될 필요가 있다. 아마도 가장 중요한 것은 슈퍼리더가 자신 스스로 목표를 설정하여 모범을 보임으로써 부하들 자신의 목표설정을 고무하고 촉진하느냐의 여부이다.

부하들에게 목표설정의 방법을 가르치는 데는 우리가 일찍이 설정해 높은 일반적인 틀을 따르는 것이 좋다. 첫째, 부하들에게 흉내 낼 수 있는 모델이 제공된다. 둘째, 지도를 받으면서 목표설정과정에 참가하도록 한다. 셋째, 목표로 한 셀프리더십기술을 몸에 배도록 한다. 이 단계에서는 실제로 그들 자신이 목표를 설정하도록 한다.

3. 보상을 통한 셀프리더십의 개발

조직에서 주는 보상에 관한 전통적인 시각은 바로 그 과업과 관련된 목표행동에 초점을 맞추는 경향이 있다. 즉, 업적에 따라 보상한다. 이에 대한 좋은 예는 인센티브급여시스템(incentive pay system)이다. 그러나 보상에 대하여는 슈퍼리더의 시각에서 보다 더 정교한 시각을 지닐 필요가 있다.

슈퍼리더의 목적이 부하들로 하여금 셀프리더십을 발휘하도록 지도하는 것이라면 슈퍼리더십의 필수적인 요소는 부하들이 자신들에게 스스로 보상하는 방법을 가르치고 또 그의 직무 속에 내적보상을 주입해 넣도록 가르치는 것이다. 이 같은 철학은 부하들에게 영향을 미치기 위해 외적보상에 의존하고 있는 사람들의 머릿속에는 없는 아이디어이다.

그래서 슈퍼리더의 보상시스템의 특성은 보다 전통적인 보상시스템의 그것과는 사뭇 차이가 있다. 슈퍼리더는 '자신이 자신에게 주는 보상'과 '내적보상'을 강조하고, 상대적으로 외부에서 주는 보상을 덜 강조한다.

또한 부하들이 셀프리더십 행동 때문에 보상을 받고 있는 사람을 관찰하는데서 배우고 동기 유발된다는 사실이다. 실제로 리더들은 자주 인용되는 '대중 앞에서의 칭찬'하는 방법을 기억함으로써 이 원리를 활용할 수 있게 될 것이다. 대중 앞에서 칭찬(public praise)은 부하들이 셀프리더십행동을 주도하도록 하기 위한 강력한 동기 유발력이 될 수 있다.

4. 긍정적 사고패턴을 통한 셀프리더십의 개발

건설적이고 긍정적 사고패턴도 셀프리더십의 필수적인 요소이다. 때때로 특히 고용의 초기단계에서 종업원들은 자연스럽게 자신들에 대하여 건설적으로 생각하지 않는 경향이 있다. 그들은 의심과 불안과 자신에 대한 일반적인 신뢰가 결여되어 있다. 이 단계에서 슈퍼리더십행동은 매우 결정적으로 중요하다. 이 때 리더의 긍정적인 평가는 부하 자신의 건설적인 사고패턴을 위한 방편이 될 수 있다.

슈퍼리더는 부하의 능력에 대한 신뢰를 신중하게 나타내 보임으로써 생산적인 사고패턴을 만들어 낸다. 그것이 부하의 현재수준의 능력을 확대시키는 역할을 할 수 있기 때문이다. 여기에는 지원과 고무가 필요하다. 여러 가지 면에서 이같이 신뢰를 나타내 보이는 것은 각각의 부하에게 자신을 스스로 리드하도록 가르치는 '리더의 지도를 받는 참가단계'의 필수적인 사항이다.

종업원들이 일단 자신에 대한 긍정적 사고패턴을 확립하고 나면 이 사고패턴은 매일매일의 작업경험으로 연장된다. 여기서 가장 주목해야 할 것은 기회적 사고(opportunity thinking)가 확립되는 것이 중요하다는 것이다. 우리가 어려움을 기회로 바꿔보겠다는 신념을 가지고 도전에 대처할 때 전혀 새로운 획기적 약진을 위한 준비단계가 마련된다. '기회적 사고'는 창의성과 개혁의 핵심이 될 수 있기 때문이다.

끝으로 슈퍼리더의 효과성은 그들의 부하들의 효과성에 의해 가장 잘 평가될 수 있다. 각 개인 종업원들에게 셀프리더십을 촉진, 고무, 지원하는 것은 슈퍼리더십의 모든 것이다. 부하들을 유능한 셀프리더가 되도록 도우는 리더는 많은 사람들의 힘을 결집시키는 슈퍼리더가 된다.

제 4 절 슈퍼리더십과 변혁적 리더십의 비교

슈퍼리더십은 부하의 뛰어난 지혜와 재능을 끌어내어 부하 자신이 리더가 되도록 하는 리더십이고 변혁적 리더십은 부하의 도덕수준을 향상/변혁시키는 리더십이므로 부하를 변혁시킨다는 관점에서 보면 이 두 리더십 간에는 유사하다 할 수 있으나 다음과 같이 비교되는 차이점을 발견할 수 있다.

첫째, 리더십의 주체면에서 변혁적 리더십은 리더십의 주체가 리더이므로 리더가 영웅이 되는 리더십인 반면 슈퍼리더십은 리더십의 주체가 부하이므로 영웅을 만드는 리더십이라 할 것이다. 영웅적인 리더십을 초월하여 이제는 영웅을 만드는 리더십에 초점을 맞춰야 할 때이다.

둘째, 누가 각광을 받을 것인가! 변혁적 리더십의 경우는 권력과 비전이 리더의 손에 있어 리더가 각광을 받고 부하들은 빈 그릇이 되어 버린다. 반면에 슈퍼리더십은 자율권이 부여되어 있어 권력과 비전이 부하들에게 있고 각광 또한 부하가 받는다.

셋째, 리더십의 목적면에서 변혁적 리더십은 과거 세대의 독재적 리더십을 매끄럽게 만들어 놓은 신판 독재형 리더십으로 판명되고 있다. 신판 독재형 리더십이란 부하들의 의지를 자신의 의지에 굴복시키되 공포나 위협의 수단에 의해서가 아니라 리더의 위대성이나 우월성에 대한 인위적인 이해를 이용하여 부하들의 의지를 자신의 의지에 굴복시키는 리더십이다. 진정한 슈퍼리더십은 위대한 카리스마와 비전을 가지고 다른 사람들의 존경을 끌어내려는 것이 아니다. 슈퍼리더십 접근법은 다른 모든 것을 희생하고라도 단지 리더에 대한 관심을 증대시키려는 것이 아니라 소위 부하들을 '자신들의 잠재력과 그 효과성에 의해 고무된 역동적인 셀프리더들'로 만드는 것이 목적이다.

넷째, 요구되는 리더십 상황면에서 카리스마적 리더나 비전형 리더는 조직의 위기상황이나 주요한 조직변화의 상황에서 단기적 또는 중기적으로 매우 중요한 리더십 유형이다. 특히 혼란상태, 즉 조직문화가 방향을 상실하고 유능감을 잃었을 때 더욱 중요하다. 그러나 긴 안목으로 보면 비전형 리더십이나 카리스마적 리더십을 지나치게 강조하는 것은 그 시스템을 실제로 약화시킬 수 있는 의존성을 조장하게 만든다. 카리스마에 기초한 비전형 리더십은 그 리더가 없는 경우에는 기능을 발휘할 수 없는 시스템을 만들어 낼 수 있고 또 리더가 가버리면 사상누각처럼 쉽게 붕괴될 수 있는 시스템을 만들어 낸다.

슈퍼리더십은 구성원들이 자신을 스스로 통제하고 행동하는 셀프리더십 능력을 갖추게 되며 궁극적으로는 관리를 하지 않아도 되는 상황으로 발전될 수 있다. 이 같은 새로운 유형의 리더인 슈퍼리더가 누구인지 알아보려면, 리더를 보지 말고 단지 그 리더의 부하들을 보면 된다. 슈퍼리더는 역동적인 셀프리더인 '슈퍼 팔로어들(super followers)'을 가지고 있다. 슈퍼리더는 영웅이 아니라 영웅을 만드는 사람이다.

제 8 장 팔로어십적 리더십

이 장에서는 진정한 리더십을 이해하고 리더가 되기 위해서는 역지사지(易地思之)란 말이 일깨워 주듯이 리더십의 대상인 팔로어 입장에서 팔로어십을 논의해 보는 것이 의미가 있을 것이다. 즉 리더는 팔로어십을 통해 거울의 뒷면을 보는 방법을 배운다는 뜻이다.

Kelley는 오늘날의 사회가 필요 이상으로 리더를 숭배하는 잘못된 문화에 젖어 있다고 비판하면서 리더십과 독립적으로 팔로어십(followership)을 연구할 필요가 있음을 강조한다. 리더와 팔로어(follower)는 별도의 역할을 가지고 있으며 양쪽 다 최고의 기량을 발휘하도록 해야 한다는 것이 그의 논지이다. 리더십은 부하로 하여금 이러한 팔로어십을 구비토록 하는 과정으로서, 리더중심 리더십 이론에 의하면 부하의 성숙도를 제고하는 활동일 것이며, 팔로어중심 리더십 이론의 변혁적 리더십과 슈퍼리더십에 의하면 부하를 더욱더 자율적, 자기 지시적, 자아 실현적이고, 이타적이 되도록 하는 변혁과 궁극적으로는 셀프리더가 되도록 하는 것이다. 셀프리더십을 효과적인 팔로어십의 본질로도 표현하는 이유가 여기에 있다.

제 1 절 팔로어십의 개념

1. 팔로어/팔로어십의 정의

팔로(follow)라는 말은 '돕다, 후원하다, 공헌하다'라는 뜻의 독일 고어인 follaziohan에서 나온 말이다. 팔로어(follower)는 '팔로하는 사람'으로서 추종자, 부하, 구성원 또는 종업원 등으로 표현하고 있다. 팔로어십(followership)이란 리더십이 일반적으로 '구성원들에게 영향력을 미쳐 나가는 과정'인 것과 같이, 팔로어십은 '팔로어(follower)로서의 도리를 다하는 것'으로써 국가 조직의 경우 '건전한 민주 시민의 길'일 것이고, 기업 조직일 경우 '건전한 조직구성원의 길이'라 할 수 있을 것이다.

가. 팔로어 정의

먼저 팔로어의 정의에 대하여 Kelley는 전통적 팔로어와 현대적 팔로어로 구분하고 있다. 전통적 팔로어란 '남의 도움을 필요로 하는 리더를 돕는 존재'로서 리더와 팔로어를 평등한 공생관계로 보는 관점이나, 주체는 리더임을 분명히 하고 있다. 현대적 팔로어는 '자신들을 리드하는데 숙련된 리더들인 셀프 리더'로 정의함으로써 이는 곧 주체가 팔로어임을 알 수 있고, 리더십 이론의 셀프리더십과 일치하고 있다.

한편 팔로어에 관한 부정적 관점 즉 다윈주의적 관점은 소수의 리더만 중요할 뿐 나머지 90~99%의 팔로어는 열등하여 무가치하다는 정의도 있다. 이는 21세기 오늘날에서는 언급할 가치가 없으나 이러한 팔로어에 관한 부정적 관점이 팔로어십에 대한 연구가 경시되어온 한 원인이 되었음에는 틀림이 없다.

나. 팔로어십 정의

Wortman은 팔로어십을 '주어진 상황에서 목표달성을 위해 리더가 의도하는 바에 따라 팔로어가 개인적 또는 집단적 노력에 참여함으로써 개인적 목표를 획득하는 과정'이라고 정의하고 있다. 이 견해에서 '리더의 의도에 따른다'는 것은 리더의 리더십을 수용하는 것으로서, 팔로어십을 리더십의 하위개념으로 보는 접근법이다. 그러나 팔로어십의 중요성은 리더십을 수용하는 정도나 리더십 수용의 질적인 수준은 전적으로 부하 자신에게 달려 있다는 점이다. 이같은 견해에서 볼 때 리더십이 조직목표의 달성을 위해 리더가 팔로어들에게 발휘하는 영향력이라고 한다면, 팔로어십은 팔로어가 리더의 영향력을 수용하는 과정으로서 그 수용의 정도는 리더십 효과에 중요한 영향을 미치는 요소가 될 수 있다고 할 것이다.

또 Kelley는 팔로어십을 '조직의 목표를 달성하는데 기여하는 팔로어들의 효과적인 자질이나 역할'이라고 정의하고 있다. 즉 바람직한 팔로어에 대하여 "조직 내에서 나무와 숲을 동시에 볼 수 있는 통찰력과 다른 사람과 함께 일할 수 있는 사회적인 역량을 지니고, 리더가 없는 상황에서도 스스로 일할 수 있고, 다른 사람을 배려하고 조직목표를 추구함에 있어 도덕적이고 심리적인 균형을 유지할 뿐 아니라 더 높은 가치창출을 위하여 기꺼이 노력할 의도를 가진 자"라고 표현하고 있다. 그 후 Kelley는 팔로어의 정의에 대하여 전통적 팔로어와 현대적 팔로어로 구분하기도 하였다. 전자인 전통적 팔로어란 '남의 도움을 필요로 하는 리더를 돕는 존재'로서 리더와 팔로어를 대등한 공생관계로 보는 관점이며 그 주체는 리더임이 분명하다. 후자인 현대적 팔로어는 '자신들을 리드하는데 숙련된 리더로서의 셀프 리더'로 정의함으로써 이는 곧 그 주체가 팔로어임을 알 수 있고, 리더십 이론에서의 셀프리더십과 일치하고 있다.

따라서 팔로어십이란 일반적으로, "팔로어가 조직목표의 달성을 위하여 개인이나 집단의 노력에 참여하고 기여하는데 따른 행동적 과정"이라 할 수 있다.

2. 팔로어십의 중요성

리더가 리더십을 아무리 잘 구사한다 하더라도 부하가 따르지 않으면 그만이다. Kelley의 말대로 '팔로어십은 자발적 선택이지 계약적 선택이 아니기' 때문이다. 팔로어십이 중요한 이유는 바로 여기에 있는 것이다.

Gardner는 '팀의 리더는 혼자서 모든 일을 리드할 수 없으며 전체 구성원과 리더십 과업을 공유해야한다'고 하였다. 또한 Yukl은 "팔로어들이 정확한 정보를 제공하고, 잘못된 결정에 도전하고, 부적절한 영향력에 저항하고, 지원과 자극을 주고, 코칭과 충고를 제공함으로써 리더십을 향상시키는 중요한 역할을 수행할 수 있다"고 하였다. 이와 같이 조직에서 팔로어들의 중요성을 구체적으로 살펴보면 다음과 같다.

첫째, 급변하는 환경변화로 팔로어 중심의 참여적 조직구조가 늘어나고 있다. Wal-Mart에서는 팔로어를 부하에서 사원으로 부르다가, 이를 다시 동료로 바꾸어 부르고 있다. '호칭 파괴'도 이러한 경향을 반영해 주고 있다. 이에 따라 조직구조도 변화해 가고 있다.

둘째, 학력이나 근무연수보다는 능력중심적인 경영이 이루어지고 있다. 젊고 능력 있는 지식수준이 높은 신세대들이 늘고 있다. 따라서 능력중심의 신인사관리가 자리를 잡아가고 있는 것이다.

셋째, 팔로어의 능력이 향상되어 리더를 능가한 팔로어의 수가 늘어나고 있다. 과거의 발명품은 '전구'하면 에디슨, '전화'하면 벨이라고 할 수 있을 정도로 1인에 의해 만들어졌으나 오늘날 '우주선'이나 '오락게임' 등과 같은 것들은 능력 있는 다수의 사람들에 의해 만들어 지고 있다. 그 만큼 전문화를 통한 고도의 기술이 필요하기 때문이다.

넷째, 정보통신기술의 향상으로 리더만이 가졌던 제한된 정보를 팔로어들도 쉽게 공유하고 있으며, 이를 바탕으로 현장에서 팔로어들의 독자적인 의사결정과 능동적인 행동을 할 수 있게 되었다.

다섯째, 기업 이미지의 결정자들이다. 대부분 고객들이 가장 먼저 만나게 되는 대상은 리더가 아니라 팔로어인 것이다. 그러므로 첫인상이 기업의 이미지를 좌우하게 되기 때문이다.

여섯째, 조직 내에서 리더의 수보다 팔로어의 수가 더 많으며, 팔로어가 항상 팔로어인 것은 아니다. 오늘의 팔로어는 내일의 리더가 될 수 있는 잠재적인 리더이다.

김유성은 "우리 사회에서 진정으로 필요한 인재는 축구의 미드필드처럼 때로는 어시스트, 때로는 공격을 할 수 있는 덕목을 갖춘 사람이다. 구성원 모두가 스타가 되고 튀려고만 하면 조직은 와해된다." 조직에서 다양한 역할을 소화하면서 때로는 남을 위해 희생할 줄 아는 전인적(全人的) 인성, 즉 팔로어십 구비의 필요성을 주장하였다. 이렇듯 최근의 팔로어 중심의 리더십에서 나아가 리더와 부하(팔로어)가 대등한 위치까지를 주장하는 팔로어십 이론에 주목할 필요가 있다.

3. 팔로어십의 유형

가. 팔로어십유형의 개념

팔로어십 유형(followership style)이란 팔로어의 행동패턴 또는 행동성향을 의미한다. 팔로어십이란 "팔로어가 조직목표의 달성을 위하여 개인이나 집단의 노력에 참여하고 기여하는데 따른 행동적 과정"이라고 정의하였는데, 팔로어십 유형은 팔로어의 이러한 행동적 과정에서 반응하는 팔로어의 행동패턴을 구분 짓는 것이라고 할 수 있다.

팔로어십 유형의 결정 요인은 '부하의 능력'과 '부하의 의욕'이라는 2가지를 들 수 있다. '부하의 능력'은 직무의 성숙도를 의미하므로 '직무전문성'이라고 할 수 있다. 여기에는 직무경험, 직무지식, 직무기술, 리더의 요구에 대한 이해 등의 요소가 포함된다.

'부하의 의욕'은 심리적 성숙도를 의미하므로 '조직몰입(organizational commitment)'이라고 할 수 있다. 몰입이란 일 자체가 즐거워 '신바람 나게'하는 헌신, 열심, 몰두라는 의미를 포함하는 것으로, 여기에는 조직에 대한 충성심(loyalty), 조직의 목표달성을 위한 자발적인 노력(willingness), 조직이 추구하는 목표나 가치에 대한 신뢰와 수용(identification), 조직에 남아있으려는 강한 욕구

(attachment) 등의 요소가 포함된다. 이는 〈표 8-1〉과 같다.

〈표 8–1〉 팔로어십유형의 결정요인

유형의 결정요인	포함 요소
부하의 능력 (직무 성숙도)	①직무경험, ②직무지식, ③직무기술, ④요구의 이해
부하의 의욕 (심리적 성숙도)	①충성심, ②자발성, ③신뢰심, ④조직 잔류 욕구

나. 팔로어십유형의 종류

팔로어십의 유형은 〈그림 8-1〉과 같이 4분면의 Ⅰ유형, Ⅱ유형, Ⅲ유형, 그리고 Ⅳ유형 즉 '성취형' '참여형' '비판형' '의존형'으로 구분한다.

〈그림 8–1〉 팔로어십유형

Ⅰ유형은 '부하의 능력 높다, 부하의 의욕 높다'로서 직무에 대한 전문성도 있으면서 자발적으로 몰입하는 부하이므로 '**성취형**'이다. 성취형(achieving)은 직무관련 경험을 포함하여 직무를 수행하는 방법, 과정, 절차 및 기법에 관한 지식과 그 활동에 관련된 도구나 장비의 조작 능력인 기술을 충분히 구비하고 리더의 직무요구를 잘 이해한다. 뿐만 아니라 일 자체가 즐거워 신바람 나게 조

직의 목표달성을 위해 자발적인 노력을 기울인다. 조직이 추구하는 목표나 가치에 대해서도 신뢰하고 수용하며 조직에 남아있으려는 욕구가 강한 팔로어이다. 리더 입장에서 보면 매우 든든한 협조자이며 모범적이라고 할 수 있다.

Ⅱ유형인 '부하의 능력 낮다, 부하의 의욕 높다'는 유형은 직무에 대한 전문성은 다소 부족하지만 열심히 하고자 하는 의지가 높은 부하이므로 '**참여형**'이다. 참여형(participating)은 경험과 지식, 기술 등 직무관련 전문성은 다소 부족하나, 조직의 목표달성을 위한 자발적인 노력과 조직이 추구하는 목표나 가치를 신뢰하고 수용하며 조직에 남아있으려는 욕구가 강한 팔로어이다. 리더 입장에서 보면 하려고 하는 의욕과 적극성으로 발전성이 있는 바람직한 팔로어에 해당된다.

Ⅲ유형인 '부하의 능력 높다, 부하의 의욕 낮다'는 유형은 직무에 대한 전문성은 있으나 조직이 추구하는 목표나 가치에 대한 신뢰와 수용을 못하고 스스로 노력도 하지 않는 부하이므로 '**비판형**'이다. 비판형(critiquing)은 경험과 지식, 기술 등 직무관련 전문성은 다소 구비하고 있으나, 조직의 목표나 가치에 신뢰가 부족하여 조직의 목표달성을 위한 자발적인 노력과 의욕이 부족한 팔로어이다. 리더 입장에서 보면 어디로 튈지 모르는 럭비공과 같은 위험한 팔로어로서 업무에 대한 인정과 유인이 필요하다.

Ⅳ유형인 '부하의 능력 낮다, 부하의 의욕 낮다'는 유형은 직무에 대한 전문성도 부족하고 하고자하는 의지도 부족한 부하이므로 '**의존형**'이다. 의존형(depending)은 경험과 지식, 기술 등 직무관련 전문성 미숙으로 자신감이 부족할 뿐 아니라, 하고자 하는 의욕도 부족하여 매사에 소극성을 띠는 팔로어이다. 리더 입장에서 보면 갓 태어난 아이를 보듯 불안한 팔로어로서 우선 직무 숙달을 통해 자신감을 견지케 하는 것이 필요하다.

나. 팔로어십유형의 측정

팔로어십 측정 기준은 〈그림 8-2〉에서 같이 가로축인 '부하의 능력'을 10점에서 70점까지, 세로축인 '부하의 의욕'을 10점에서 70점까지로 하여 각각 10점을 간격으로 6등분이 되어 있다.

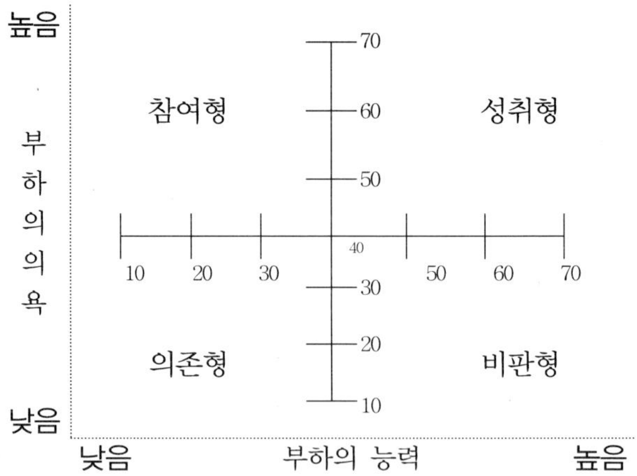

〈그림 8-2〉 팔로어십유형의 측정기준

이에 따라 획득한 점수가 능력 40점 이상, 의욕 40점 이상이면 성취형이고, 능력 40점 미만, 의욕 40점 이상이면 참여형이며, 능력 40점 이상, 의욕 40점 미만은 비판형이고, 능력 40점 미만, 의욕 40점 미만은 의존형으로 분류할 수 있다.

제 2 절 효과적인 팔로어십

팔로어십은 전술한 바와 같이 조직의 유효성에 영향을 미치는 결정적 요인이라 할 수 있다. 그러므로 효과적인 팔로어십의 특성을 밝힐 수 있다면 팔로어십을 개발하는데 중요한 자료가 될 수 있을 것이다. 따라서 효과적인 팔로어들의 특성과 행동전략을 검토해 보고자 한다.

1. 효과적인 팔로어십 특성

Kelley는 모범적인 성취형 팔로어십을 효과적인 팔로어십이라 주장하고 효과적인 팔로어십(effective followership)의 특성으로 자기관리, 조직과 동료에 대한 헌신, 자기개발, 용기를 들고 있다.

첫째, 자기관리란 자신을 자율적으로 관리하는 것을 말한다. 따라서 독자적으로 사고할 능력을 가지고 있으며, 직제상 책임을 제외하고는 상사와 자신이 동등하다고 본다. 이견도 노골적으로 제시하며 지위나 편제에 구애되지 않는 경향이 있다. 이러한 자율적 팔로어는 감독의 필요성을 상당히 감소시켜 주기 때문에 비용상 이익을 준다.

둘째, 효과적인 팔로어는 조직과 동료에 대한 헌신을 한다. 그들은 자신의 상사를 단지 보람 있는 일을 위해 함께 모험하고 있는 사람으로 여기고 있으며, 만약에 상사가 자신에게 충성심을 요구하거나 자신과 다른 동기에서 움직인다고 하면 직장을 바꾸거나 상사의 교체를 시도함으로써 리더에 대한 지지를 철회할 수 있다.

셋째, 자기개발로써 그들은 자격을 키워나가며, 최대한의 효과를 위해 노력을 집중시킨다. 아무리 헌신적이라도 자격이 부족하면 무능할 수밖에 없다. 지속적인 교육으로 자신의 능력을 개발하고, 작업 요구량 보다 높은 실적을 올린다. 효과적인 팔로어들은 과외의 일도 기꺼이 받아들일 뿐만 아니라 자신의 과업을 책임성 있게 수행한다. 또한 자신이 없는 분야의 일이 주어지면 이의를 제기하고, 다른 동료가 더 잘 해낼 수 있는 일을 자신이 맡아 졸렬한 실적이 되어서는 안 된다는 점을 잘 유념하고 있다. 효과적인 팔로어는 동료를 경쟁자가 아니라 협조자로 여긴다. 동시에 간과된 문제를 찾아낸다.

마지막으로, 효과적인 팔로어는 용감하고 정직하며 믿음직스럽다. 그들은 지식과 판단력을 구비한 독립적이고 비판적인 사고를 한다. 잘못된 것은 시인하고 성공은 함께 나누며 잘한 일은 인정해 준다. 또한 자신의 견해와 윤리적 기준을 정하고 소신 있게 주장한다. 통찰력이 있고 허심탄회하며 두려움이 없으므로 상사와 동료들이 솔직한 입장을 지키도록 이끌어 준다. 비윤리적인 상사에게는 매우 골치 아픈 존재이다. 그에게는 모범적인 팔로어가 아니기 때문이다.

Kouzes와 Posner는 팔로어들을 대상으로 팔로어와 리더들의 덕목을 조사한 바 있다. 〈표 8-2〉에 그 결과의 일부를 제시하였다. 팔로어와 리더에게 공통되는 덕목으로서 정직과 능력을 꼽고 있으며 팔로어에게 필요한 덕목으로는 협동심과 믿음직스러움을, 리더에게 고유한 덕목으로는 미래지향적 사고와 동기부여 능력을 내세우고 있다.

〈표 8-2〉 팔로어와 리더의 덕목

순위	팔로어의 덕목	리더의 덕목
1위	정직	정직
2위	협동심	미래지향적 사고
3위	믿음직스러움	동기부여 역량
4위	능력	능력

2. 효과적인 팔로어십 전략

일반적으로 팔로어들은 그들의 리더들에 대하여 비판적이고 소극적인 점을 발견할 수가 있으며, 때로는 배반하기도 한다. 반면에 효과적인 팔로어들은 리더와 동등한 자신들을 지각한다. Daft는 리더와 균형 있는 관계를 발전시키기 위한 팔로어의 전략으로써 〈표 8-3〉에서와 같이 네 가지를 제시하고 있다.

〈표 8-3〉 Daft의 효과적인 팔로어십 전략

리더를 위한 자원이 되어야 한다	좋은 리더가 되게 도와야 한다
· 리더의 욕구가 무엇인가? · 리더의 방향으로 전환하라 · 리더에게 당신을 이야기하라 · 자신을 팀의 목표와 일치시켜라	· 지도를 요청하라 · 당신의 생각을 리더에게 말하라 · 리더에게 감사할 것을 찾아라
리더와 좋은 관계를 유지해야 한다	**리더를 현실적으로 바라봐야 한다**
· 당신의 수준에서 리더에게 질문하라 · 피드백과 비판을 환영하라 · 회사의 역사를 알고자하라	· 리더에 대한 이상적 이미지를 버려라 · 모든 것을 숨기지 마라 · 다른 사람들에게 리더를 비판하지 마라 · 무조건 동의하지 마라

첫째, **리더를 위한 자원이 되어야 한다.** 리더가 필요로 하는 것이 무엇인지를 간파하여 그것을 해결해 줄 수 있어야 한다. 자신이 팀의 비전이나 목표를 달성하는 데 긴요하게 쓰일 수 있도록 해야 한다. 이를 위해 리더에게 자신에 대해서 자주 이야기하며 무엇을 해낼 수 있는지를 알릴 필요가 있다.

둘째, **좋은 리더가 되게 도와야 한다.** 리더가 잘하는 것에 대해서 찬사를 보내고 감사하는 자세를 보일 필요가 있다. 또한 리더에게 훌륭한 리더가 되기 위해서는 무엇을 해야 하는가를 효과적으로 알릴 필요가 있다. 그러기 위해서는 팔로어로서 리더에게 먼저 조언을 구하는 자세를 보여주는 것이 바람직하다. 감사하고 칭찬하며 조언을 구하는 자세를 먼저 보이면 리더가 어떻게 바뀌어야 하는지를 이야기하기도 쉬워진다.

셋째, **리더와 좋은 관계를 유지해야 한다.** 중요한 것은 신뢰이다. 신뢰를 바탕으로 한 균형 있는 관계가 성립되면 리더와의 교류가 보다 의미 있어지고 조직목표의 달성에도 그만큼 도움이 된다. 권위와 복종의 관계가 아닌 상호 존중의 관계 속에서 진정한 성과가 산출될 수 있다. 리더로부터 그의 성공담이나 팔로어에 대한 피드백과 건설적 비판을 구하는 행동 등은 좋은 관계 발전에 도움이 된다.

마지막으로, **리더를 현실적으로 바라봐야 한다.** 리더를 완벽한 이상형으로 바라봐서는 균형 있는 관계정립이 어려워진다. 그러기위해서 팔로어들은 자신이 리더를 올바로 읽고 있는지 수시로 점검해볼 필요가 있다. 또한 팔로어들도 자신의 솔직한 모습을 리더에게 알려야 한다. 팔로한다는 것이 곧 자신의 약점과 실수를 숨기는 것은 아니다.

제 3 절 팔로어십적 리더십

1. 리더십과 팔로어십의 관계

목표달성을 위해 리더가 부하에게 영향력을 행사하는 것이 리더십이라면, 팔로어십은 리더가 발휘하는 영향력을 수용하는 과정이라 할 수 있다. 이처럼 리더십과 팔로어십은 왼쪽이라는 것이 오른쪽이라는 전제 하에 의미를 지닐 수 있는 것과 같이 상호 밀접하게 관련된 개념으로서, Heller와 Van Til은 리더십에 대한 이해는 필연적으로 팔로어십에 대한 이해를 수반하게 된다고 하였다.

리더십과 팔로어십의 관계설정은 리더의 관점으로 보는가 아니면 팔로어의 관점으로 보는가에 따라 다르다. 어떠한 관점이든 간에 리더십과 팔로어십은 서로에게 반면교사(反面教師)가 된다.

가. 리더관점에서의 리더십과 팔로어십 관계

'리더십은 리더가 팔로어에게 영향력을 미쳐나가는 과정'이라는 리더십의 일반적 정의에서와 같이 리더는 주체이고 팔로어는 객체로서 리더와 팔로어간의 관계를 일방적이고 수직적 관계로 설정하고 있다.

최근에 이르러 리더십을 '각 구성원들이 다른 구성원들에게 영향을 미치고 또한 그들을 동기화시키는 교호적, 교환적 및 변혁적 과정'으로 정의하면서 일방적 영향이 아닌 쌍방적 영향을 통해 리더와 부하 간에 끊임없는 조정과 조율의 중요성을 강조하고 있다. 전통적 입장의 리더십이 리더 중심이었다면 최근 현대적 입장의 리더십은 부하 중심의 리더십인 것이다.

Burns 또한 '리더십의 진정한 의미는 리더 자신이 팔로어의 동기와 가치를 이해하고 이를 실현시키는 데 있다'고 하였다. 즉 리더십은 팔로어의 욕구나 목적과 분리되어 생각할 수 없는 것이고, 리더-팔로어의 본질적인 측면은 공동의 혹은 최소한의 공유된 목적을 추구함에 있어서 서로 다른 동기수준 혹은 잠재적

파워를 가진 사람들의 상호작용인 것이다.

이러한 상호작용을 잘 반영하고 있는 리더십이 변혁적 리더십과 슈퍼 리더십이다. 변혁적 리더십은 리더와 부하가 점점 더 높은 수준의 도덕성과 동기 수준으로 서로를 이끌어 가는 리더십이며, 종전의 리더에 대한 의존관계가 약화되고 부하들의 독립성 즉 자율적 관리가 요구되는 오늘날의 조직 환경의 변화로 생겨난 슈퍼 리더십은 부하에게 팔로어십을 구비토록 하는 과정의 리더십이기 때문이다. 특히 백기복의 견해에 의하면 슈퍼 리더십은 부하들을 셀프리더가 되도록 하는데 초점을 두고 있으므로 팔로어십 이론으로도 볼 수 있다.

이렇듯 최근의 리더십 정의와 변혁적 리더십 및 슈퍼 리더십은 부하 중심의 리더-팔로어 간 상호보완을 중요시하고 있는 것이다. 그러나 이것은 어디까지나 중요시 한다는 것일 뿐 리더의 관점 즉 리더-팔로어 간 수직적 관계의 변화는 아니라는 것이다. 리더 관점에서 볼 때 결코 리더-팔로어 쌍방의 동등한 관계를 설정하고 있는 것은 아니다.

나. 팔로어관점에서의 리더십과 팔로어십 관계

오늘날의 사회가 필요 이상으로 리더를 숭배하는 잘못된 문화에 젖어 있다는 비판에서 제기된 Kelley의 팔로어십 이론은 리더의 역량보다 팔로어의 역량을 강화하여 조직의 성과를 극대화할 필요성을 주장하고 있다. Wortman은 팔로어십을 '주어진 상황에서 목표를 달성하기 위해 리더가 의도하는 바에 따라 팔로어가 개인이나 집단적 노력에 참여함으로써 개인적 목표를 획득하는 과정'이라 하였다. 여기서 '리더가 의도하는 바에 따라' 라는 문구는 팔로어십의 개념에는 리더십을 수용하지만 중요한 것은 팔로어의 참여를 강조함으로써 리더십의 수용정도나 조직유효성은 팔로어에 달려 있다는 의미가 담겨 있다. 리더십과 동등한 관계로서의 팔로어십을 강조하는 것이다.

더욱이 팔로어는 리더와 무관하게 팔로어 스스로 하고 싶어 하는 것일 뿐 즉 리더 없는 상황 까지를 염두에 둔 주장도 있다. 그러나 조직을 대상으로 할 때 리더 없는 팔로어는 현실적으로 성립될 수 없는, 리더십과 팔로어십의 태생적이고 근본적 문제를 인식할 필요가 있다 하겠다.

리더십의 결과는 리더가 얼마나 갈채를 받는가가 아닌 부하들의 성공 정도라고 한다. 많은 조직 심리연구자들(Parker & Price, Wagner & Gooding)도 리더가 지각하는 리더십 못지않게 부하가 지각하는 리더십도 중요함을 주장하였다. 왜냐하면 리더십이 궁극적으로 부하에 의해서 지각되어질 수 있을 때 리더는 부하의 행위에 영향을 줄 수 있기 때문이다. 또한 Kelley는 변혁적 리더십 및 슈퍼 리더십의 주된 내용인 '리더가 부하를 변혁시켜야 하는 대상 또는 부하에게 힘을 줘야 한다' 는 고정관념은 팔로어에게 모독을 주는 것으로써 팔로어의 능력 발휘의 최대 장애라고 주장하였다.

이렇듯 팔로어 관점에서 리더십과 팔로어십의 관계는 리더와 팔로어가 상호 대등한 관계 내지는 수평적 관계를 원하고 있다. 즉 리더십과 팔로어십의 관계는 나무와 나뭇잎의 관계와 같다는 것이다. 팔로어는 리더십의 한 구성요소임이 분명하나 리더십 전체를 구체화한다는 점에서 대등관계로서 상호 보완적인 존재인 것이다. 전체 조직의 정신, 목적, 방향을 구체화하는 것은 바로 이들 팔로어 들이다. 더욱이 조직구성원들은 부하를 가진 리더이자 상사에 대하여는 팔로어란 양면성을 지니고 있다는 점에서도 상호 보완적 관점의 발전이 요구된다 할 것이다.

다. '팔로어십적 리더십'의 이해

리더십은 부하로 하여금 팔로어십을 구비토록 하는 과정으로서 셀프리더십은 효과적인 팔로어십의 본질이라고 한 바 있다. 앞서 모범적인 성취형 팔로어십을 효과적인 팔로어십이라 하였고 그 특성으로 자기관리, 조직과 동료에 대한 헌신, 자기개발, 용기를 들었다. 또한 리더와 균형 있는 관계를 발전시키기 위한 팔로어의 전략으로써 리더를 위한 자원이 되어라, 좋은 리더가 되게 도우라, 리더와 좋은 관계를 유지하라, 리더를 현실적으로 바라보라 등 네 가지를 제시한 바 있다.

팔로어가 주도적이고 창의적이며 자신의 일에 대해 자유재량권을 행사할 수 있는 역량을 갖도록 자신을 만들어 가는 과정을 슈퍼리더십 이론에서 셀프리더십이라 하였다. 따라서 '팔로어십적(for followership)'이란 표현은 곧 셀프리더십과 동의어라고 할 수 있을 것이고 이의 연장선상에서 '팔로어십적 리더십(leadership for followership)'이란 곧 셀프리더십을 구비토록 하는 과정인 슈퍼리더십을 의미한다 하겠다. '팔로어십적 리더십'을 구사하기 위해서는 팔로어들이 왜 '팔로'하는지 그 이유를 이해하는 것이 리더에게 중요한 일이다. 그 동기를 알아야 팔로어를 모으고, 배치하고, 유지할 조직적 환경을 만들 수 있기 때문이다. 팔로어의 동기와 목적을 이해하는 리더라야 보다 쉽게 팔로어와 공감할 수 있고 팔로어를 잃어버릴지도 모르는 위험을 피할 수 있다.

많은 리더는 카리스마나 비전이 있어야 팔로어들이 따른다고 믿고 카리스마를 보이기 위해 또는 비전을 내놓기 위해 엄청난 수고를 하게 된다. 그러나 대부분의 팔로어들은 자신의 매력 있는 팔로어의 길로 갈 뿐이다. 다만 리더를 자신의 길로 가는 목표달성을 촉진시키는 공동 모험자 정도로 생각한다는 사실이다. 그러므로 팔로어들의 팔로하는 동기와 목적을 파악하고 이것을 도우는 리더십이 '팔로어십적 리더십'이라 할 것이다.

2. 팔로의 동기

팔로어들의 팔로하는 동기는 자기표현과 자기개혁 그리고 인간관계와 개인적 목표라고 하는 네 가지를 들 수 있으며 이 네 가지는 상호 절대적이거나 배타적인 것은 아니다. 누구나 평생을 살면서 하나 혹은 그 이상의 길을 걷게 될 것이며, 동시에 여러 길을 걸을 수도 있다.

가. 자기표현

팔로어들이 팔로하는 이유의 하나는 자신을 표현하는 수단이 되기 때문이다. 이 길을 선택한 팔로어는 대개 자신의 재능이나 생활 방식, 개인적 성취에 만족하고 있다. 그들의 동기는 자신의 기능을 조직의 목표를 위해 발휘하고자 하는 욕구이다.

나. 자기개혁

자기표현 이외의 다른 길은 자기개혁의 수단이 되기 때문이다. 자기개혁의 길을 가는 사람들은 현재의 자신에 만족하지 않는 사람이다. 그들은 지금과 다른, 보다 나은 사람이 되기 위해 개인적 성장을 추구한다.

다. 인간관계

팔로어들이 팔로하는 이유의 또 하나는 인간관계를 중시하기 때문이다. 조직생활에서 인맥이 형성되는 경우나 중세의 영주와 기사와의 관계를 예로 들 수 있다. 즉 팔로어 자신의 목표나 꿈을 추구하기보다 사람을 따른다.

라. 개인적 목표

개인의 내면에 중점을 두는 사람도 있다. 팔로어십은 그들에게 다른 사람과의 관계가 아니라 개인적 꿈을 달성하는 수단이다. 미항공우주국(NASA) 초기에 근무한 기술자들은 10년 동안 인간을 달에 보내기 위해 협력했다. 인간관계가 아니라 바로 그 꿈이 그들을 '팔로'하게 만든 것이다.

3. 팔로어십의 목적

가. 도제(Apprentice)

도제(徒弟)는 중세 유럽의 수공업 기술자 양성제도로서 도제로서 일정 기간 기능을 습득해야 장인(匠人)이 되고 그 분야의 전문가인 도장인(都匠人)에 이르러 독립할 수 있게 된다. 즉 전문 기능인이 되려면 일에 관해 완벽하게 배워야 하며, 의무를 충실히 수행하는 것이 필수불가결한 것이다. 그들은 팔로어의 위치에서 자신을 입증해 보임으로써 동료와 상사의 신임을 얻으려고 노력한다. 팔로어의 관점에서 리더십을 배우면서 혹은 팀워크나 자기 관리 같은 팔로어 기능을 갈고 닦는 가운데서, 팔로어의 위치에서 일을 제대로 처리한다는 것이 얼마나 가치 있는 일인지 이해하고 있다.

철학자 헤겔은 리더십의 전제 조건으로 팔로어십을 내세웠다. 최고의 주인은 예속이 뭔지 아는 사람이다. 개인적으로 팔로어십을 체험해 봐야 팔로어십 경험이 리더십을 발휘하게 된다는 것이다. 아리스토텔레스는 그리스의 예비 리더들이 오늘날의 MBA출신들처럼 처음부터 정상에서 시작하려는 것을 보고 그 권력욕을 비판했다. 리더가 아닌 밑바닥 위치에서의 훈련이야말로 리더가 되는데 필수불가결한 요소라는 것이 그의 주장이다. 지도자가 되려면 먼저 일반 시민이 된 연후에야 지도자가 될 수 있다. 훌륭한 장교가 되려면 먼저 팔로어가 되라. 최고 코미디언이 되고 싶거든 밑바닥부터 시작하라.

나. 멘티(Mentee)

멘티란 훌륭한 스승 밑에서 배우는 제자를 일컫는다. 멘토링(mentoring)은 스승과 제자의 1대1 관계라는 점에서 도제식 수업과 다르며, 팔로어의 인간적 성숙을 돕는다는 점에서 기능을 전수하는 도제와 다르다. 팔로어는 자신을 '흙 속의 진주'로 인정해 주는 사람을 만나면 그대로 의탁해 버린다. 스승은 그 진주를 갈고 닦아 빛나게 만든다. 멘티가 커다란 만족을 얻을 수 있는 목표를 향해 재능을 발휘하게 도우는 것이다.

Dwight Eisenhower의 고등학교 시절과 웨스트포인트에서의 평범한 성적으로는 후일의 그를 설명할 수 없다. 아이젠하워는 존경하던 Fox Connor장군의 휘하에서 근무하면서 그와 부자지간이나 다름없는 끈끈한 관계를 맺었다. 후일, 아이젠하워는 이렇게 썼다. Connor장군과의 생활은 군사 문제와 인생에 관한 일종의 대학원 교육이었다. 인간과 인간의 행동에 관한 지식을 체득한 사람이 나의 인생에 변화를 주었다. 나는 그 진정한 신사에 대해 감사의 마음을 표현할 적절한 말을 찾지 못하고 있다. 이제 까지 만난 위대하고 훌륭한 사람 가운데 그 분이야말로 무엇으로도 갚지 못할 빚을 지고 있는 단 한 사람의 은인이다.

조직은 멘티에게 적절한 멘토를 연결시켜 주어야 한다. 그 멘토는 인간관계학의 달인이어야 하며, 기술의 대가임과 동시에 다른 사람이 성장할 수 있도록 자신을 희생할 용의도 있어야 한다. 멘토링이 성공적으로 수행되면 그 조직은 귀한 자산을 얻게 될 것이다. 그러나 실패로 끝나면 미래를 위한 자신을 모두 잃게 된다.

다. 신봉자(Disciple)

신봉자라는 뜻의 영어 disciple은 그리스어에서 파생된 말로서 그 본래 의미는 '스승에게서 배우는 사람'이다. 시간이 흐르면서 배운다는 것을 넘어 '믿는 사람'이라는 뜻이 되면서 어떤 견해로 개심(改心)하는 행위까지 함축하게 된 것이다. 이 개심은 지적 판단 이상의 감정적인 의탁과 복종으로 이어지고 아울러 증언 즉 자신이 배운 것을 남에게 전파까지 하게 된다.

종교인으로서는 이 디사이플십이 구원으로 가는 첫 번째 길이다. 이 길을 가는 팔로어의 마음속에는 동일화 심리가 숨겨져 있다. 팔로어는 리더와 밀착하여 그대로 모방하고자 한다. 그들은 기꺼이 자신보다도 더 크고, 더 좋고, 더 중요한 것의 일부가 되려고 한다. 팔로어가 스스로 선택한 인격체로 발전하기를 기대하는 멘토십과 달리 신봉자는 현재의 페르소나(persona)를 포기하고 새로운 사람으로 태어나는 것이다. 그러므로 진정으로 뛰어난 팔로어는 신봉자에서 나오기도 한다.

라. 동지(Comrade)

'팔로'하는 이유가 어떤 공동체의 일부가 되어 서로 굳게 맺어지면서 생겨나는 친밀감이나 사회적 지지라는 것이다. 승진이나 개인적인 성장 혹은 지적 발전과 아무 관계가 없이 말이다.

동지와의 유대는 두 사람 이상의 노력과 재능이 필요한 어떤 활동 속에서도 발견된다. 운동 팀이라든가 오케스트라 또는 슈퍼컴퓨터의 개발 등이 그 좋은 예일 것이다. 일에서 받는 스트레스를 푸는 방법의 하나로 서로 어울리기도 한다. 대학에서 동아리 활동의 끈이 졸업 후에도 지속된다. 또 인턴 과정을 함께 밟은 의사들이나 전쟁에서의 전우나 군대생활동기생들은 친형제나 다름없는 친밀감을 느낀다. 그런 서로의 애착으로 서로 돕는다면 그리고 훨씬 더 쉽게 생존할 수 있을 거라는 믿음이 바로 그런 이유이다. 즉 동지와의 유대가 집단적인 삶의 원천이요, 죽음과 맞서 깨어 있을 수 있는 힘이라도 되는 양.

그렇다고 동지와의 유대가 어려운 상황에서만 형성되는 것은 아니다. 때로 훌륭한 목적을 위해 공동 작업을 할 때도 생겨난다. 전성기 시절의 L. A. 레이커스 프로농구팀 코치였던 Pat Riley는 '선수들이 저렇게 열심히 뛰는 이유가 뭐냐'는 질문을 받고 '운동은 뭔가 일부가 되고자 하는 원초적인 본능과 관련된 것'이라고 대답했다. 일단 뭔가를 일부라는 느낌이 들면 고독감, 심지어 개인적인 욕망까지도 극복하게 된다. 그렇기 때문에 개인적인 영예의 추구보다는 조직을 위해 '팔로'하는 것이며, 동지가 성공할 수 있도록 최선을 다하는 것이다.

마. 충성파(Loyalist)

개인적인 충성심에서 리더를 따르는 사람도 있다. 어떤 사람에게는 이 충성심이 존재의 의의이기도 하다. 충성이라는 팔로어의 길은 다른 사람에 대한 감정적인 몰두에서 생겨난다. 마음 저 깊은 곳에서 리더를 따르기로 한다. 스스로에게 그렇게 하라는 명령을 내리는 것이다. 유교 원리에 따라 효가 가장 근본적인 인간의 도리였던 중국의 체계와 달리 일본에서는 리더에 대한 충성심이 앞자리를 차지한다.

동지의 관계와 달리 이 경우는 팔로어와 리더의 1대1 관계이다. 또한 멘토링의 관계와도 달라 인간적인 성숙과 거리가 멀다. 대신 완전히 몰입하여 외부로부터의 충격에도 흔들림 없이 기꺼이 희생한다. 이 관계는 당사자 두 사람만이 갈라놓을 수 있을 뿐이다.

그런 충성심을 확보할 수 있는 조직과 리더는 정말 행운아이다. 리더를 위해서라면 무슨 일이든 서슴지 않는 팔로어를 갖고 있다면 그것은 정말 엄청난 자산이다. 더구나 이런 팔로어에게는 기밀성과 성실성이 요구되는 일을 믿고 맡길 수 있다. 또한 리더에게까지 잘 올라오지 않는 낮은 곳으로부터의 정보를 얻는 데 귀중한 통로 구실을 한다.

조직과 리더로서는 그들의 신뢰를 배신해서는 안 된다. 끊임없이 팔로어에게 열의를 불어넣어야 하며, 팔로어에게 충성의 대가를 의심하게 만드는 일을 해서는 안 된다.

바. 드리머(Dreamer)

최고의 팔로어 가운데는 특정한 리더보다는 자신의 꿈에 빠져 있는 사람이 많다. 그들은 꿈을 실현하는 것이 최대의 관심이기 때문에 리더가 누구냐가 아니라, 그 리더를 통해 구현되고 있는 이상이나 대의가 리더를 따르게 한다.

이런 팔로어는 내용에 대한 관심이 먼저이며 리더는 그 다음이다. 꿈이 이끄는 힘인 것이다. 꿈 때문에 리더를 따르는 사람의 심리를 내면화라고 한다. 리더나 조직의 목표가 개인의 꿈과 같은 일을 성취하고자 하는 것이다. 이런 팔로어는 목표를 이루고자 하는 욕구 때문에 자아의 충동을 억제하고 다른 권위를 인정한다. 이런 팔로어의 경우 꿈에 의해 만들어진 유대가 깨질 때 그들은 팔로어의 역할을 거부하며 리더는 지배력을 잃게 된다.

드레이크 대학교의 농구팀 코치의 이야기이다. Maury John은 꿈을 지닌 선수들을 찾았다. 선수를 모집할 때 존은 장학금이라든가 다른 특전은 결코 거론하지 않는다. 선발 선수가 될 수 있다거나 스타가 될 수 있다는 등 아무리 가능성이 있는 일이라도 그런 약속은 절대 하지 않는다. 대신 그는 전미 대학 경기협회(NCAA)플레이오프에 나가는 팀의 일원이 될 수 있는 기회라며 꿈을 강조했다. 만약 선수가 그 말을 못 알아들을 경우, 그는 미련 없이 선수를 포기했다. 우정, 충성, 개인적 성장 같은 이야기는 아무 소용이 없다. 그는 꿈을 실현시키는 데 기꺼이 따라올 선수, 그 꿈을 공유할 선수만을 원했다. 몇 년 후 모리 존은 스타의 집단이 아니라, 높은 결집력으로 챔피언 자리를 차지한 팀을 만들어 냈다.

사. 삶의 방식(Lifeway)

팔로어는 원래 남을 돕고 남에게 봉사하고자 하는 사람을 뜻하는 말이기도 하다. 이처럼 남에게 기여하고 봉사하는 것이 자기 삶의 방식이기 때문에 팔로하게 된다. 캘커타의 빈민가에서 평생을 봉사한 테레사 수녀나 동료 수녀들 그리고 평화봉사단의 자원 봉사와 같은 사람들이 좋은 예일 것이다.

제 4 절 팔로어 관점의 리더십

미국의 팔로어들은 재계와 정계의 리더십의 질에 매우 불만족스러워하고 있다. 그들이 말하는 불만은 다음과 같다.

· 다섯 명의 상사 가운데 둘은 리더로서의 자질이 의심스럽다.
· 모범이 될 만한 역할을 하는 경우는 일곱 명의 리더 가운데 한 명뿐이다.
· 부하에게 신뢰감을 심어줄 수 있는 리더는 전체의 절반도 안 된다.
· 40%는 이기적 자아에 문제가 있다. 재능 있는 부하를 꺼려한다든지, 무조건 우위에 서서 각광을 독차지 하려 한다.

이 통계는 리더십의 질에 관한 팔로어의 강력한 비난이라고 볼 수 있다. 그리고 현대 경영의 2대 신(神)이 가짜라는 점을 보여 준다. 그 신이란 하나는 '힘을 주는' 신이며 또 하나는 '변혁을 일으키는' 리더십의 신 즉 무능한 집단에서 팔로어를 유능한 개인으로 변화시키는 신을 가리킨다. 이 두 신의 신화가 대중을 움직인 간디나 오합지졸을 용맹스런 전사로 만든 패튼 장군을 상기시킬지는 몰라도, '변혁을 일으키는' 리더가 칭송되는 것은 평범한 사람에게서 힘을 이끌어 냈다는 점이다. 이러한 관점에서 보면 리더는 능동적인 도공이요, 팔로어는 진흙에 불과하다. 영향이 한 방향으로 밖에 작용하지 않는 것이다.

그러나 위의 통계는 다른 면을 시사하고 있다. 팔로어는 리더를 엄밀하게 평가하고 있으며, 많은 리더가 자질 부족이라는 점을 간파하고 있다. 팔로어에게 힘을 줘야 한다는거나 변혁시켜야 한다는 가정은 팔로어를 모욕하는 것이다. 팔로어는 자비로운 주인이 자유롭게 풀어주기를 기다리는 노예가 아니다. 팔로어가 뛰어난 성과를 거두는 데 최대의 장애는 리더의 머리 속에 들어 있는 그런 고정관념이다.

팔로어는 '리더십의 질(質)을 사는 고객'과도 같다. 그들은 어느 리더가 더 나은 대안을 제시하는지 비교해 보고 나서야 산다. 어느 대기업의 신임 부장이 새로운 계획을 독재적인 방법으로 추진했다. 그런데 3개월이 채 못 되어 그 부서의 부원 가운데 25%가 다른 부로의 전출을 자원했다. 200명의 팔로어가 리더십의 '구매'를 거부하고 불만을 표시한 것이다. 팔로어십이란 자발적인 선택이지, 계약적인 선택을 의미하지 않는다. 자원봉사자와 마찬가지로 팔로어도 어디에다 자신의 시간과 노력을 투자할 것인지 스스로 결정한다.

그렇다면 팔로어 스스로 최선의 노력을 기울이게 만드는 리더에게 팔로어가 바라는 것은 무엇인가? 라는 질문의 결과, 팔로어는 '모범적인'리더를 다음과 같이 생각하고 있다는 것을 알 수 있었다.

· 성취형 팔로어를 공동의 창조자로 취급한다.
· 팔로어의 생산성에 뭔가 가치를 더하고 있다는 것을 보여 준다.

이 결과는 팔로어가 리더에게 무엇을 바라는지 잘 나타나 있다. '팔로어를 공동의 창조자로 취급'한다는 것은 리더로 하여금 팔로어를 대등한 관계에서 대우해 줄 것을 희망한다는 사실이다. 한편 '팔로어의 생산성에 뭔가 가치를 더하는 리더'이기를 바라는 것은 절벽을 힘겹게 기어 올라오는 팔로어에게 목표 직전방에서 손을 내밀어 끌어 올려주는 리더와 같이 부가가치를 더 해주는 리더를 모범적인 리더로 생각함을 알 수 있다. 이러한 결과는 아직도 인간적인 면은 대등할 것을 바라지만 업무적인 면은 리더의 도움을 받고자 하는 팔로어들의 리더에 대한 의존적 심리를 잘 나타내고 있다.

제 9 장 팀 리더십

팀 리더십은 구성원들에게 자율권을 부여하여 구성원들로 하여금 리더가 되도록 하는 슈퍼리더십의 한 방법이다. 그러므로 슈퍼리더십과 마찬가지로 팀 리더십 또한 성공적으로 발휘된 조직에서는 구성원들이 자신을 스스로 통제하고 행동하는 능력을 갖추게 되며 궁극적으로는 관리를 하지 않아도 되는 상황으로 발전될 수 있다.

따라서 최근의 많은 조직들이 태스크 포스(task force)나 프로젝트 팀(project team)과 같은 체제를 도입하고 있어 팀 리더십은 리더십 연구영역에서 인기를 얻고 빠르게 발전하고 있는 분야이다.

제 1 절 팀 리더십 개념

팀(team)이란 상호 의존적이고 공동의 목표를 공유하고 그 목표를 성취하기 위해서 그들의 활동을 조정해 가는 성원들로 구성된 조직 내의 집단들로서 목표달성이라고 하는 한시적 성격을 갖는다. 즉 팀은 과제라고 하는 목표달성을 위해 그 과제와 관련된 전문가들로 구서된 임시집단을 말한다.

이러한 **팀 리더십(team leadership)의 등장**은 조직의 구조조정, 세계경제 속에서의 경쟁, 인력의 다양성 증가, 기술의 확대 등과 같은 조직이 당면한 급속한 상황변화에서 찾을 수 있다. 이처럼 빠르게 변화하고 있는 경영환경 속에서 조직이 팀을 활용함으로써 생산성 향상, 자원의 효율적 활용, 보다 향상된 의사결정 및 문제해결, 양질의 제품과 서비스, 그리고 혁신과 창의성 증진 등의 긍정적 성과를 얻을 수 있기 때문이다.

이와 반대로 팀의 실패도 매우 극적이고 가시적이다. 그러나 그것도 조직효과를 위해 필요한 정보이고 팀 효과성의 이해와 팀 리더십이 조직을 위해 필수적인 것이 되게 하고 있다. 학자들은 리더십과 팀의 효과성, 그리고 조직 환경 사이의 관계를 규명하기 위해 노력하고 있다. 비효과적인 리더십은 종종 팀의 효과성에 중요한 장애물이 된다고 보고 있다. "보다 구체적으로 말해서 자율관리팀(self-managing team)이 미국 근로자들의 생산성, 품질, 삶의 질 향상을 이루어 내지 못하는 일차적인 이유는 작업팀의 관리방식이나 감독방식이라는 것이 확인되고 있기 때문이다."

팀 리더십의 요체는 조직 의사결정권을 전통적인 수직적 계층구조로부터 자율적 관리팀으로 이양하는 새로운 방식의 권한 위임이다. 보다 많은 권한을 위임받는 구성원들이 많아질수록 오늘날 조직이 직면하고 있는 격변적 환경에 대한 대응력이 그만큼 더욱 증가하게 되기 때문이다

조직 내에 작업팀이 많아지고 복잡하고 빠르게 변화하는 조직구조 내에서 팀의 역할이 확대됨에 따라 이러한 팀의 성공을 보장하고 실패를 피할 수 있도록 하기 위해 팀 리더십의 역할에 대한 이해는 필수적인 것이 되고 있다.

제2절 팀 리더십의 기능과 모델

팀 리더십을 수행하는 리더의 행동은 팀의 목표성취를 위한 문제해결 활동이 될 것이다. 즉 팀 리더는 집단의 효과성 획득을 위한 기능을 수행할 책임이 있다. 이에 따라 Susan E. Kogler Hill이 제시하고 있는 팀 리더십의 핵심기능은 과업기능, 유지기능, 외부환경에 적응 기능이다. 우수한 팀 리더십은 지속적으로 이 세 가지 기능에 초점을 맞추고 있는 리더십이라 할 수 있다.

1. 팀 리더십의 세 가지 기능

첫째는 집단의 과업을 성취하도록 돕는 **과업기능**이다. 이 기능을 팀 업적(team performance)이라는 용어를 사용하고 있다. 팀 업적은 과업에 대한 리더십의 기능을 의미한다.

둘째는 그 집단을 유지하고 지속적으로 기능하게 하는 **유지기능**이다. 이 기능을 팀 개발(team development)이라는 용어를 사용하고 있다. 팀 개발은 관계유지라는 리더십의 기능을 의미한다.

이들 두 가지 기능들은 서로 간에 밀접한 관계가 있다. 만약 팀이 잘 유지되고 개발된다면 팀의 성원들은 더불어 효과적으로 일하고 그들의 과업을 완수할 수 있게 된다. 반대로 실패하는 팀은 그들의 실패의 책임을 서로에게 전가하려 하고 성원들끼리 서로 반목하게 될 것이다.

셋째 핵심기능은 **외부환경에 적응기능**이 추가 된다. 실제적인 팀(real-life team)은 그 집단을 둘러싸고 있는 환경 속에 존재한다. 리더는 팀의 '과업상의 요구(팀 업적)'와 '관계적 요구들(팀 개발)'을 다루고 이들 두 기능 즉 내부적인 요구간의 균형(1차적 균형)을 유지해 가는 일 이외에도 그 집단을 도와 외부환경에 적응할 수 있도록 해야 한다. 효과적인 팀의 리더는 집단의 내부적인 요구와 외부환경에 적응하는 외부적 요구를 분석하고 그들 간에 균형(2차적 균형)을 이루는 법을 배워야 하며, 변화하든지 아니면 일관성을 유지함으로써 그 환경에 적절하게 대응할 수 있어야 한다.

2. McGrath의 모델

McGrath는 집단효과성을 위한 이러한 리더십 핵심기능을 담고 있는 독창적인 모델을 개발하였다. 이 모델은 내부적/외부적 상황에 대한 분석을 포함하고 있으며 그러한 분석의 결과에 따라 리더가 즉각적 행동을 취해야 하는지의 여부도 담고 있다.

이 모델은 리더십행동의 두 차원을 고려하고 있다. 그 중 하나는 **감시와 조치**이며 다른 하나는 **내부적 집단 이슈와 외부적 집단이슈**이다.

리더는 문제점들을 진단하고 분석하며 또 예측할 수 있어야 하고, 관찰된 문제점을 해결하기 위해 즉각적인 조치를 취할 수 있어야 한다. 이를 위해 집단 내의 문제 뿐만 아니라 집단 외의 문제에 초점을 맞출 수도 있다. 이들 두 가지 차원은 다음과 같은 네 가지의 집단적 리더십기능을 낳는다.

① 집단의 결함 진단(내부적 감시)
② 결함을 교정하기 위한 조치(내부적 조치)
③ 임박한 환경변화의 예측(외부적 감시)
④ 환경변화에 대응하는 예방적 조치(외부적 조치)

이러한 핵심기능들은 리더에 의해 배타적으로 수행될 필요가 없다는 것을 유의하는 것이 중요하다. 성숙한 팀의 경험 많은 성원들은 그들 스스로 리더십의 역할을 수행하고 공유하는 것을 당연시한다. 그 팀의 중요한 요구사항들이 충족되는 한, 리더에 의해 수행되건 팀원에 의해 수행되건 그 집단의 리더십행동은 매우 효과적인 것이 된다. 기능적 관점에서 볼 때 리더는 집단내의 충족되지 않은 요구사항을 처리하기 위해 필요한 것은 무엇이나 해야 한다는 것이다. 그러나 집단성원들이 대부분의 요구사항들을 스스로 충족시킬 수 있다면, 리더가 해야 하는 일은 거의 없어질 것이다.

따라서 리더십행동이란 리더가 내부적/외부적 상황을 분석하고 팀 효과성을 위해 적절한 행동을 선택 또는 실행함으로써 팀의 목표를 성취하기 위해 노력하는 팀의 문제해결활동이라고 할 수 있다.

제3절 우수한 팀의 특징

Larson과 La Fasto는 '효과적으로 기능하는 팀이 어떤 특성을 가지고 있는가에 대한 통찰력'을 얻기 위해 우수한 팀의 이론적 표본을 추출하여 면담을 통해 연구를 수행하였다. 그 결과 팀의 유형과 상관없이 팀의 우수성과 규칙적인 상관성을 가진 다음과 같은 여덟 가지 특성을 제시하였다.

1. 명확하고 고상한 목표

팀의 목표는 모든 사람이 업적목표가 실현되고 있는지의 여부를 알 수 있을 만큼 매우 명확해야 한다. 어떤 집단들은 애매모호한 과업을 제시하고 실제로는 세부적인 작업의 수행을 요구하기 때문에 종종 실패하는 경우가 있다. 뿐만 아니라 목표는 동기를 부여 할 수 있어야 한다. 어떤 팀들은 개인적 이슈나 권력적 이슈와 같은 것들이 팀의 목표를 대체하도록 방치하기 때문에 종종 실패하기도 한다.

2. 결과 지향적 구조

팀은 팀의 목표를 성취하기 위해 형식과 권위를 배제한 최선의 구조를 찾아야만 한다. 팀 또는 작업집단들은 서로 간에 다루는 일의 내용이나 성격이 매우 다르다. 최고 경영팀은 주로 권력이나 영향력과 관련된 이슈들을 다루고, 태스크포스 팀은 아이디어와 계획들을, 고객서비스팀은 고객을, 그리고 생산 팀은 기술을 다룬다. 이같이 각각 다른 팀들은 세 가지 일반적인 유형의 팀들 —문제해결 팀, 연구개발팀(creative team) 그리고 전술 팀(tactical team) 등— 로 분류될 수 있다.

태스크포스와 같은 문제해결 팀은 모든 구성원이 기꺼이 팀에 기여할 수 있도록 신뢰를 강조하는 구조를 구축해야 한다. 광고 팀과 같은 독창적 연구개발팀은 모든 구성원이 기꺼이 위험(risk)을 감수하고 불합리한 검열로부터 자유로운 자율성이 강조되어야 한다. 응급실 팀과 같은 전술 팀은 모든 구성원이 언제 무엇을 해야 하는지에 대해 잘 알 수 있도록 확실성이 강조되어야만 한다.

그 밖에도 모든 팀은 성원들에게 분명한 역할이 주어져야 하고 좋은 의사소통시스템과 개인 업적의 진단 방법, 사실에 근거한 평가 등이 강조되어야 한다. 적절한 구조를 가진 집단은 집단성원의 욕구를 충족시킬 뿐만 아니라 팀의 목표달성을 용이하게 하기 때문이다.

3. 유능한 팀 구성원

집단은 집단내의 모든 과업을 성취하기 위해 적절한 수와 적절하게 혼합된 구성원들로 이루어져야 한다. 또한 구성원들이 유능한 팀 구성원이 되도록 하고 계속 팀에 남아 있도록 하기 위해 충분한 정보와 교육 그리고 훈련이 제공되어야 한다. 그리고 집단전체로서 모든 성원들은 그 팀의 목표를 성취하기 위해 요구되는 필수적인 기술적 역량을 소지하고 있어야 한다. 그리고 모든 성원들은 각자가 대인간의 기술이나 팀워크를 이루어 갈 수 있는 역량도 있어야 한다.

팀을 구성하는 과정에서 흔히 저지르는 실수는 문제해결을 위한 기술적 능력을 가진 사람은 팀 성원들과 더불어 효과적으로 일할 수 있는 대인 관계적 능력도 가지고 있을 것이라고 생각한다는 것이다. 팀 구성원들은 기술적 역량 외에도 협동적 노력을 할 수 있어야 하고 작업에 어떻게 참여하며, 팀 성원들 간의 효과적인 의사소통에 대하여도 알고 있어야 한다.

4. 한결같은 헌신

흔히 일어나는 또 하나의 실수는 작업집단을 팀이라고 부르기는 하지만 집단을 단지 개인들의 집합체로 본다는 것이다. 팀은 단지 우연하게 형성되는 것이 아니라 주의 깊게 설계되고 개발되어야 한다. 우수한 팀은 일체감과 정체성을 개발하여야만 한다. 이 같은 팀 정신(team spirit)의 개발은 성원들을 집단과정의 모든 국면에 참여시킴으로서 가능하다.

5. 협동적인 분위기

정직, 개방성, 일관성, 존경에 기초한 신뢰는 협동적인 분위기를 조성하는 데 필수적이다. 협동적인 분위기 하에서는 구성원들이 문제점들을 항상 확인할 수 있고 개방적이며 위험을 기꺼이 수용하고 부족한 점을 상호 보완할 수 있게 된다.

6. 기준 상정

효과적인 집단의 규범들은 집단이 기능하는 데 있어서 매우 중요하다. 팀 구성원들의 업무수행은 그들 각자의 활동이 조정되고 과업이 완성될 수 있도록 규제될 필요가 있기 때문이다. 특히 조직이나 집단에서 우수성에 대한 규범적 기준을 상정함으로써 성원들이 그들이 할 수 있는 최고의 수준으로 그들의 과업을 수행해야 한다는 압력을 느낄 수 있도록 하는 것은 매우 중요하다. 그 기준들은 명료하고 구체적이어야 하며 모든 구성원이 그 기준에 맞게 업무를 수행하도록 요구해야 한다. 만약 그러한 기준이 서 있지 않다면 구성원들은 게을러지고 굳이 최상의 수준으로 과업을 수행하는 수고를 하지 않으려고 할 것이다.

7. 외부의 지원과 인정

또 하나 자주 일어나는 실수는 조직 내의 각 팀들에게 도전적인 과업을 할당하고 나서 그 같은 과업을 성취할 수 있도록 조직차원의 지원을 해 주지 않는다는 것이다. 최상의 목표, 최상의 팀 구성원, 그리고 그들의 헌신은 그 같은 목표를 성취할 수 있도록 금전적 지원이나 설비 또는 필요한 물자의 지원이 없다면 아무 의미가 없을 것이다. 또한 조직은 때때로 종업원들에게 어려운 팀 과업을 수행하도록 요구하지만 업적에 따른 급여인상이나 보너스로 보상하지 않는 경우가 있다.

8. 원칙중심의 리더십

리더들이 부적절한 과업수행에 대해 기꺼이 맞서 해결해 나가지 않으면 팀의 효과성은 감소된다. 또한 너무 많은 우선순위를 갖고 있거나 팀 업적의 긍정적 측면만을 과대평가함으로써 즉 너무 안이하게 생각함으로써 업무수행능력을 약화시키기도 한다. 따라서 불법 또는 허위에 의한 임시방편적이 아닌 원칙중심의 리더십을 구사할 때 지속적인 발전이 가능한 우수한 팀이 될 수 있을 것이다.

제 4 부

리더십 전략

제10장 리더십의 환경진단

처방을 내리기 전에 진단하는 것은 우리 생활의 많은 분야에 적용되는 기본적인 원칙이다. 리더가 갖고 있는 진단능력의 중요성은 아무리 강조해도 지나치지 않는다. Edgar H. Schein은 이 점에 대해서 다음과 같이 잘 표현하고 있다. "우수한 리더라고 하면 훌륭한 진단사여야 하고, 탐구정신을 높이 평가하는 사람이어야 한다. 부하들의 능력이나 동인이 다양하기 때문에 리더는 그들의 차이를 감지하고 적절히 평가할 수 있는 예민성과 진단능력을 구비하고 있지 않으면 안 된다." 즉 리더는 환경내의 여러 가지 문제점을 해결해 가는 실마리를 분명하게 밝혀낼 수 있어야 한다는 말이다.

제 1 절 환경진단 과정

진단과정에는 적어도 다음과 같은 세 가지 단계가 있다. 즉, 견해(point of view)의 수집, 문제점의 확인, 분석 등이 그것이다.

1. 견해의 수집

조직 내의 상황을 진단하기 위해서 가장 먼저 리더는 자기를 포함한 다른 사람들이 보는 견해를 통해서 관찰하게 될 상황을 명확하게 판단할 수 있어야 한다. 다시 말하면 그 상황을 충분히 파악하기 위해 가능한 한 그 변화에 의해 영향을 받게 될 많은 사람들의 견해를 파악하는 것이 중요하다는 것이다. 그러나 이러한 넓은 투시력을 갖고 상황을 파악하려는 노력에는 실제적으로 많은 제약이 따른다. 어쨌든 리더는 진단과정의 시초에 견해의 수집을 위한 준거의 틀을 분명하게 하여야 한다.

2. 문제점의 확인

어떤 변화과정에 있어서나 문제점이 무엇인가를 밝혀내는 것으로부터 시작된다. 즉 실제적으로 일어나고 있는 것(현실)과 리더 자신이나 다른 사람들의 견해로 일어나기를 바라는 것(이상) 사이에 모순이나 불일치가 있을 때 문제점이 생겨나게 된다. 리더로서 작업집단이 현재보다 이상적으로 협조하고 협동하기를 바라는 경우에, 그 리더는 문제점을 갖게 된다. 왜냐하면 현실과 이상 사이에 모순이나 불일치가 발생되고 있기 때문이다.

문제점은 Likert가 말한 소위 결과변인이나 매개변인에 있어서의 불일치나 모순에서 확인할 수 있다. 결과변인들을 검토하면서 다음과 같은 설문을 하게 될 것이다. 즉 집단 및 개인들이 소임대로 효과적으로 일하고 있는가? 단기목표가 달성되고 있는가? 장기목표는 어떻게 실행되고 있는가? 등 이다. 그러나 만약, 성과가 바라는 바대로 이루어지지 않으면 거기에 불일치나 모순이 있게 된다. 그리하여 그 업적성과가 하나의 문제점으로 등장하게 되면, 리더는 더 나아가 매개변인 즉 인적자원의 상태에 있어서의 불일치나 모순을 찾아내려고 한다.

3. 분석

문제점의 확인이 끝나면 거의 즉각적으로 분석의 단계로 접어들게 된다. 일단 불일치(문제점)가 확인되고 나면, 그 다음 단계인 분석단계에서는 그 문제점이 왜 일어나게 되었는가를 알아내는 데 목표를 두게 된다. 그러나 문제점의 확인과 분석을 서로 명백하게 분리시킨다는 것은 때때로 불가능하다. 왜냐하면 불일치를 확인하는 것이 분석의 일부분이 되는 경우가 많기 때문이다.

결과변인이나 매개변인에서 불일치나 모순이 일단 확인되고 나면, 이에 대한 가장 당연한 전략은 Likert가 말한 원인변인, 즉 독립변인을 검토하기 시작하는 것이다. 이들 독립변인들이란 리더십이나 관리 스타일, 조직구조 및 조직목표 등과 같은 것들에 의해 변동될 수 있는 변인들이다. 조직 환경 내의 어떤 요인이 불일치나 모순을 야기 시키는가를 확인하는 단계가 바로 이 분석단계인 것이다.

제 2 절 진단이론과 도구들

리더십 환경에 대한 진단과정에 따른 진단 이론들 내지는 도구들은 매우 다양하게 발전되어 왔다. 여기에서는 먼저 리더 자신을 진단할 수 있는 조해리 창 이론과 Jung의 성격유형측정 도구를 알아보고 다음으로 부하(집단)를 진단 가능한 부하 성숙도 측정 도구와 집단 구조의 분석인 사회측정을 논의한 다음 리더 자신도 부하도 공동으로 진단할 수 있는 4가지 생활 자세와 인간관계의 5가지 패러다임 등을 소개하고자 한다.

1. 조해리 창(窓) 이론

조해리 창(johari window)이라고 부르는 이 이론은 Joseph Luft와 Harry Ingham에 의해 개발되었다. 부하 구성원들의 진단 도구로도 가능하나 리더 자신의 진단 도구로 더 유용할 것이다. 조해리 창은 리더의 행동이나 태도(리더십 퍼스낼리티) 중에서 리더 자신이 부하들의 행동이나 태도에 대하여 잘 알고 있는 부분과 잘 알고 있지 못하는 부분이 있다고 한다. 또한 리더의 행동이나 태도(리더십 퍼스낼리티) 중에서 어떤 부분은 부하들에게 알려진 부분이 있고, 부하들에게 알려지지 않는 부분도 있다고 하는 리더와 부하 간의 인간관계를 다루고 있다.

가. 조해리 창의 구성

조해리 창은 자기에게 알려진 부분과 알려져 있지 않는 부분 및 다른 사람에게 알려진 부분과 알려져 있지 않는 부분들이 〈그림 10-1〉에 묘사되고 있는 것처럼 조해리 창을 구성하는 네 개의 부분을 이루고 있다.

	자기에게 알려진 부분	자기에게 알려져 있지 않은 부분
다른 사람들에게 알려진 부분	공개적 부분	맹목적 부분
다른 사람들에게 알려져 있지 않은 부분	비공개적 부분	미지적 부분

〈그림 10-1〉 조해리 창(窓)

자기의 리더십 퍼스낼리티 중에서 자기에게 알려진 부분이나 조직 내의 다른 사람들에게 알려진 부분은 '**공개적 부분**'이란 명칭을 붙여서 부른다. 왜냐하면 이는 모든 사람들, 즉 리더 자신에게나 조직 내의 다른 사람들에게 알려져 있기 때문이다.

자신에게는 알려져 있지 않고 있으나, 다른 사람들에게 알려진 부분은 '**맹목적 부분**'이라고 부른다. 이는 부하들이 리더에게 기꺼이 피드백을 해 주려고 하지 않거나 또 그들이 리더가 하고 있는 일에 대하여 커뮤니케이션을 하려고 하지 않기 때문에 리더에게 알려져 있지 않고 있기 때문이다. 그리고 말로든지, 말이 아닌 행동으로든지, 어떤 형태로든지 얻어 볼 수 있는 데이터가 존재하고 있는 데도 리더가 그것을 간파할 수 없거나 그것을 간파하려고 하지 않기 때문에 리더 자신에게는 알려지지 않고 있는 것이다.

리더 자신에게는 알려져 있으나, 다른 사람들에게는 알려져 있지 않는 부분은 '**비공개적 부분**'이라고 부른다. 왜냐하면 이는 단지 리더 자신에게만 알려져 있는 부분이기 때문이다. 여기에서는 리더가 조직 내의 다른 사람들에게 기꺼이 알린다거나 털어놓으려고 하지 않거나 또는 조직 내의 다른 사람들이 리더의 행동이나 태도 등에 관하여 알아 볼 수 있는 것들이 말로든지, 행동으로든지, 어떤 형태로든지 존재하고 있는 데도 그것들을 간파하려고 하지 않기 때문에 그들에게 알려지지 않는 부분이다.

마지막으로 리더 자신에게나 다른 사람들에게 알려져 있지 않고 있는 부분은 '**미지적 부분**'이라고 부른다. Freud 심리학에서는 이 같은 미지의 부분을 잠재의식 혹은 무의식이라고 한다.

Freud는 퍼스낼리티를 마치 빙산과 같은 것이라고 묘사하고 있다. 그래서 리더의 퍼스낼리티 중에서 물의 표면 위에 나와 있는 부분은 눈앞에 보이는 것 같이 생생한 부분이다. 그래서 물위에 나와 있는 빙산의 일부분처럼 그 크기, 구조, 윤곽 및 그 밀도를 보지 않을 수 없게 된다. 그러나 그 퍼스낼리티라는 빙산의 많은 부분이 수면 밑에 잠겨 있어서 그것을 이해하고 탐색하기 위한 의식적인 노력을 하지 않으면 그것에 대한 통찰을 할 수 없게 된다. 이와 같이 '미지적 부분'이라고 지칭되고 있는 리더십 퍼스낼리티의 많은 부분은 리더가 다른 사람들의 행동에 영향을 미치려고 노력할 때 그 리더의 행동에 영향을 미치게 된다.

나. 조해리 창에 영향을 미치는 두 가지 과정

조해리 창의 모양에 영향을 미치는 두 가지 과정이 있는 데 〈그림 10-2〉에 나타나 있는 바와 같이 피드백과 공개이다.

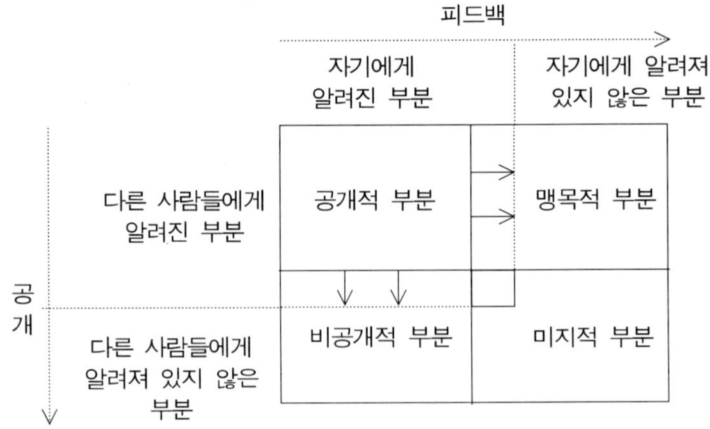

〈그림 10-2〉 조해리 창에 대한 피드백/공개 영향

(1) 피드백

피드백(feedback)은 조직 내의 다른 사람들이 자기들의 눈에 비친 리더의 행동에 대한 의견을 그 리더와 기꺼이 교환하려고 하는 정도를 말하는 것이다. 그리고 그것은 리더에게 개방적이고 터놓고 말하고자 하는 조직 내의 다른 사람들(상사, 부하, 동료들)의 자발성이며 또 리더에게 적절한 피드백을 주려고 하는 다른 사람들의 자발성이기도 한 것이다. 그러나 조직 내의 다른 사람들의 측면과 리더의 측면인 두 가지의 측면에서 이 피드백 과정을 보지 않으면 안 된다. 그러므로 이 피드백은 리더 자신이 그 조직 내에 실제로 존재하고 있는 피드백 상황을 지각하기 위해 노력하고 있는 정도인 것이다.

(2) 공개

조해리 창의 모양에 영향을 미치는 또 하나의 다른 과정은 공개(disclosure)라는 과정이다. 이것은 리더가 조직 내의 다른 사람들에게 자기에 관한 것을 기꺼이 알리고자 하는 정도를 말한다. 가장 적절한 공개란 막연히 자기 자신에 관한 것을 말하는 것이 아니라, 자신의 행동에 관한 것을 말하고 자기의 행동을 공개하는 것이다. 중요한 의미를 갖는 것은 말에 있는 것이 아니다. 왜냐하면 그 사람 자신 즉 그의 행동에 있는 것이기 때문이다. 그래서 우리가 어떤 사람을 더 잘 이해하고자 한다면 그 사람이 하고 있는 행동을 주시하여야 하고 또 그 사람의 가치관 및 그의 행동이 나타내고 있는 의미를 파악하기 위해 적절한 통찰력을 가지고 있어야 한다.

다. 대인관계의 유형

피드백과 공개의 정도가 클수록 공개적 부분은 넓어지며 따라서 대인간의 의사소통과 인간관계를 원활하게 해준다. 특히 조직 구성원은 타인과의 정보 공유가 필수적이기 때문에 공개영역이 넓은 구성원이 필요하다. 조해리 창에서 피드백과 공개의 정도에 따라 대인관계의 스타일은 다음과 같이 네 가지로 나눌 수 있다.

(1) 고립주의자(loner)

이것은 공개도 없고 피드백도 없는 유형이다. 타인과 의사소통을 하지 않기 때문에 의미 있는 관계를 갖지 못한다. 대인관계가 원만하지 못하기 때문에 의사소통이 불가능하고 따라서 조직에서는 기피하는 대상이 된다.

(2) 자기선전자(exhibitioner)

공개는 많이 하지만 타인으로부터 피드백이 없는 유형이다. 따라서 비공개적 부분은 줄어들지만 맹목적 부분은 확장 된다.

(3) 게임 맨(game man)

자기선전자의 반대 형태로 공개는 없으나 피드백은 많은 유형이다. 따라서 맹목적 부분은 줄어들지만 비공개적 부분은 늘어난다. 타인의 이야기를 경청하여 자기노출을 자극하나 타인이 이것을 알게 되면 양자의 관계는 지속되지 않는다.

(4) 개방자(open minded)

공개와 피드백을 균형 시키는 유형이다. 이 유형의 사람들은 개방적이고 대인관계의 감수성이 높으며 효율적인 의사소통과 대인관계가 가능하다. 자신감이 있고 유능하기 때문에 공개를 두려워하지 않고 피드백에 대해서도 방어적이지 않다.

조해리 창 진단을 통하여 이러한 리더 자신의 대인관계 유형을 파악할 수 있다. 즉 자신을 알리는 공개에 관한 질문들과 다른 사람(상사, 동료, 부하)들로부터 듣는 피드백에 관한 질문들의 설문에 응답하여 그 점수를 계산한 결과인 공개 영역의 크기로 리더 자신의 인간관계 정도를 진단할 수 있다.

2. 성격유형 측정 도구

가. 성격유형 4개 차원

Jung의 심리유형에 의하면 4개의 차원이 있는데, 이들이 조합을 이루어 16개의 성격유형으로 된다.

E 외향성 (Extravert) I 내향성 (Introvert)
S 감각형 (Sensor) N 직관형 (Intuitor)
F 감정형 (Feeler) T 사고형 (Thinker)
P 인식형 (Perceiver) J 판단형 (Judger)

첫 번째 차원은 '**외향성과 내향성**'인데, 외향성(E)은 사교적이고 외부 지향적이며 붙임성 있는 성향을 말하는데, 충분히 생각하기도 전에 미리 말해버리는 경향이 있는 사람이다. 이 성향은 우리가 일상생활에서 사용하는 보편적인 용어가 되고 있다. 반면에 내향성(I)은 내성적이고 정신적 내면을 중요시하며 골똘히 생각하는 성향의 사람을 가리키는데, 이런 사람은 말하기 전에 요모조모 생각하기를 좋아한다. 여기서 정의된 내향성에는 수줍음이 많은 사람이 포함되지 않는다는 점에 주목했으면 한다.

이러한 외향성과 내향성간의 핵심적 차이는 에너지의 원천에 있다. 즉, 외향성은 에너지의 원천이 외부로부터 오고, 내향성은 내부로부터 온다. '골똘한 생각도 없이 열리는 입'을 가지고 말하는 외향적인 팀 구성원은 모든 회의나 토론을 위해 신중하게 준비하는 내향적인 리더에게는 무모하게 보일 것이다.

두 번째 차원은 '**감각형과 직관형**'인데, 이것은 사람들이 정보를 얻는 방법과 관련성이 있다. 감각형(S)은 정보를 수집하는데 있어 실용적이고 현실적이며 사실에 입각하고 구체적인 경향이 있는 반면, 직관형(N)은 정보수집과정에서 보다 개념적이고 이론적이며 보편적이고 무작위적인 경향을 보인다.

세 번째 차원은 '**사고형과 감정형**'인데, 의사결정과 관계가 있다. 사고형(T)은 의사결정과정에서 확고하고 적절하며 명백하고 사심 없이 공정하다. 반면에 감정형(F)은 의사결정에서 인간적이고 조화로우며 몇몇 소수의 사람들로부터 제공받은 제한된 정보에 의존하여 결정을 내리는 주관적인 과정에 치우쳐 있다. 이러한 구별은 적어도 표면적으로는 과업지향성(사고형)과 인간지향성(감정형)의 차원에서 구분된 유형들과 다소 유사한 것처럼 보인다. 사고형 리더는 많은 사람들이 개입된 과정을 맞게 되면 어려움을 겪게 되고, 이로 인해 가능한 많은 정보를 얻은 후에 혼자서 의사결정을 내리려 할지도 모른다. 따라서 이러한 리더의 부하들은 소외감을 느낄 수도 있다.

마지막 차원은 '**판단형과 인식형**'인데, 이러한 구분은 사람들이 주어진 환경에 어떻게 대처하고 자기만의 생활양식을 어떻게 만들어 가는가와 관련이 있다. 판단형(J)은 그들의 생활에서 계획, 조직, 스케줄, 통제 등을 강조하고 과업지향적이고 독재적인 리더의 또 다른 측면이라고 볼 수 있다. 인식형(P)은 주어진 삶에 순응하며 융통성이 있고 자발적이며 그리고 개방적인 경향이 있으며 민주적 리더십스타일의 특성과 다소 유사하다고 볼 수 있다.

나. 성격유형 측정의 결과

다중 문항 측정도구(MBTI : Myers-Briggs Type Indicator)에 의한 조사표로 측

정한 결과를 채점 양식에 따라 채점하면 자신의 성격유형을 알 수 있다. 외향적인 사람은 보다 내향적인 사람을 통해 균형을 유지할 필요가 있고, 매우 실질적인 사람은 이론가를 통해 균형을 유지할 필요가 있으며, 지나치게 인간적인 사람은 때때로 초연하고 객관적인 시각을 가진 사람이 필요할 것이다. 또한 극히 즉흥적인 사람은 보다 조직적인 사람에 의해 자신의 그러한 기질이 보완될 수 있게 해야 할 것이다.

3. 부하의 성숙도 측정을 위한 도구

관리자들이 부하들의 성숙수준에 관한 진단을 위하여 Hambleton, Blanchard 및 Hersey 등은 측정도구를 개발하였다. 이 측정도구는 부하의 능력(직무수행 성숙도)과 자발성(심리적 성숙도)을 측정하도록 되어 있다.

가. 부하 성숙도의 두 가지 차원

직무수행 성숙도(과업 차원)와 심리적 성숙도(관계성 차원)의 두 가지 차원에 대한 약 30여 가지의 행동지표(indicator)에 대한 사전연구를 거쳐 〈그림 10-3〉에서와 같이 각 척도가 만들어졌다. 그리고 이 측정도구는 8점 평가척도를 채택하고 있는데, 8점 평가척도는 4등분되고 거기에 상황적 리더십 이론과 관련된 성숙수준 M1, M2, M3, M4를 할당하고 있다.

이 측정도구에서 부하의 능력(지식과 기술)은 정도의 문제라고 생각된다. 즉 개인의 능력은 순간순간 크게 변하는 것이 아니라 어떤 주어진 시점에서 그 개인은 약간의 능력을 가지고 있거나 아니면 꽤 많은 능력을 가지고 있기 때문이다. 그러나 자발성(자신감 및 동기화)의 경우는 다르다. 사람의 동기화의 정도는 순간순간 변할 수 있는 것이며, 순간적으로 기복이 심하기 때문이다. 그래서 사람은 어떤 특정분야의 책임을 좀처럼 맡으려고 하지 않거나, 때때로 맡으려고 하거나, 아니면 가끔 맡으려고 하거나 또는 보통 일반적으로 기꺼이 맡으려고 한다고 말할 수 있다.

(직무수행 성숙도의 척도)

(이 사람은 · 이같은 직무(목표)를 수행하는데 있어서

(척도)	높음		중간정도				낮음	
	8	7	6	5	4	3	2	1
	M4		M3		M2		M1	
1. 과거의 직무경험	직무수행에 적절한 경험을 가지고 있다.				적절한 경험을 가지고 있지 않다.			
	8	7	6	5	4	3	2	1
2. 직무지식	필요한 직무 지식을 가지고 있다.				필요한 직무지식을 가지고 있지 않다.			
	8	7	6	5	4	3	2	1
3. 직무상의 요구에 대한 이해	직무상에 요구되고 있는 일을 철저하게 이해하고 있다.				거의 이해하고 있지 않다.			
	8	7	6	5	4	3	2	1

(심리적 성숙도의 척도)

(이 사람은 · 이같은 직무(목표)를 수행하는데 있어서

(척도)	높음		중간정도				낮음	
	8	7	6	5	4	3	2	1
	M4		M3		M2		M1	
1. 책임을 맡으려는 자발성	매우 간절히 하고 싶어 한다.						마지못해 한다.	
	8	7	6	5	4	3	2	1
2. 성취동기	높은 성취의욕을 가지고 있다.						성취의욕이 거의 없다.	
	8	7	6	5	4	3	2	1
3. 작업에 대한 몰입	매우 헌신적이다.						관심이 없다.	
	8	7	6	5	4	3	2	1

〈그림 10-3〉 평가 척도

나. 부하성숙도 측정 결과

이 도구에 의해 측정된 부하 개인 또는 집단의 성숙수준 M1, M2, M3, M4에 따라 Hersey와 Blanchard의 상황적 리더십 이론 행동 처방을 할 수 있게 된다.

4. 사회측정(집단 구조의 분석)

사람들은 성격, 능력, 적성, 관심 분야, 영향력의 정도 등에서 개인 간 차이가 있다. 사람들이 집단을 형성하여 상호 작용이 일어나면 이와 같은 개인차가 나타나게 된다. 개인차의 존재와 집단에서의 상호작용의 결과는 집단 구조를 형성하는 원인이며 기초가 된다. 집단의 구조는 두 가지 측면에서 접근 할 수 있다. 하나는 상위 집단, 하위 집단 등과 같이 집단과 집단의 외부적 관계 구조를

파악하는 것이고, 다른 하나는 집단을 구성하는 구성원의 내부적 관계 구조를 파악하는 것이다. 여기에서는 집단의 내부적 관계 구조를 분석하는 구체적인 방안으로서 사회 측정(sociometry)을 중심으로 집단의 사회적 관계망(social network)을 분석하는 방법을 제시하고자 한다.

가. 사회 측정의 개념

원래 사회 측정이란 용어는 집단 내 거리를 측정하는 것을 뜻하는 광의의 개념으로 사용되었다. 그러나 일반적으로는 시카고 대학의 Moreno를 중심으로 한 학자들이 발전시킨 인간관계의 측정에 관한 방법을 지칭하는 협의의 개념으로 사용된다. Moreno는 1934년에 「Who Shall Survive?」라는 저서를 출간하여 사회측정방법을 발전시키는 데 커다란 기여를 하였다.

사회 측정은 집단 구성원 사이의 관계를 도출하여 집단의 성질, 구조 역동성, 상호 관계를 분석하는 일련의 방법이다. 사회 측정은 질문지나 면담을 통하여 집단 내 구성원 상호간의 선택, 거부, 무관심의 정도를 평가하여 동료 관계를 측정한다. 즉, 어떤 개인이 집단 내 구성원 상호간에 흐르는 감정이나 느낌에서 차지하는 위치를 평가하고 사회적으로 수용되어지는 정도를 평가하여 집단의 내부 구조를 측정하는 기법이다.

사회 측정의 목적은 집단의 내부 구조를 분석함으로써 집단 내 개인들이 조화된 인간관계를 형성하게 하여, 분열을 최소화하고 능률을 최대화하는 협동적인 집단을 창조하려는 것이다. 집단의 운영을 효과적으로 하기 위해서는 집단 구성원 사이에 화목한 인간관계가 존재하고, 구성원 각자는 사회활동의 공동 참여자로서 타인을 받아들이지 않으면 안 된다. 그러므로 구성원 개개인이 사회활동에 누구와 함께 참여하고 싶은지를 파악하는 것은 협동적 집단을 창조하는 데 중요한 기초 자료가 된다.

나. 사회 측정의 기본 원리

개인은 타인이 존재하면 관계라는 개념이 성립된다. 처음에 상대방의 의도를 모르더라도 자발적인 감정이 작용하여 일방적 관계(one way relation)가 발생하고, 이것이 점차로 상호간에 투사됨으로써 역할이 분화하고, 자발성과 창의성이 작용하여 쌍방적 관계(two way relation)가 형성된다. 역할의 분화가 진전됨에 따라 집단이라는 단위의 성격이 명료해지며, 이때 집단 구성원 사이에 일정한 정서의 흐름이 존재한다.

구성원 상호간에 흐르는 감정을 텔리(tele)라고 하는데 이는 유인, 배척, 무관심 등의 다양한 형태로 나타나며 측정이 가능하다. 텔리를 수렴하는 핵을 사회적 원자(social atom)라 한다. 즉, 사회적 원자는 더 이상 나눌 수 없는 최소의 기능적 단위로서 각 개인은 모두 사회적 원자로 존재한다. 인간관계는 끊임없이 변화하는 역학적인 유인과 반발의 힘이 작용하는 긴장 체계이며, 그것이 집단의 형태를 결정짓는다. 일상적인 인간관계를 생각해 보면, 우리가 단순히 의례적인 인사만 하는 사람, 중요한 문제에 대하여 상의를 하는 사람 또는 개인적인 비밀까지도 털어놓을 수 있는 사람이 항상 같은 사람은 아닐 것이다. 그러나 집단이 어느 정도 안정되면 일정한 유형의 인간관계가 존재하며 비교적 일관성을 지니게 된다. 그러므로 집단 구성원 사이의 유인과 반발의 형태, 강도, 빈도를 측정하여 집단 내에서의 개인의 관계 위치와 집단의 구조나 상태를 발견하고 기술하며 평가하는 방법이 사회 측정이다.

다. 사회측정 실시 결과

사회 측정의 실시 방법에 따라 사회 측정의 결과 처리 방법은 사회 행렬표(socio metrix)에 의한 분석, 사회도(sociogram)에 의한 분석, 표적 사회도(target sociogram)에 의한 분석 등이 있다.

5. Harris의 4가지 생활자세

사람은 성장하는 과정에서 각기 자기의 생활환경 속에서 자기 자신의 가치나 다른 사람의 가치에 대하여 자기 나름대로 어떤 가정을 하게 되는데, 그러한 가정은 나중에 일반화 될 수도 있고, 일반화되지 않을 수도 있다. Harris는 자신이나 타인에 대한 제 가정의 결합을 생활 자세라고 부르고 있는데, 이 생활 자세는 생을 통하여 표현된 욕구의 반응에 의해 얻게 되는 여러 가지 강화(reinforcements)의 결과로 얻어진 것이다.

가. 4가지 생활자세의 구성

이 생활 자세의 기본이 되는 자기나 타인에 대한 가정들은 긍정성 또는 부정성이란 말로 표현된다. 그래서 사람들은 자기에 대한 긍정적 가정 즉 자기는 옳다고 생각하든지, 혹은 자기에 대한 부정적 가정 즉 자기는 옳지 않다고 생각하든지 이 둘 중의 어느 하나이다. 다시 말해서 사람은 자기 자신에 대하여 생각하기를 자기는 가치가 있고 쓸모 있는 사람이라고 생각하든지 혹은 자기는 가치가 없고 쓸모없는 사람이라고 생각하기도 한다. 그리고 타인에 대해서도 똑같은 생각을 하게 되어 다른 사람이 옳다든지 옳지 않다든지 하는 생각을 하게 된다. 이렇게 해서 4가지의 생활자세(生活姿勢)가 생기게 되는데, 그 4 가지 생활 자세는 다음과 같다.

① 자기긍정(自己肯定) - 타인긍정(他人肯定) (I'm OK - You're OK)
② 자기긍정(自己肯定) - 타인부정(他人否定) (I'm OK - You're not OK)
③ 자기부정(自己否定) - 타인긍정(他人肯定) (I'm not OK - You're OK)
④ 자기부정(自己否定) - 타인부정(他人否定) (I'm not OK - You're not OK)

나. 4가지 생활자세의 의미

이와 같은 각각의 생활 자세를 갖고 있는 사람에 대해서는 다음과 같이 설명할 수 있다.

(1) 자기긍정 - 타인긍정

이 생활 자세는 이상적이고 건전한 생활 자세라고 해석되고 있다. 이러한 생활 자세를 가진 사람들은 자기들의 주위에 있는 다른 사람들을 신임하고 신뢰할 뿐만 아니라, 자기 자신에 대하여도 자신감을 가지고 있다.

(2) 자기긍정 - 타인부정

이 생활 자세를 가진 사람들은 흔히 '비판적인 어버이 자아상태'에 있는 사람들이다. 이와 같은 사람들은 적어도 두 가지 이유 때문에 다른 사람들을 학대하는 경향이 있다. 첫째로 그들은 다른 사람들을 비판의 원천으로 생각하기 때문이다. 그리고 이 같은 생활 자세를 가진 사람들은 자신들도 엄격하게 말해서 꼭 완전하다거나 꼭 옳지도 않으면서 다른 사람들을 지나치게 비판하고 싶어한다. 두 번째 이유로 그들은 권위 인물을 멀리하고 보다 더 독립적이기를 원하기 때문이다. 그러나 이 같은 사람들은 권위 인물이 된다든가 독립적이 되는 일에 자신이 없었거나, 아니면 과거에 그 같이 되기를 시도하였으나 실패한 경험을 하였을 것이다.

이와 같은 자기긍정 - 타인부정의 생활 자세는 안하무인격인 생활 자세로서, 나는 많은 자신감과 자율성을 가지고 있으나 나의 주위에 있는 다른 사람들과 더불어 공개적으로 정직하게 의견을 나누고 싶지 않다고 느낀다. 그리고 이 같은 생활 자세의 사람들은 다른 사람이 계속하여 의사를 소통해 보려고 노력을 하여도 귀를 기울여 들으려고 하지 않는다.

(3) 자기부정 - 타인긍정

이 생활 자세를 가진 사람들은 '순응하는 어린이 자아상태'에 있는 사람들의 자세이며, 그들은 일반적으로 다른 사람들이 자기보다 유능하다고 느낀다. 그리고 그들은 그들 자신들이 생각하는 것보다 문제성이 적은 사람들이다. 또 그들은 항상 자신이 부족하다고 생각한다. 이와 같은 생활 자세는 권위에 대하여 경의와 존경을 표하는 사람들에게서 흔히 볼 수 있는 열등의식이 많은 사람이다. 그들은 그들 생활주변에서 항상 생각하기를 자신은 통제력이나 권력이 거의 없고 다른 사람들이 모든 권력, 보상에 대한 통제력 및 처벌의 권한이 있다고 생각한다.

(4) 자기부정 - 타인부정

이 생활 자세를 가진 사람들은 자신을 나쁘게 생각하는 경향이 있고 온 세상을 비참하게 본다. 그리고 이 같은 생활 자세를 가진 사람들은 쉽게 포기해버리는 경향이 있다. 또 그들은 다른 사람을 신뢰하지도 않고 자신에 대한 자신감도 없다.

6. Covey의 인간관계 5가지 패러다임

해리스의 4가지 생활 자세와 유사한 내용으로서 Stephen R. covey가 제시한 인간관계 패러다임은 인간관계에 대한 절대적인 철학이다. 이들 패러다임은 승/승, 승/패, 패/승, 패/패, 승의 5가지로 나누어 볼 수 있다.

가. 5가지 패러다임의 의미

(1) 승/승적 사고

"나도 이기고 상대방도 이기는 승/승"의 패러다임은 모든 대인관계에서 서로의 이익을 추구하는 사고방식이다. 승/승이라는 것은 합의나 해결들이 서로에게 유익하고 또 만족을 주는 것을 의미한다. 이 승/승의 해결방안을 갖게 되면 모든 이해 당사자들은 결정에 대해 기분 좋게 느낄 뿐만 아니라 결정된 활동계획에도 헌신하게 된다. 이 같은 사고는 인생을 경쟁의 장으로 보는 것이 아니라 협력의 장으로 보는 데서 나온다.

그러나 우리는 대부분 이분법적 관점에서 사물을 보는 경향을 가지고 있다. 즉 우리들은 강하냐 약하냐, 하드볼이냐 소프트볼이냐, 또는 이기느냐 지느냐로 보는 것이다. 그런데 이런 종류의 사고방식은 근본적인 결함을 가지고 있다. 이 같은 사고방식은 원칙보다 권력이나 지위에 기초한 것이다.

이에 반해 승/승적 사고방식은 모든 사람에게 돌아갈 만큼 모든 것이 넉넉하게 있다고 보는 패러다임에 그 기초를 두고 있다. 즉 한 사람의 성공이 다른 사람의 실패를 초래하거나 다른 사람의 성공기회를 박탈하지 않고 이루어진다는 원칙에 그 바탕을 두고 있다. 승/승의 사고는 제 3의 대안이 있다고 믿는데서 나온다. 다시 말하자면, 당신이 하는 방식이나 내가 하는 방식이 아닌 더 나은 방식 즉 더 높은 차원의 방식이 반드시 있다고 믿는데서 출발한다.

(2) 승/패적 사고

"나는 이기고 상대방은 지는 승/패"의 패러다임은 리더십유형에서 권위주의적 접근방식이다. 나는 내 마음대로 한다. 당신은 내 방식대로 따라와야 한다는 식이다. 승/패의 사고방식을 가진 사람은 자기 방식대로 하기 위해 지위나 권력, 자격이나 재산 또는 배경 등을 동원하는 경향이 있다.

대부분의 사람들은 나면서부터 승/패적 사고에 깊이 물들어 왔다. 사람들이 그렇게 되도록 가장 큰 영향력을 행사하는 것은 바로 가족이다. 어린이가 서로 비교를 당할 때 즉 비교를 해 가면서 부모가 사랑을 주기도 하고 또 빼앗기도 하기 때문에 어린이는 승/패적 사고방식에 물들기 시작한다. 이처럼 사랑을 조건적으로 준다면 즉 사랑은 누구든지 획득해야 된다면, 그에게 전달되는 것은 그 자신이 본질적으로 소중하거나 또는 사랑스럽지 않다는 것이다. 즉 이 경우 가치판단은 자신의 내부에 있는 것이 아니라 외부에 있다. 다시 말하면 가치는 다른 누군가와 비교되거나 어떤 가치와의 비교를 통해서만 결정되는 셈이다.

인생의 대부분은 독립적이 아닌 상호의존적인 실체이다. 그리고 우리가 원하는 성과의 달성은 대부분의 경우 우리 자신과 다른 사람들 간의 협력 여부에 달려 있다. 승/패의 사고방식은 이 같은 협력에 대해 역기능적인 요소가 된다.

(3) 패/승적 사고

"나는 지고 상대방은 이기는 패/승"의 사고는 승/패 사고보다 더 나쁘다. 왜냐하면 여기에는 아무런 기준이 없기 때문이다. 나아가 여기에는 요구도, 기대도 그리고 비전도 없다. 패/승으로 생각하는 사람들은 보통 남을 기쁘게 하거나 양보하기 바쁘다. 이들은 대중적인 인기나 다른 사람으로부터의 인정에서 만족감을 얻으려 한다. 이런 유형의 사람들은 자기 자신의 감정이나 신념 등을 용기 있게 표현하지 못한다. 이들은 또한 다른 사람들의 자만심에 의해 쉽게 희생당한다.

승/패의 사고유형을 가진 사람들은 패/승식 사람을 좋아한다. 그 이유는 후자가 전자에게 희생당해 주기 때문이다. 승/패적 유형의 사람은 패/승적 유형의 사람이 가진 약점을 이용할 수 있기 때문에 좋아한다. 또 이들의 약점은 승/패적 사고를 하는 사람의 강점과 보완적인 관계가 된다.

그러나 패/승적 유형의 사람이 갖는 문제는 자기 자신이 가진 많은 감정을 그대로 묻어둔다는 사실이다. 그런데 이처럼 표현되지 않는 감정은 결코 사라지지 않는다. 이러한 감정은 살아있는 채로 묻혀 있다가 나중에 보다 나쁘게 나타나기 마련이다. 정신적 신체적 질병들 특히 호흡기나 신경 계통 그리고 순환기 계통의 병들은 패/승의 사고방식에 의해 억제되고 축적된 분노, 실망, 그리고 환멸 등에 의해 나타나는 경우가 많다. 또 고도한 분노, 사소한 자극에 대한 과민반응, 냉소주의 등은 억눌렸던 감정이 또 다른 형태로 재현된 것이다.

자기 자신을 끝없이 억누르기만 하고 자기 감정을 더 높은 것으로 승화시키지 못하는 사람은 이것이 자기 자존심에 영향을 미치고 나아가 대인관계에도 영향을 미친다는 사실을 발견하게 된다.

(4) 패/패적 사고

"나도 지고 상대방도 지는 패/패"의 패러다임은 둘 다 패배하는 것이다. 승/패적 사고방식을 지닌 두 사람이 함께 있을 때 즉 단호하고 완고하고 또 자존심이 강한 두 사람이 서로 만난다면 그 결과는 패/패로 끝날 것이다. 이들은 다른 사람을 죽이는 것이 자살 행위이고, 복수는 양날을 지닌 칼이라는 사실을 알지 못하며, 둘 다 원한을 품고 '복수하기'만 원할 뿐이다. 어떤 사람은 적 중심의 패러다임 즉 다른 사람의 행동에 너무 집착하기 때문에 자기 자신을 망치더라도 상대방을 어떻게 하면 패배시킬까 하는 욕망 외에는 아무 것도 볼 수 없게 된다.

패/패의 사고방식은 적대적인 갈등의 철학 즉 전쟁의 철학이다. 패/패의 사고방식은 자신의 내면에 아무런 방향을 갖지 못하는 매우 의존적인 사람들이 갖는 철학이다. 이들은 스스로 비참하게 느끼고 또 다른 모든 사람들도 그래야 마땅하다고 생각한다. 즉 '아무도 이기지 못 한다면, 패자가 되는 것도 별로 나쁘진 않다.'라고 생각한다.

(5) 승적 사고

또 하나의 사고방식으로 "단지 이기는 것만 생각"하는 사람이 있다. 이런 정신을 가진 사람은 다른 사람 누군가가 반드시 패배해야 한다고 생각하지 않는다. 이들에게 남의 일은 관심 밖이다. 따라서 이들이 중요하게 생각하는 것은 자신이 원하는 것을 얻는 것이다.

경합이나 경쟁심리가 전혀 없는 경우라면 승의 사고방식은 매일 일어나는 협상행위에서 가장 흔히 나타나는 접근방식일 것이다. 승의 사고방식을 갖고 사는 사람은 자기 목적에 입각하여 모든 일을 생각하고, 다른 사람도 그렇게 하도록 내버려 둔다.

나. 최적의 패러다임

지금까지 설명한 다섯 가지의 철학, 즉 승/승, 승/패, 패/승, 패/패 그리고 승의 철학 가운데 어떤 것이 가장 효과적인 것일까? 그 대답은 "그때그때의 상황에 따라 다르다"는 것이다. 최선의 선택이란 주어진 실제적인 상황에 달려 있다. 이때 중요한 과제는 이 같은 실제 상황을 정확하게 파악해, 승/패적 사고나 그 밖의 고정된 사고방식을 모든 상황에 일률적으로 적용시키지 않는 것이다. 대부분의 상황은 상호의존적 현실의 일부분이다. 따라서 승/승의 대안이야말로 다섯 가지 중에서 항상 활용할 수 있는 유일한 것이다.

승/패의 사고는 좋은 대안이 아니다. 왜냐하면 나와 상대방과의 대결에서 내가 일단은 승리한 것처럼 보일지 모르지만, 나에 대한 상대방의 감정, 태도 그리고 우리 모두의 관계 등은 큰 영향을 받는다. 상호의존적인 관계에서의 승/패 대안은 장기적으로는 패/패가 된다. 마찬가지로 패/승의 대안 또한 결국에는 다시 패/패의 관계로 돌아간다. 패/패의 결과는 분명히 어떤 상황에서도 바람직하지 못하다.

만일 내가 자신의 승리에만 집중하여 상대방의 관점 같은 것은 고려조차 하지 않는다면 풍요로운 인간관계는 생각할 수 없게 된다. 장기적으로 보았을 때 어떤 대안이 서로에게 승리를 주는 것이 아니라면 우리는 둘 다 패배자가 될 것이다. 이것이 바로 승/승적 사고방식만이 상호의존적인 현실에서 유일하고 바람직한 대안인 이유이다.

제11장 리더십전략의 수립

리더십 전략이란 리더십 환경을 진단하여 분석한 결과에 따라 리더가 목표를 설정하고 부하와 조직을 대상으로 이 목표 달성을 위해 '어떻게 리드해 나갈 것인가'의 문제이다. 첫째, 리더십 목표를 설정하고, 둘째, 이 목표 달성을 위한 리더십 유형을 선택하여 구사하고, 셋째, 이를 설정한 목표와 비교하여 평가하고, 이를 피드백하는 과정 전반을 리더십 전략이라 한다. 이러한 과정에서 리더는 변화하는 상황에 따라 자신의 행동을 적절히 바꿀만한 개인적 유연성은 물론 부하들의 욕구와 동인이 서로 다르기 때문에 부하들의 행동을 변화시키기 위한 다양한 기법을 가지고 있지 않으면 안 된다.

제 1 절 리더십전략 수립 과정

1. 리더십 목표 설정

중국의 철학자 노자(老子)는 "훌륭한 리더란 과업이 모두 완성되었을 때, 부하들로 하여금 하나 같이 '우리가 그 일을 우리들 스스로 해냈다'고 말할 수 있게 만든다."라고 하여 리더십의 목표가 무엇이어야 하는가를 가르쳐주고 있다. 이를 오늘날의 표현으로 보면 리더가 자신의 권한이나 권력을 단순히 휘두르는 것이 아니라 부하들의 신념, 가치를 변화시키고 자극함으로써 조직의 목표(조직의 성과)와 부하들의 욕구(구성원의 만족)를 일치시켜, 부하들이 스스로 일을 찾아서 하면서 보람을 느끼도록 만들어 조직 공동의 목표를 향해 매진토록 하는 것을 말한다.

이를 달성하기 위해서는 리더십 이론에서 논의한 바와 같이, 리더는 먼저 리더 자신의 내면(內面)화된 특성 즉 Katz와 Mann의 전문적, 인간관계적, 개념적 기술 등과 부하들로부터 극단적인 존경과 복종을 끌어낼 수 있는 카리스마 등을 지니고, 다음으로 실제의 외현(外現)적 리더 행동은 상황에 따라 Hersey와 Blanchard의 리더십 유형인 지시적, 설득적, 참여적, 위임적 유형을 적절히 구사하되, 궁극적으로는 부하 성숙도를 제고하고 조직문화와 분위기가 조직을 이끌도록 하여 부하를 자율적, 자기 지시적, 자아실현적, 이타적이게 하는 변혁적이고 셀프적이며 조직의 내·외부적 요구에 대한 균형적 리더십을 실현하는 것이다.

여기서 균형적 리더십이란 리더십의 세 가지 핵심기능인 조직 업적(performance)으로서의 과업상의 요구와 조직 개발(development)인 관계적 요구 이들 두 기능간의 균형(1차적 균형)을 유지하고 여기에 추가하여 집단의 외부환경에 적응함으로써 집단의 내부적인 요구와 외부적 요구 간에 균형(2차적 균형)을 이루는 리더십을 말한다.

이러한 리더십의 목표는 리더십 환경인 현재의 상황 여건 즉 리더 자신의 능력, 부하의 성숙도, 상사의 요구, 고객, 주주, 지역 사회, 시간의 가용성 등에 따라 달성하는 속도와 목표의 질이 크게 달라질 것이다.

따라서 리더는 먼저 단기간에 당면한 조직의 과업(업적)을 우선적으로 달성해야할 상황인 경우에는 지위권력으로, 과업을 중시하는 리더위주의 리더십이라 할 수 있는 **성공적 리더십** 구사를 중간 목표 1로 설정할 수 있을 것이며

다음으로는 단기 또는 중기적 차원에서 조직의 과업(업적)은 물론 조직의 유지(개발) 또한 요구되는 상황이라면 지위권력과 개인권력으로, 과업과 관계성의 조화(1차적 균형)를 도모하는 리더십인 **효과적 리더십** 구사를 중간 목표 2로 설정할 수 있을 것이다.

마지막으로 중기 또는 장기적 차원에서 건실한 조직으로의 육성은 지위권력보다 개인권력으로 조직성원들로 하여금 자기실현적이고 자기관리적이게 변혁하여 자신들을 셀프 리드할 수 있게 하고, 리더십 구성요소인 리더와 부하 뿐 아니라 조직을 둘러싼 외부환경에도 적응하는 **균형(2차적 균형)적 리더십** 발휘를 최종의 리더십 목표로 설정할 수 있을 것이다.

2. 리더십 유형 설정

여기에서는 포괄적이고 전형적인 리더십 유형을 제시하고자 〈표 11-1〉에서와 같이 리더 행동 방식과 리더 의사결정 방식 그리고 부하 동기유발 방식의 세 가지 분류방식으로 구분하였다.

첫 번째 분류 방법은 일반적인 리더의 행동 관점에 기초를 둔 과업위주의 행동과 인간관계위주 행동의 조합에 의한 분류 방식의 유형이다. 이 방법의 전형적인 리더십 유형에는 Hersey와 Blanchard의 상황적 리더십 이론에서의 지시형, 설득형, 참여형, 위임형을 들 수 있다.

두 번째 분류 방법은 리더의 의사결정과정과 관련된 행동패턴으로 Vroom과 Yetton의 의사결정 모델에서 제시하고 있는 독재형, 협의형, 집단형의 리더십 유형을 들 수 있다.

세 번째 방법은 부하의 동기를 유발하는 측면의 행동패턴으로 Bass의 변혁적 리더십 이론에서 제시한 변혁형, 카리스마형, 거래형에다 슈퍼리더십 이론의 슈퍼형을 추가한 리더십 유형을 들 수 있다.

〈표 11-1〉 리더십 유형 종합

유형 분류 방식	표준 리더십 유형
리더 행동 방식	지시형, 설득형, 참여형, 위임형
리더 의사결정 방식	독재형, 협의형, 민주형
부하 동기유발 방식	거래형, 카리스마형, 변혁형, 슈퍼형

가. 일반적 행동방식에 따른 리더십유형

업무선도의 과업행동과 인간관계위주의 배려에 의한 관계성행동의 적절한 조합으로 제시된 Hersey와 Blanchard의 지시형, 설득형, 참여형, 위임형의 네 가지를 리더십유형으로 들 수 있다.

(1) 지시형(telling)

책임을 맡을 능력도 없고 기꺼이 책임을 맡으려고 하는 자발성도 없는 사람들은 유능성도 없고 자신감도 없는 사람들이다. 많은 경우에 이와 같은 사람들의 비자발성은 수행해야할 과업에 대한 불안감 내지는 자신감이 없는 결과로 나타나는 현상이다. 그래서 명확하고 구체적인 지시와 감독을 수반하는 지시적 리더 행동유형이 이와 같은 성숙수준(M1)의 사람들을 위해 그 유효성의 가능성이 가장 높은 리더행동 유형이다.

이와 같은 리더행동 유형이 '지시적'이라고 불리는 이유는 리더가 부하의 역할을 확정하고 여러 가지 과업수행을 위해 무엇을 · 언제 · 어디서 · 어떻게 하라는 식의 지시적 행동이 이 유형의 특성이기 때문이다. 다시 말해서 이 리더행동 유형은 지시적 행동을 강조하고 있다. 이와 같은 성숙수준의 사람들에게 너무 많은 지원적 행동을 하게 되면 열등한 업무수행을 용인하게 되거나 서투른 업무수행에 대하여 강화 내지는 보상을 하게 되는 결과를 초래한다. 그리고 이 '리더행동 유형'은 '높은 과업행동'과 '낮은 관계성행동'의 혼합으로 이루어진다.

(2) 설득형(persuading)

책임을 맡을 능력은 없으나 자발성은 있는 사람들은 자신감은 있으나 그 과업수행을 위해 필요한 기술이 없는 사람들이다. 그래서 이와 같은 성숙수준(M2)의 사람들에게는 설득적 리더행동이 가장 적절한 것으로 나타나고 있는데, 이 같은 설득적 리더행동은 부하들의 능력의 결핍 때문에 그들에게 지시적 행동을 할 뿐만 아니라, 그들의 자발성이나 열성을 강화하기 위해 지원적 행동을 하는 그러한 리더행동 유형이다.

이와 같은 리더행동이 '설득적'이라고 하는 이유는, 여전히 리더가 부하에게 대부분의 지시를 하지만, 리더가 쌍방적 의사소통이나 설명을 통하여 부하들로 하여금 심리적으로 '요구되는 행동'을 실천하려는 의지를 불러일으키려고 노력하기 때문이다. 이 같은 성숙수준의 부하들은 그 결정의 이유를 이해하고 또 리더가 그 같은 결정의 실천을 위해 도움이나 지시를 제공하게 되면 그 같은 결정대로 따라하는 경향이 있다. 그리고 이 리더 행동 유형은 '높은 과업 행동'과 '높은 관계성행동'의 혼합으로 이루어진다.

(3) 참여형(participating)

성숙수준이 M3인 사람들은 리더가 원하는 것을 할 수 있는 능력은 있으나 자발성은 없는 사람들이다. 이와 같은 사람들의 비자발성은 자신감의 결여 때문이다. 그러나 그들이 유능성은 있으나 자발성이 없을 경우, 그들의 그 같은 과업수행에 대한 혐오감은 자신감의 문제라기보다는 동기부여의 문제인 것이다. 어느 경우이든지간에 리더는 의사소통의 문을 개방하여(쌍방적 의사소통 및 능동적인 경청) 그 부하의 노력을 지원하여야 할 필요가 있는 것이다. 그래서 이 같은 성숙수준의 사람들에게는 지원적이고 비지시적인 '참여적 리더십 유형'이 그 유효성의 가능성이 가장 높은 리더행동 유형이다.

이 같은 리더행동 유형이 '참여적'이라고 불리는 이유는 리더와 부하가 의사결정과정에 참여하여 의견을 나누게 된다. 이때의 리더의 주된 역할은 아이디어의 제출을 조장하고 의사소통을 하는 일이다. 그리고 이 리더행동 유형은 '높은 관계성행동'과 '낮은 과업행동'의 혼합으로 이루어진다.

(4) 위임형(delegating)

성숙수준이 M4인 사람들은 책임을 맡을 능력도 있고 자발성도 있는 사람들이다. 그래서 이와 같은 성숙수준의 사람들에게는 거의 지시적이 아니고 또 거의 지원적인 행동이 없는 위임적 행동유형이 그 유효성의 가능성이 가장 높은 리더행동 유형이다. 이 경우에도 리더가 여전히 문제점을 확인하기는 하지만 계획을 실행하는 책임이 이같이 성숙수준의 높은 부하에게 주어진다.

그 과업수행을 언제·어디서·어떻게 수행할 것인가에 대한 문제를 스스로 결정하게 한다. 동시에 그들은 심리적으로도 성숙한 단계에 있기 때문에 지나친 즉 평균정도 이상의 쌍방적 의사소통이나 평균정도 이상의 지원적 행동을 할 필요가 없다. 이와 같은 리더행동 유형은 '낮은 관계성행동'과 '낮은 과업행동'의 혼합으로 이루어진다.

나. 의사결정방식에 따른 리더십유형

리더가 방책을 수립하거나 결심을 내리는 상황에서의 행동 방식은 규범적 의사결정 모델에서 독재Ⅰ형 Ⅱ형, 협의Ⅰ형 Ⅱ형, 집단Ⅱ형 등 다섯 가지로 분류하고 있으나 부하의 의견을 어느 정도 반영할 것인가에 따라 크게 독재형, 협의형, 민주형의 3가지로 분류된다.

일반적으로 민주형 결정방식이 최선의 방식인 것으로 인식되나 리더와 부하가 갖고 있는 지식과 정보, 가용시간, 리더와 부하들 간의 인간관계 등에 따라서 효과적인 결정 방식이 달라진다.

(1) 독재형

독재형은 부하들에게 의견을 물어보지 않고 리더 자신이 알고 있는 지식과 정보를 근거로 판단하고 결심하는 방식으로 리더가 자신이 갖고 있는 지식과 정보에 전적으로 의존하여 부하들이 수행해야 할 임무에 대해 독단적으로 결정하고 임무를 부여하는 방식이다.

이 유형은 일반적으로 시간이 부족하거나 리더가 설명할 수 있는 기회가 여의치 않을 때 또는 경험이 없거나 스스로 임무를 수행할 수 있는 훈련이 부족한 부하들을 지휘할 때 적합한 유형이다.

독재적 행동유형을 부하들의 인격을 모독하는 언어를 사용하거나 불안이나 공포심을 느끼게 만드는 등의 폭력적 방식과 혼동해서는 안 된다. 이러한 독재형은 리더의 결정에 대해 부하들이 얼마나 기꺼이 수용하여 실행에 옮기려고 하는가에 효과가 달려있다.

(2) 협의형

협의형은 리더와 부하 모두가 머리를 맞대고 문제를 협의하여 결정을 내리는 방식으로서, 리더가 부하들에게 임무와 임무에 관련된 정보를 설명하고 자신의 의견과 부하들의 의견을 모두 참작하여 최종적으로 결심하는 방식을 말한다. 이것은 리더가 부하들에게 자문과 조언을 구하기는 하지만 최종적인 결정은 리더 자신이 내리는 방식이다. 이러한 유형은 부하들과 의논할 수 있는 시간을 갖고 있거나 사안에 대해 경험이 있는 부하들일 경우에 적합한 유형이다.

협의적 행동유형은 부하들의 능력계발과 자발적인 참여를 유도하는데 효과적인 방식이다. 협의과정을 통하여 부하들은 계획 수립에 자신들이 참여했다는 생각을 갖게 함으로써 시행에 대해 강력한 의지와 적극적인 노력을 경주하도록 자극을 주게 된다. 부하들에게 자문과 조언을 구한다는 것이 부하들이 제시한 의견을 모두 받아들인다는 것을 의미하는 것은 아니며 결정된 사항에 대한 책임은 언제나 리더 자신에게 있는 것이다.

(3) 민주형

민주(집단)형은 계획 수립이나 방안선정에 관한 권한을 전적으로 부하들에게 위임하는 방식이다. 이 방식은 리더가 문제해결에 대한 명확한 의견이 없거나, 조직의 운영상 특별히 영향을 미치지 않는 사소한 문제를 결정할 때 적합하다.

능력 있고 경험이 풍부한 부하들을 갖고 있는 리더는 부하들의 능력향상과 경험축적을 위해 여건이 가능할 때 부하들이 직접 결심하게 함으로써 임무에 대한 목적을 명확히 이해할 수 있도록 결정 권한을 부여할 필요가 있다. 그러나 부하들에 의해 전적으로 결정된 사항이라고 하더라도 이 결정으로 인하여 발생한 모든 문제에 대해서는 리더가 궁극적으로 책임을 져야 한다.

다. 부하의 동기유발 방식에 따른 리더십유형

'인간은 하찮은 부(富)나 명성을 얻기 위해서 목숨을 걸지는 않는다. 진실로 사람을 움직이고 싶으면 그의 영혼에 호소하라.' 라는 나폴레옹의 말은 외형적인 보상에 의존하는 리더십 유형과 영감에 호소하여 내면의 심리적인 변화를 추구하는 리더십 유형 간에 뚜렷한 차이가 있음을 보여 주고 있다. 부하의 동기를 유발하는 측면에서의 리더십 유형은 Burns는 변혁형과 거래형을 제시하고 있다.

부가하여 Bass는 카리스마를 변혁적 리더십과는 다른 그 이상의 것으로 보고 리더가 부하들에게 강한 감정과 동일시를 유발시키는 카리스마형을 추가하고 있다. 또한 슈퍼리더십의 슈퍼형은 구성원들이 셀프리더십을 발휘할 수 있도록 하는 리더십 유형으로 궁극적으로는 관리를 하지 않아도 되는 상황으로 발전될 수 있다.

따라서 부하의 동기유발 방식에 의한 리더십 유형은 거래형, 카리스마형, 변혁형, 슈퍼형의 네 가지로 분류할 수 있을 것이다.

(1) 거래형

리더가 부하들의 개인적인 관심에 호소함으로써 동기화를 시도하는 유형으로 거래적 리더십은 리더와 부하 사이에 일어나는 교환관계에 초점을 두고 있다. 이 같은 리더는 부하가 응종을 하면 그 대가로 그 부하에게 보상을 배분하는 것을 통하여 영향을 미친다. 이 같은 리더에 의해 흔히 사용되는 행동은 개인적인 보상의 제공이며 물질적 보상의 제공이다. 이 때 주어지는 보상은 부하의 노력, 업적, 리더에 대한 충성심의 대가이다.

거래형 리더의 부하들은 그들의 일에 대하여 매우 계산적이다. '보상이 계속 주어지는 한 그가 원하는 일을 하겠다.'는 식이다. 거래적 리더십은 고전적이고 유서 깊은 리더십 유형으로서 기업조직의 세계에서 흔히 찾아볼 수 있고 오늘날에도 널리 발휘되고 있으며 단기간에는 여전히 효과적인 리더십 유형이다. 서구의 철저한 합리주의가 바탕이 된 give and take 철학으로서 서구의 제반 논의된 리더십 이론 대부분이 여기에 속한다.

(2) 카리스마형

카리스마적인 리더십은 유전적이고 성격적인 리더의 특성보다는 리더가 어떤 독특하고 위대한 특징을 타고나면서부터 가지고 있다는 부하들의 지각에 근거하여 정의된다. 오늘날 가장 인기 있는 리더십 유형으로 다른 사람들을 고무시키며 동기유발하고 '들뜨게 만드는 리더(the exciting and charismatic leader)'이다.

이 같은 유형의 리더의 특성은 사람들을 고도로 동기 유발시킬 수 있고 열중하게 할 수 있는 미래의 비전을 만들어 낼 수 있는 능력이다. 그리고 이 리더는 다른 사람에게 활기를 불어넣어 그 비전을 추구하도록 만드는 역량을 가지고 있다. 많은 경우 이 리더는 특출하고 거의 신화적인 평판을 얻고 있다.

(3) 변혁형

변혁적 리더십이란 리더가 부하들과 함께 리더와 부하 양자 모두의 동기유발 수준과 도덕수준을 높이는 관계를 창조해 가는 과정을 가리키는 말이다. 이러한 변혁적 리더는 부하들의 동기와 욕구에 관심을 기울이며 부하들이 그들의 능력을 최대한 발휘할 수 있도록 도와주는데 노력을 기울인다.

변혁형 리더는 인본주의, 평화, 평등, 정의, 자유와 같은 높은 수준의 도덕적인 가치와 이상에 호소하여 부하들의 의식을 더 높은 단계로 끌어 올리려 한다. 매슬로우에 의하면, 변혁형 리더는 부하들의 상위수준의 욕구를 활성화시키는 것이다.

(4) 슈퍼형

슈퍼형 리더는 부하들이 스스로 자신들을 리드할 수 있게 하는 리더이다. 슈퍼리더는 역시 부하들에게 임파워링 리더(empowering leader)로도 알려져 있다. 이 같은 리더유형에서는 그 초점이 부하들, 즉 조직구성원들에게 있다. 구성원

각자가 내부에 갖고 있는 셀프리더십의 에너지에 활력을 불어넣을 줄 아는 사람이다.

슈퍼형 리더가 자신의 역할을 대체시켜 부하들을 셀프리더로 만드는 방법에는 여러 가지가 있을 수 있다. 외적으로는 직무디자인을 통해서 리더의 역할을 구조 속에 흡수시키는 방법과 팀 문화를 정착시켜 리더의 힘을 분산시키는 방법이 있을 수 있으며 또한 부하들의 능력을 향상시키든가 동기를 유발하여 리더의 지시나 안내를 필요로 하지 않도록 하는 방법도 있을 것이다.

3. 최선의 리더십 유형 결정

리더 행동의 이상적인 유형이 어떠한 것인가를 알고 싶어 하는 것은 누구에게나 공통된 생각이다. 그리고 많은 관리자들이 훌륭한 리더가 되기 위해서 어떻게 행동하는 것이 좋은가를 알고 싶어 한다. 대부분의 연구자들은 하나의 통합된 리더십 유형(과업과 관계성 모두에 대한 높은 관심)이나 혹은 관용적이고, 민주적이며 인간 관계적인 리더십 유형을 최선의 것으로 지지하고 있다. 그러나 이 같은 유형은 산업계에나 교육적인 상황에서는 적절할지 모르지만, 다른 상황에서는 부적당할지도 모른다. 군대, 병원, 교도소, 교회와 같은 조직에서의 유효한 리더 행동은 각 조직의 특수한 상황 및 그 조직의 독특한 환경 여하에 달려 있는 것이다. 그래서 앞에서 언급한 리더십에 관한공식, $L=f(l,f,s)$는 $E=f(l,f,s)$로 변경되어야 할 것이다. 여기서 E 는 리더십의 유효성을 의미한다.

유효한 리더는 그의 리더 행동을 상황의 요청과 부하의 욕구에 적응시켜나갈 수 있어야 한다. 상황의 요청이나 부하의 욕구는 항상 고정되어 있는 것이 아니기 때문에, 리더가 적절한 리더 행동의 유형을 상황에 맞추어 사용한다는 것은 유효한 리더에게 하나의 도전적인 일이 아닐 수 없다. 그래서 "리더는 바람직한 연주효과를 올리기 위해서 그 기법과 어프로치를 바꾸어가는 연주가와 같지 않으면 안 된다."는 것이다. 그리고 융통성 있는 리더 행동에 대해서는 다음과 같이 말할 수 있을 것이다. "리더가 자신의 리더십 유형을 그 상황의 특수성과 부하들의 욕구에 적응시켜나가려고 하면 할수록, 개인의 목표 및 조직의 목표를 달성하는데 그만큼 더욱 효과적일 것이다."

따라서 어떤 주어진 상황에 있는 부하를 대상으로 어떤 리더십 유형을 사용할 것인가를 결정하기 위해서 리더는 다음과 같은 몇 가지 과정을 거쳐야 한다.

첫째, 리더는 먼저 자기가 영향을 미치고 싶은 '개인 및 집단의 활동'이 무엇인가를 결정하여야 한다. 그 활동이 일반적인 것인가, 의사결정을 해야 하는 것인가, 부하의 동기를 유발하는 것인가에 따라 달라진다.

둘째, 그와 같은 직무의 측면에 있어서의 그 개인 및 집단의 능력이나 동기화 정도(성숙수준)를 측정하여야 한다.

셋째, 그 부하의 각 직무영역에서 그 부하의 성숙수준에 어떤 리더십 유형이 적절한가를 결정하여야 한다.

항상 최선의 리더십 유형이란 없다. 조직의 진단 결과에 따라 설정된 리더십 목표의 달성을 위한 유형을 현 상황에서의 적절한 리더십 유형이라 할 수 있을 것이며 조직의 변화에 따라 리더십 유형 또한 변화할 수 있는 리더의 융통성이 요구된다 하였다.

4. 리더십유형 구사의 평가

리더는 리더십전략에 따라 최선의 리더십유형을 구사하게 되고 그 결과에 대한 평가를 하게 된다. 리더십에 대한 평가를 조직의 유효성이란 용어로도 표현하고 있다. 조직유효성(organizational effectiveness)이란 Etzioni는 '조직이 그의 목표를 달성하는 정도'라고 단순하게 정의하고 있으며, 일반적으로는 '조직 목표와 조직 구성원 개인 목표달성의 통합 정도'라 할 수 있다.

이런 조직유효성에 대한 평가 기준은 '리더의 성공 정도가 아니라 부하들의 성공에 의하여 측정될 수 있다'고 하여 팔로어 중심의 조직을 강조하고 있음을 알 수 있다. 조직유효성 평가지표는 매우 다양하나 Daltone 등은 심리적 지표로 구성원들의 사기, 직무만족, 조직몰입 등을 들고 있다.

또 하나의 조직유효성에 대한 평가 기준을 제공해 주고 있는 6세기 중국의 철학자 노자(Lao Tzu)의 리더십 관(觀)을 참고할 필요가 있을 것이다.

"**나쁜 리더**는 부하들이 그를 경멸하는 경우이다.

보통의 리더는 부하들이 순종하고 리더에게 박수를 보내는 경우이며,

좋은 리더란 거의 말이 없어 부하들이 리더가 있는지 없는지 모르는 상태에서도 일이 완성되게 하고 목적을 달성하는 리더이다.

훌륭한 리더는 부하들이 일을 완성하고 나서 우리들 스스로 그 같은 일을 해냈다고 말할 수 있게 만드는 리더이다."

노자(老子)의 **보통의 리더**는 줄 것은 주는 리더로서 **거래적 리더**라 할 수 있고, **좋은 리더**는 마음까지 주는 리더로 **변혁적 리더**라 할 수 있으며, **훌륭한 리더**는 부하를 리더이게 하는 **슈퍼리더**라 할 수 있다.

많은 서구 학자들도 최근 이론을 기초로 한 리더십의 평가 기준을 일천 오백년 전 동양의 철학자에게서 찾는 것은 이 같은 노자(老子)의 철학이 21세기 지금에 와서도 시사되는 중요한 메시지를 던져 주고 있기 때문일 것이다.

제2절 리더십의 세 가지 전략

일반적인 리더십 전략의 종류에는 성공적 리더십전략과 효과적 리더십전략 그리고 균형적 리더십전략 세 가지로 구분할 수 있다. 앞 절에서의 리더십전략 수립 과정에 따라 리더십의 세 가지 전략을 도표화한 것이 〈표 11-2〉이다.

〈표 11-2〉 리더십 전략 구상 도표

<table>
<tr><th colspan="2">구 분</th><th>성공적 리더십</th><th>효과적 리더십</th><th>균형적 리더십</th></tr>
<tr><td colspan="2">리더십 환경</td><td>· 부하의 낮은 성숙도
· 수직적 조직 구조
· 당면 과업 달성
· 결과 중요시</td><td>· 부하의 다소 높은 성숙도
· 수직적 조직 구조
· 당면/장기적 과업
· 조직의 결속 중요시</td><td>· 부하의 높은 성숙수준
· 수평적 조직 구조
· 장기적 과업
· 독립활동 요구</td></tr>
<tr><td colspan="2">리더십 목표</td><td>조직의 성과 달성</td><td>조직목표와 개인목표의 일치/달성</td><td>셀프리더십구현</td></tr>
<tr><td colspan="2">리더십 중점</td><td>리더만의 만족</td><td>리더와 부하 만족</td><td>리더, 부하, 고객 및 이해관계자 모두 만족</td></tr>
<tr><td colspan="2">리더십 수단 및 요구 기술</td><td>· 지위권력
· 전문적 기술</td><td>· 지위/개인권력의 조화
· 인간관계 기술</td><td>· 개인권력
· 통합적 기술</td></tr>
<tr><td rowspan="3">리더십유형구사</td><td>리더행동 유형</td><td>지시형, 설득형</td><td>참여형</td><td>위임형</td></tr>
<tr><td>의사결정 유형</td><td>독재형</td><td>협의형</td><td>집단형</td></tr>
<tr><td>동기유발 유형</td><td>거래형</td><td>카리스마형, 변혁형</td><td>슈퍼형</td></tr>
<tr><td colspan="2">평 가</td><td>보통의 리더</td><td>좋은 리더</td><td>훌륭한 리더</td></tr>
</table>

1. 성공적 리더십 전략

가. 리더십 목표와 중점

성공적 리더십을 구사하기 위한 **리더십 목표**는 과업 지향 위주로 단기간 내에 생산성 즉 조직의 성과를 달성하는 데 두어진다. 그러므로 리더만의 만족을 추구하는 형태라 할 것이다. 이러한 목표를 달성하기 위한 리더의 활동은 조직의 질서와 안정을 추구하고 계획과 예산에서 자세한 일정을 강조하고 몇 개월부터 몇 년에 이르는 시간표를 강조하며 조직목표의 달성을 위해 필요한 자원의 배분을 강조할 것이다.

조직화나 충원에 있어서도 개인들의 작업을 구조화 하고 조직 내에서 그들 간의 관계에 초점을 맞추고 또 작업의 물리적 환경에도 관심을 기울인다. 여기에서는 적재적소의 원칙이 강조되고 작업수행을 위한 규칙이나 절차를 개발한다. 통제와 문제해결활동에서 관리의 초점은 성원의 동기유발을 위한 유인시스템(incentive system)의 개발, 문제의 해결, 업적목표를 향한 진행상태의 점검, 업적이 궤도를 벗어났을 때 수정조치를 취할 것이다.

따라서 성공적 리더십을 구사하기 위한 **리더십의 중점**은 자신은 긍정하면서도 부하는 부정하는 관리자 차원의 리더가 일방적으로 부하를 끌고 가는 데 두어질 것이다.

나. 리더십 수단 및 요구 기술

(1) 리더십 수단

성공적 리더십을 구사하기 위한 수단은 리더가 공식적인 지위를 차지함으로써 부여받는 보상권력, 강압적 권력, 합법적 권력 등의 **지위권력**이 된다.

가) 보상권력(reward power)

리더는 조직 구성원에게 다양한 형태의 보상을 할 수 있는 결정권을 가지고 있다. 이러한 결정권으로 인하여 발생하는 권력이 보상권력이며 승진, 좋은 부서로의 이동, 상여금 지급, 임금인상 등이 리더가 결정할 수 있는 형태의 보상들이다.

나) **강압적 권력**(coercive power)

리더는 조직 구성원들이 맡은 임무를 잘 수행하지 못했을 때 감봉, 좌천, 해고 등과 같은 방법을 통하여 처벌할 수 있다. 이러한 처벌에 대한 결정권으로 인하여 권력이 발생한다.

다) **합법적 권력**(legitimate power)

모든 조직에는 계층이 존재하며 높은 계층에 있는 사람은 자신의 업무를 수행하기 위하여 하급자에게 명령을 내릴 수 있는 권한을 가지게 된다.

(2) 요구되는 기술

성공적 리더십을 구사함에 있어 요구되는 리더의 기술은 **전문적 기술**로서 이는 경험, 교육, 훈련에 의해 얻어지는 것이며 어떤 직무를 수행하는 데 필요한 지식, 방법, 기술 및 장비 등을 활용할 줄 아는 능력이다.

다. 리더십 유형 구사

성공적인 리더십을 달성하기 위하여 구사할 수 있는 리더십 유형은 다음과 같다.

(1) **일반적인 리더 행동 유형면**에서는 지시형과 설득형을 구사하는 것이 적절하다. 이런 상황에서는 지시하고 안내하며 지휘하고 성취하도록 설득하고 명백히 설명하는 리더십은 효율적이나, 억압적으로 명령하고 부끄럽게 만들며 지배하고 공격하는 리더십과 조작적, 설교적, 방어적, 합리화 등은 비효율적이다.

(2) **리더의 의사결정 유형면**에서는 독재형 구사가 적절할 것이다.

가) 독재Ⅰ형 : 리더는 자신에게 가용한 정보를 활용하여 독단적으로 결정을 내린다.
나) 독재Ⅱ형 : 부하들로부터 필요한 정보를 수집한다. 그러나 결정은 리더가 독단적으로 한다.

(3) **부하의 동기유발 유형면**에서는 거래형 구사가 적절할 것이다. 이 방식은 부하들로 하여금 자신과 조직의 목적 달성을 위해 해야 할 일이 무엇인지를 명확하게 알 수 있도록 해주며, 요구되는 노력을 다하면 보상을 받을 수 있다는 확신감을 갖도록 해준다는 장점이 있다.

보상이나 처벌이 부하들이 행동을 통제하는데 효과적인 면은 있지만 부정적인 측면도 있다. 우선 상벌을 통한 행동통제는 보상을 얻거나 처벌을 피하기 위하여 피상적으로 추종하게 만들 뿐 리더에게 진심으로 복종을 하게 만들기는 어렵다. 처벌의 강력한 시행은 조직의 발전을 위한 창의적인 행동이나 혁신적인 행동을 위축되게 만든다. 또한 부하들이 성장 할 수 있는 기회를 제한하며 잘못을 한 경우에 이를 사실대로 보고하지 않고 숨기게 만들기도 한다.

라. 전략 구사 요건 및 평가

전략 구사 요건은 전통적인 수직적, 계층적 조직 구조 하에서 부하들의 과업관련 성숙수준이 낮고 당면 과업의 성과를 단기간에 얻고자 하거나 군대의 전투 상황과 같은 위급하고 결과가 중요시 될 때 적절하다.

이 리더십 전략의 지시형, 독재형 등의 리더십유형 구사는 부하들로 하여금 자신들이 과업 수행을 위한 도구 이상의 가치를 갖지 못하게 하는 관계성 부재로 '老子'가 규정한 '나쁜 리더 즉 부하들이 그를 경멸하는 리더'의 경우라 할 수 있다.

또한 설득형, 거래형 등의 리더십유형도 구사하여 부하들이 거래적 관계 이상의 마음으로 부터 우러나서 따르지는 않으나 일을 해야 하는 이유를 알게 해주고 일의 대가에 공정하게 조치하는 등 부분적인 정서적 지원과 합리성은 지위권력과 연관되어 부하들의 응종과 지지를 얻음으로써 '보통의 리더' 가능성을 보여 주고 있다.

그러나 이 리더십 전략은 조직 성원의 성숙도가 낮음으로써 그들이 과업을 감당할 능력이 부족할 때에는 불가피한 선택의 전략이 될 것이며 일단 리더가 목표한 집단의 과업 즉 성과를 달성할 수 있다는 점에서는 성공적이라 할 수 있다.

2. 효과적 리더십 전략

가. 리더십 목표와 중점

효과적 리더십을 구사하기 위한 **리더십 목표**는 조직의 목표와 부하개인의 욕구 및 목표를 일치시키는 것이다. 그러므로 **리더십 중점**은 리더와 부하가 다 같이 만족할 수 있는 형태에 두어 진다. 이러한 목표를 달성하기 위해서는 관계성 지향 위주로 부하들의 행동에 영향을 미치고 변화를 위해 비전을 제시할 수 있는 리더가 중심이 되어야 할 것이다.

따라서 효과적 리더십을 구사하기 위한 리더십의 주체는 곧 자신도 긍정하면서 부하들도 긍정하는 "올바른 일을 하는 리더(Leaders are people who do the right things)"라 할 수 있을 것이다.

나. 리더십 수단 및 요구기술

(1) 리더십 수단

효과적 리더십을 구사하기 위해서는 조화된 지위권력과 개인권력이 리더십 수단이 된다.

(2) 요구되는 기술

효과적 리더십을 구사함에 있어 요구되는 리더의 기술은 Katz와 Mann의 인간관계 기술이 더 요구된다 하겠다.

다. 리더십 유형 구사

효과적인 리더십을 달성하기 위하여 구사할 수 있는 리더십 유형은 다음과 같다.

(1) **일반적인 리더 행동 유형 면**에서는 참여형을 구사하는 것이 적절할 것이다. 이런 상황에서는 참여적이고 용기를 주며 지원적이고 부하를 권력화 하는 것은 효율적인 리더십이나, 후원하고 회유하며 달래는 리더십은 비효율적이다.

(2) **리더의 의사결정유형 면**에서는 협의형의 구사가 바람직 할 것이다.

가) 협의Ⅰ형 : 결정해야 할 문제와 관련이 있는 부하들을 개별적으로 접촉하여 문제가 무엇인가를 알려주고 의견을 묻거나 정보를 구한 다음 결정은 리더가 독단적으로 하는데, 부하의 의견을 반영할 수 도 있고 반영하지 않을 수 도 있다.

나) 협의Ⅱ형 : 회의를 소집하여 부하들에게 문제가 무엇인가를 알려 준 다음 모든 부하들로부터 의견을 묻거나 정보를 구한 다음 결정은 리더가 독단적으로 하는데 부하의 의견을 반영할 수 도 있고 반영하지 않을 수도 있다.

(3) **리더의 부하 동기유발 유형 면**에서는 카리스마형과 변혁형이 바람직 할 것이다.

가) 카리스마형

카리스마적 리더들은 집단 임무와 관계되는 동기들을 유발하는 쪽으로 행동한다. 성취동기의 유발은 도전적인 과업에 적합하다. 권력동기의 유발은 추종자들이 경쟁적, 설득적 및 공격적이 되어야 하는 과업에 적합하다. 친애동기의 유발은 추종자들 간 협동, 팀워크 및 상호지원이 요구되는 과업에 적합하다.

부적인 카리스마 리더들은 이념적 목표보다는 그들 자신에게 헌신해줄 것을 강조하며, 이념적 목표는 추종자들을 조작하기 위한 수단으로만 사용한다. 정적 카리스마 리더들은 이념적 목표에 대한 헌신을 요구하지만, 추종자들의 개인적 욕구가 무시되면 이 리더들에 의해 육성된 성취문화가 바람직스럽지 못한 결과를 가져올 수도 있다.

나) 변혁형

변혁형 유형 구사로 조직성원들로 하여금 처음에 기대한 것 보다 더 많은 동기유발이 되도록 한다. 이는 변혁형 리더는 조직성원들의 유능성과 자신감 뿐만 아니라 잠재력을 개발하기 때문이다. 따라서 변혁형 리더는 조직성원을 리더로 발전시킬 의도를 가지고 목표를 설정하며 이러한 발전지향성 때문에 부하 자신도 거래형 리더에서 변화 주도적 리더로 변화된다.

라. 전략 구사 요건 및 평가

효과적 리더십전략의 구사 요건은 전통적인 수직적, 계층적 조직 구조 하에서, 부하들의 과업 관련 성숙도는 다소 높은 상태에서 장기적인 과업도 포함하되 주로 당면한 과업을 달성하고자 할 때와 부하를 고려하는 관계성과 조직의 정서적 결속이 중요시될 때 적절하다.

이 리더십 전략은 리더가 중심이 되어 부하들을 감동 감화시켜 즉 부하들을 수동적 양떼가 되게 하여 질 높은 과업을 달성함으로써 '노자'의 '리더에게 순종하면서 박수를 보내는 보통의 리더' 라고 할 수 있다. 여기에다 부하들로 하여금 순종 보다는 리더와 대등한 참여를 통하여 능력을 발휘하게 한다거나 부하를 더 성숙되게 개발하고자 하는 의지가 추가된다면 보통의 리더를 넘어 좋은 리더도 될 수 있을 것이다.

3. 균형적 리더십 전략

가. 리더십 목표와 중점

균형적 리더십을 구사하기 위한 **리더십 목표**는 부하 개발과 조직의 균형을 들 수 있다. 먼저 부하 개발은 자기실현적이고 자기 관리적이게 변화시켜 자신들을 스스로 리드할 수 있게 하는 셀프 리더십의 달성이며, 조직의 균형이란 리더와 부하 뿐 아니라 고객을 포함한 조직과 관련된 이해관계자 모두의 요구 충족으로서 이러한 목표의 달성은 모두의 만족으로 균형과 생명력 있는 조직을 구현하게 될 것이다.

슈퍼리더십의 경우는 권력과 비전이 부하들에게 있다. 소위 부하들은 장기적으로 전체적인 시스템을 지원하는 셀프 리더십의 강력한 대들보로 서있게 된다. 따라서 **리더십의 중점**을 부하에 두고 그들에게 권한을 위임해 주고 변화과정에서 부하들의 능력을 키워 나가려고 한다.

나. 리더십 수단 및 요구 기술

(1) 리더십 수단

균형적 리더십을 구사하기 위해서는 리더가 자신 외는 다른 사람들이 가지지 못한 전문적 권력, 준거적 권력 등 개인적 특성으로 인한 개인 권력이 리더십 수단이 된다.

가) 전문적 권력

리더가 특정 분야나 영역에 가지고 있는 해박한 지식이나 능력으로 인하여 발생하는 권력이다. 구성원들이 리더의 지식, 경험, 기술, 정보를 필요로 하는 경우에 구성원들은 리더의 지시나 명령을 따를 수밖에 없다.

나) 준거적 권력

조직 구성원들이 리더에게 인간적인 매력을 느끼게 되어 그 사람을 따르게 되는 경우에 발생하는 권력이다. 일반적으로 개인적 존경심, 호감, 카리스마와 같은 특성 때문에 매력을 느끼게 된다. 과거 동양 문화권에서는 많은 지도자들은 준거적 권력을 가지고 있었다.

(2) 요구되는 기술

균형적 리더십을 구사함에 있어 요구되는 리더의 기술은 Katz와 Mann의 전문적 기술과 인간관계적 기술은 물론 통합적 기술이 두루 요구 된다고 할 것이다.

다. 리더십 유형 구사

균형적인 리더십을 달성하기 위하여 구사할 수 있는 리더십 유형은 다음과 같다.

(1) **일반적인 리더 행동 유형 면**에서는 위임형의 구사가 바람직 할 것이다.

Hersey와 Branchard의 조직성원들의 성숙수준이라는 상황에 따라 지시형, 설득형, 참여형, 위임형을 적절히 구사하되 궁극적으로는 성원들의 성숙도를 높여 위임형을 구사할 수 있어야 한다.

이렇듯 위임형 구사시 감독을 거의 않고, 활동을 모니터하며 결과를 강화하고, 접근 가능성만 유지하는 리더십은 효율성이 있으나 포기하거나 내버리고 철회하는 리더십은 비효율적이다.

(2) **리더의 의사결정유형 면**에서는 민주형 구사가 바람직 할 것이다.

조직성원들을 자기실현적이고 자기관리적이게 변혁시켜 자신들을 스스로 리드할 수 있게 하여야 한다. 이를 위해서는 리더가 의사결정을 단독으로 하는 독재형과 협의형을 지양하고 조직성원 전체의 합의로 방안을 도출해 내는 데 가장 유용한 민주(집단)형 구사가 바람직 할 것이다.

(3) **리더의 부하 동기유발 유형 면**에서는 슈퍼형이 바람직 할 것이다.

슈퍼리더십은 권력과 비전이 부하들에게 있다. 그러므로 구성원들이 자신을 스스로 통제하고 행동하는 셀프리더십 능력을 갖추게 되며 궁극적으로는 관리를 하지 않아도 되는 상황으로 발전될 수 있다.

슈퍼리더십 시각은 영웅적 리더십을 초월한 개념이다. 과거의 경우 각광은 리더가 받으나 슈퍼리더십의 경우 각광은 부하가 받는다. 그래서 부하들은 이례적인 헌신과 자신들의 일에 대한 주인의식을 경험하게 된다.

라. 전략 구사 요건 및 평가

전략 구사 요건은 장기적으로 안정되면서 성숙된 조직성원으로 구성되고 독립적 업무가 요구되는 21세기의 수평적 조직구조에서 적절하다.

이 리더십 전략은 부하들이 자율적, 자기 지시적인 셀프리더십이 구현됨으로써 "부하들은 리더가 있는지 없는지 모르는 상태에서 일이 완성되고 목적을 달성하는 경우"의 좋은 리더로 평가할 수 있고 나아가 부하들이 일을 완성하고 나서 우리들 스스로 그 같은 일을 해냈다고 말할 수 있게 만드는 가장 훌륭한 리더가 될 수 있다.

제12장 윤리적 리더십

인간은 유사 이래 리더의 윤리성에 대해서 끊임없이 관심을 가져 왔다. 리더가 갖는 영향력으로 말미암아 리더십 상황에서 일어나는 윤리적 문제는 늘 중요한 이슈일 수밖에 없었기 때문이다. 리더십에 있어서 윤리는 리더가 무엇을 해야 하며, 어떤 사람이 리더가 되어야 하는가와 관련이 있는 개념이다.

여기에서는 별도의 윤리적 리더십 이론이 아닌 리더십상황에서 일어나고 있는 윤리적 현안 문제들(ethical issues)에 대하여 논의하고자 한다.

제 1 절 리더십에 있어서 윤리의 중요성

윤리란 '개인이나 사회가 바람직하고 적절하다고 보는 가치나 도덕성'으로 정의할 수 있다. 결국 윤리란 특정한 상황에서 무엇이 옳고 그른지, 또 무엇이 좋고 나쁜지를 판단하는 지침을 제공해 준다. 조직 구성원에게 영향력을 행사하여 공동의 목표를 달성하는 리더에게 있어서 윤리적 행동은 아무리 강조해도 지나치지 않을 것이다. 따라서 리더십에 있어서의 윤리의 중요성은 다음과 같다.

1. 리더십의 영향력

리더십의 영향력의 차원은 리더가 자신이 이끌고 있는 조직 구성원들의 삶에 영향을 줄 수 있어야 한다는 것을 요구 한다. 다른 사람들의 가치관이나 적성을 변화시킨다는 것은 엄청난 윤리적 부담과 책임을 수반한다.

리더는 일반적으로 추종자들보다 더 많은 권력과 통제력을 가지고 있기 때문에 그들의 리더십이 추종자들의 삶에 어떤 영향을 미치는가에 대해 민감하게 반응해야 할 책임도 있는 것이다.

2. 인간의 존엄성

리더들은 조직의 구성원들을 고용하여 그들의 노력을 공동의 목표를 달성하는 데에 활용한다. 즉 리더십은 존엄한 인간을 대상으로 성립한다는 것이다. 따라서 리더들은 그들의 추종자들을 존엄과 존경으로 즉 나름대로의 독특한 정체성을 지닌 인간으로 대할 윤리적 책임이 있다. 이러한 '인간에 대한 존경심(respect for persons)'은 리더들에게 추종자들 자신의 이해관계, 욕구 및 양심적인 사항들에 대해 주의를 기울일 것을 요구한다. 우리들 모두가 다른 사람들을 독특한 한 인간으로 대해야 할 윤리적 책임을 가지고 있지만 리더들은 리더십 지위가 갖는 특수한 성질 즉 다른 사람들에게 중대한 영향을 미칠 수 있다는 점 때문에 특별히 더 큰 윤리적 책임을 져야 한다는 것이다.

3. 윤리는 리더십의 중심

윤리는 리더십의 중심에 자리하고 있으며 리더는 조직의 가치를 확립하고 강화하는 데 도움을 준다. 모든 리더는 자기 나름의 독특한 신념과 관점을 가지고 있다. 그리고 모든 리더는 그들 나름대로의 신념, 제안, 가치, 아이디어 그리고 다루고 싶은 이슈들을 가지고 있다. 한 리더에 의해 촉진되는 가치들은 그 조직전체의 가치에 큰 영향을 미칠 수 있다. 다시 말하면 그들의 영향력 때문에 리더들은 조직 내의 윤리적 환경을 확립하는 데 중요한 역할을 하게 되는 것이다.

요약컨대 윤리는 리더십의 중심에 자리하는데 그 이유는 영향력 과정의 본질 때문이며, 추종자들을 고용하여 공동목표를 달성하도록 해야 할 필요성 때문이고, 조직의 가치를 확립하는 데 리더가 미치는 영향 때문이다.

제 2 절 윤리적 리더십에 대한 관점

여기에서 제시하는 세 가지 관점들(Heifetz, Burns, Greenleaf)은 현재 윤리와 리더십 분야에서의 지배적인 이슈들이라 할 수 있으며 이들의 주된 공통 주제는 리더와 추종자(부하)간의 관계가 윤리적 리더십의 중심에 자리하고 있다는 것이다.

1. Heifetz의 관점

Heifetz의 관점은 윤리적 리더십과 관련이 있다. 그것이 가치적 측면 즉 구성원들의 가치와 그들이 일하는 조직과 지역사회의 가치를 다루고 있기 때문이다. 그에 따르면 리더십은 권한을 이용하여 추종자들로 하여금 빠르게 변화하는 작업환경과 사회문화 속에서 나타나는 상충되는 가치들에 잘 대응해 가도록 도움을 주는 것이라는 것이다. 따라서 그의 관점은 구성원들의 가치를 직접적으로 언급하고 있다는 점에서 윤리적 관점이라고 볼 수 있는 것이다.

Heifetz에 의하면 리더들은 어려운 문제들의 해결을 목적으로 사람들을 동원하기 위해 권한을 사용해야만 한다. 그러나 리더는 신뢰와 양육 그리고 공감대가 존재하는 '지원적인 환경'을 제공해야만 한다. 이러한 지원적 환경에서 추종자들은 어려운 문제에 대처하고 처리하는 데 안정감을 느끼게 된다.

특히 리더들은 사람들이 그 이슈에 주의를 기울일 수 있게 하는 동시에 정보의 사실 여부를 검증하는 역할을 해야 하며 이슈들을 관리하고 구체화하며 상충하는 관점들을 조화시키고 결정과정을 촉진시켜야 한다는 것이다. 따라서 리더의 의무는 추종자들을 도와 변화와 자기성장을 위해 노력해갈 수 있도록 하는 것이다.

2. Burns의 관점

Burns의 변혁적 리더십이론은 추종자(부하)들의 욕구와 가치 그리고 도덕성을 매우 강조하고 있다. 변혁적 리더십은 리더들이 그들의 부하들이 더 높은 수준의 도덕적 책임감을 갖도록 하는 노력을 강조하고 있다. 바로 이 같은 강조점이 변혁적 리더십을 대부분의 다른 리더십접근법들과 비교하여 돋보이게 하는 점이다. 그것이 리더십의 도덕적 차원을 명확하게 언급하고 있기 때문이다.

리더십을 도덕성수준을 고양시키는 과정으로 보는 Burns의 입장에 대해 비판이 없는 것은 아니다. 그의 이론은 많은 의문을 불러일으켰다. 무엇이 더 나은 도덕적 가치인가를 어떻게 결정하는가? 어떤 결정이 다른 결정보다 더 높은 도덕적 기반에서 비롯된 것이라고 말할 수 있는 사람은 누구인가? 리더십의 정의에 따라 리더십이 부하들의 도덕적 기능성을 향상시키는 것이라면 히틀러와 같은 리더의 리더십은 실제로 리더십이라고 할 수 없다는 것인가?

이같이 매우 정당한 의문에도 불구하고 Burns의 리더십에 대한 관점은 윤리가 어떻게 리더십 과정의 중심적 특성이 되고 있는지를 보여주고 있다는 점에서 독특하다. 그의 이론은 윤리를 '리더십이 의미하는 바가 무엇이며', '리더십은 어떻게 수행되어야 하는가?'에 대한 학구적인 논의의 최전면에 부각시키고 있다는 점에서 주목할 만하다.

3. Greenleaf의 관점

1970년대 초 Robert Greenleaf는 소위 섬기는 리더십(servant leadership)이라는 다소 역설적인 접근법을 개발하였다. 섬기는 리더는 강력한 이타적 윤리의식을 가지고 부하들의 관심에 유의하여 부하들의 입장에서 느끼고 생각하며 동시에 그들을 보살피고 양육해야 한다는 것을 강조한다.

Greenleaf는 리더십은 본성적으로 남을 섬기려는 사람에게 부여되는 것이라고 주장한다. 실제로 한 개인이 리더로 부상하게 되는 방법은 첫째로, 봉사자가 되는 것이다. 섬기는 리더는 부하들의 욕구에 관심을 기울이고 그들이 보다 더 지적이 되고 자유롭고 독립적이며 부하들 자신이 남을 섬기는 사람이 될 수 있도록 도와주어야 한다. 즉 리더는 그의 존재만으로 다른 사람들을 풍요롭게 할 수 있어야 한다.

그리고 섬기는 리더십은 공동체적 삶에 모든 사람이 참여할 수 있도록 하는 것을 가치 있게 여긴다. 인간이 존경과 신뢰 그리고 개인적 강점을 충분히 경험할 수 있는 곳은 바로 공동체 안에서이기 때문이다. 따라서 Greenleaf는 다른 사람의 말을 경청하고 공감하며 무조건적인 수용을 크게 강조하고 있다.

제 3 절 윤리적 리더십의 원칙들

여기에서의 존중, 봉사, 정의, 정직 그리고 공동체윤리 등 다섯 가지 원칙들은 건전한 윤리적 리더십개발을 위한 토대를 제공한다고 할 것이다.

1. 타인 존중

철학자 Kant는 다른 사람들을 대할 때 존경심을 가지고 대하는 것은 우리의 의무라고 주장하였다. 그것은 그것 자체가 목적(ends)이어야 하고 수단(means)이 되어서는 안 된다는 것을 의미한다. 즉 다른 사람을 대할 때 수단으로서가 아니라 목적으로 대하려면 다른 사람의 결정이나 가치를 존중해야 한다는 것이다. 그렇게 하지 않으면 다른 사람을 자신의 목적을 위한 수단으로 취급하는 것이 되기 때문이다. 그래서 타인을 존중하는 리더는 부하들 자신의 창조적인 열망을 인정하고 존중한다. 또한 그 같은 리더는 모든 타인이 그 나름의 절대적인 가치와 소중한 개인차를 가지고 있다는 생각을 가지고 그들을 대한다.

그리고 다른 사람을 존중한다는 것은 다른 사람의 생각을 신뢰하고 그들을 한 인간으로 인정하는 것을 의미한다. 또한 리더가 그들과 관련된 결정을 그들에게 맡겨야 한다는 의미이기도 하다. Burns가 제의한 바와 같이 리더는 부하들을 양육하듯이 하여 자신들의 욕구와 가치 및 목적 등을 알아차리도록 해야 하고 그것들을 리더의 그것들과 융합해가도록 도움을 주어야 한다. 타인을 존중해야 한다는 윤리는 부모가 어린 자녀들을 가르치는 것과 유사하지만 그보다는 더 깊은 뜻을 담고 있는 개념이다.

그래서 타인을 존중하는 리더는 부하들의 말을 수용적인 자세로 경청하고 공감을 나타내며 반대의 견해도 관대하게 받아들이는 것을 의미한다. 그리고 또 존중은 부하들의 신념이나 태도 및 가치관을 인정하는 것을 의미하기도 한다. 리더가 부하들을 존중하게 될 때 부하들은 자신들의 작업에서 자신감을 느끼게 되는 것이다. 간단히 말해서 타인을 존중하는 리더는 부하들을 존경할 만한 가치가 있는 한 인간으로 대하는 리더이다.

2. 타인 섬김

윤리 이론에서 하나는 자신의 이익에 기초한 윤리적 이기주의이고 또 하나는 다른 사람의 이익에 기초한 윤리적 이타주의였다. 섬김의 원칙(service principle)은 명백한 이타주의의 한 예로서 섬기는 리더는 이타적이다. 그래서 그들은 계획을 수립할 때 부하들의 복지를 최우선에 둔다. 작업현장에서도 이타적인 섬기는 리더들은 사제관계(mentoring), 권한위임, 팀 구축 및 조직시민행동 등의 행동을 하고 있음을 보게 된다.

다른 사람들을 섬기는 리더의 윤리적 책임은 자선의료봉사활동에서 볼 수 있는 윤리원칙과 매우 유사하다. 일반적으로 자선이란 베푸는 자가 다른 사람들의 정당한 이익과 목적을 추구하도록 도와줄 의무가 있다는 것을 의미한다. 윤리적 리더는 다른 사람들의 필요에 유의하고 그들을 보호하며 그들의 복지에 유익이 되고 해가 되지 않는 방향으로 결정해야 할 의무가 있다.

결국 섬김의 배후에 있는 의도는 타인들의 보다 큰 유익을 위해 공헌해야 한다는 것이다. 섬김의 원칙을 실천하는 데 있어서 윤리적 리더는 기꺼이 부하중심적이 되어야 하고 그들의 이익을 최우선에 두며 그들에게 이익이 되는 방향으로 행동해야만 한다.

3. 공정성

윤리적 리더는 공정성과 정의에 관심을 기울여야 한다. 리더들은 그들의 부하들을 평등하게 대해야 한다는 것을 최우선과제로 삼아야 한다. 정의는 리더들이 그들의 결정과정에서 공정성을 가장 중심에 둘 것을 요구한다. 일반적으로 어쩔 수 없는 특별한 경우를 제외하고는 조직 내의 누구도 특별한 대우를 받거나 특별한 배려를 받아서는 안 된다. 조직 내의 개인이 불가피하게 차별대우를 받아야 할 경우 그 차별적 대우의 원인이 분명하고 합리적이며 건전한 도덕적 가치에 근거해야 한다.

종업원들에게 지원을 제공하거나 보상이나 징계를 할 때 리더들은 주요한 역할을 한다. 이때 적용되는 법칙이나 그 법칙들이 적용되는 방법은 그 리더가 얼마나 정의의 실현에 관심이 있고 공정성에 어떻게 접근하고 있는가를 보여준다. Rawls는 공정성과 관련된 이슈들에 대한 관심은 공동의 이익을 촉진시키기 위해 서로 협력하는 모든 사람들에게 필수적인 것이라고 주장한다.

자원의 희소성이 실재하고 또 그 같은 희소성 때문에 공평한 배분의 방법을 둘러싸고 개인들 사이에 가끔 갈등이 일어난다. 그래서 리더들이 보상배분을 위한 명확한 규칙을 확립하는 것은 매우 중요하다. 이러한 규칙들의 내용은 그 리더와 그 리더가 이끄는 조직의 윤리적 기초가 되고 있는 것이다.

4. 정직성

리더들이 정직하지 못할 때 사람들은 리더가 의지할 수 없고 믿을 수 없는 사람이라고 생각하게 된다. 사람들이 리더가 말하고 주장하는 것에 대한 신뢰를 잃는다는 것은 그들의 리더에 대한 존경이 사라진다는 것을 의미한다. 결과적으로 한 리더의 영향력은 다른 사람들이 그를 더 이상 신뢰하거나 믿지 못하기 때문에 손상될 수밖에 없다. 우리가 다른 사람들과 관계를 맺을 때에도 부정직은 나쁜 영향을 미치게 된다.

부 정직은 사람들이 서로 관계를 맺는 방식에 긴장을 불어넣는다. 우리가 다른 사람들에게 거짓말을 할 때, 본질적으로 우리가 그들과의 관계를 내 식대로 조종하고자 하는 의도가 있다는 것을 말하고 있는 것이다. 우리가 다른 사람과의 관계에서 그 사람을 신뢰하지 못한다는 것은 우리가 갖고 있는 정보를 말해줄 수 없다는 것을 의미한다. 실제로 우리는 어떤 인간관계에 앞서서 그 관계에 있어서 최상의 것이 어떤 것인지 안다고 말하면서 자신을 편견 안에 가둔다. 이러한 행동유형은 장기적으로 관계를 약화시키는 결과를 가져온다. 부 정직은 비록 그것이 선의에서 비롯된 것이라 할지라도 관계의 분열을 가져온다.

그러나 정직은 단지 진실을 말하는 것만을 의미하는 것은 아니다. 정직은 다른 사람들에게 마음을 열고 진실을 있는 그대로 완전히 표현 하는 것을 말한다. 그러나 그것은 쉬운 일이 아니다. 완전한 진실을 말함으로써 그것이 오히려 파괴적이며 역효과를 낳는 결과를 초래할 수도 있기 때문이다. 따라서 리더의 과제는 특정상황에서 무엇을 말하는 것이 적절한 것인지 항상 주의하는 동시에 개방적인 것과 솔직한 것 간에 균형을 이루는 것이다.

5. 공동체 구축

리더십이란 공동목표 내지는 공동체적 목표를 달성하기 위해 다른 사람들에게 영향력을 행사하는 과정이라고 정의하였다. 이 정의가 공동목표를 언급하고 있다는 점에서 명확한 윤리적 차원을 내포하고 있는 것이다. 공동목표는 리더와 부하들 간에 그 집단이 나아가야 할 방향에 대해 동의가 이루어져야 한다는 것을 요구한다. 따라서 리더는 그 자신과 부하들의 목표를 동시에 고려하면서 그에 적합한 공동목표를 향해 나아가야 한다. 이것은 리더가 자신의 의지만을 다른 사람들에게 강요해서는 안 된다는 것을 의미한다. 그래서 리더는 모든 사람들의 목표와 양립될 수 있는 목표를 추구할 필요가 있는 것이다.

Burns는 이 개념을 그의 변혁적 리더십이론의 중심에 두고 있다. 변혁적 리더는 집단이 리더와 부하들 양쪽 모두에게 이익이 되는 공동의 목표를 지향할 수 있도록 해야 한다는 것이다. 이같이 상호 이익이 되는 목표를 지향하면서 리더나 부하들 양쪽은 모두 변화를 겪게 마련이다. 바로 이 부분이 Burns의 이론의 독특한 특징이 되고 있다. 즉 Burns는 리더십이란 리더와 부하들 간의 관계에 바탕을 두어야 한다는 것이다.

Rost는 한걸음 더 나아가 윤리적 리더십은 시민적 덕성(civic virtue)에 주의를 기울여야 할 필요가 있다고 주장 하고 있다. 그의 이 같은 주장은 리더와 부하들이 그들 상호간에 설정한 목표 이상의 것 즉 지역사회의 목표와 목적에 관심을 기울여야 한다는 의미이다. 우리는 리더와 부하들에 의해 제기되는 변화들이 어떻게 조직, 지역사회 그리고 사회에 영향을 미칠 수 있는가에 항상 유의할 필요가 있다. 가장 포괄적인 의미에서의 윤리적 리더는 공동선에 관심을 두어야 한다.

참고문헌

1. 국내문헌

경산대학교, 리더십 트레이닝, 경산대 출판부, 2001
권기성, 최진석 공저, 리더십, 형설출판사, 2000
김용일, 기업이란 무엇인가, 이슈투데이, 2002
김준봉, 리더십, 박영사, 1997
문근찬, 리더십 산책, 한티미디어, 2003
박원우, 임파워먼트 : 개념정립 및 실천방법 모색, 경영학 연구, 26(1). 1998
백기복, 이슈리더십, 창민사, 2000
백기복, 리더십 리뷰, 창민사, 2009
백기복 · 신제구 · 김정훈, 리더십의 이해, 창민사, 2009
신구범, 조직행동의 설계와 관리 및 변화, 형설출판사, 2000
육군교육사령부, 지휘통솔, 육군본부, 2004
육사, 리더십의 이론과 실제, 학지사, 2001
윤은기, 스마트 경영, 유나이티드 컨설팅 그룹, 1987
이관응, 신뢰경영과 서번트 리더십, 엘테크, 2001
이재규, 피터 드러커 평전, 한국경제신문, 2001
이준형, 리더와 리더십, 도서출판 인간사랑, 2002
정광수, 공자의 초일류 경영, 현대과학사, 1994
제정관, 리더십 포커스, 교보문고, 2006
최광신, 리더십 연구 속에서 팔로어의 개념과 관점에 관한 연구, 한국정보전략

학회지, 제2권 1호, 2000
황주홍, 고경민, 지도자론, 건국대학교 출판부, 2002
Afsaneh Nahavandi 지음, 백기복, 박홍식, 신제구 공역, 리더십 - 과학인가 예술인가?, 선학사, 2000
Bob Yadian 지음, 강주헌 역, 다윗 - 섬김의 리더십, 경영정신, 2001
Braine Lee 지음, 장성민 역, 지도력의 원칙, 김영사, 2001
Brown Andrew D 지음, 차재호 역, 세계가 찾는 리더십 : 현대편, 현대미디어, 2001
Gandhi Mahatma, Fisher Louis 지음, 곽영두 역, 간디 평전 : 간디의 말과 글로 엮은 간디정신의 정수, 내일을 여는 책, 2002
Gary Yukl 지음, 김대운 역, 조직사회의 리더십 이해, 1997
Henry Mintzberg 외 지음, 현대경제연구원 역, 리더십, 21세기 북스, 1998
John Adair 지음, 이윤성 역, 위대한 리더들, 2006
John K. Clemens and Steven Albrecht 지음, 이용일 역, 세계가 찾는 리더십 - 고전편, 현대미디어, 2001
Kerry Patterson, Joseph Grenny, Rom Mc Millan, Al Switzler 지음, 김휘경, 이경미 역, 균형의 리더십, 도서출판 예문, 2004
Krames, Jeffrey A., 강석진 역, 웰치의 리더십 핸드북 - 금세기 가장 위대한 CEO에게 배우는 24 가지 교훈, 물푸레, 2002
Laurie Beth Jones 지음, 송경근, 김홍섭 역, 최고경영자 예수, 한・언, 1999
Manz, C. C & Sims, H. P., 김남현 역, 슈퍼 리더십, 경문사, 2002
Peter F. Drucker 외 지음, 한근태 역, 21세기 리더의 선택, 한국경제신문사, 2000
Peter F. Drucker 외 지음, 이재규 역, 21세기 지식경영, 한국경제신문사, 1999
Peter F. Drucker 외 지음, 이재규 역, 프로페셔널의 조건, 청림출판, 2000
Peter F. Drucker 외 지음, 이재규 역, Next Society, 한국경제신문, 2002
Peter F. Drucker 외 지음, 이재규 역, 변화 리더의 조건, 청림출판, 2000

Peter G. Northouse 지음, 김남현, 김정원 역, 리더십, 경문사, 2004

Robert Heller 지음, 김한영 역, 피터 드러커, (주)황금가지, 2000

Rouert E. Kelley 지음, 장동현 역, 폴로어십(followership)과 리더십, 고려원, 1994

Stephen R. Covey 지음, 김경섭, 김원석 역, 성공하는 사람들의 7가지 습관, 김영사, 1994

Stephen R. Covey 지음, 김경섭, 박창규 역, 원칙 중심의 리더십, 김영사, 2001

Wolpert, Stanley A., 한국리더십학회 역, 영혼의 리더십 : 마하트마 간디의 생애와 유산, 시학사, 2002

2. 외국문헌

Allen, N. J. & Meyer, J. P.(1991), "A Three Component Conceptualization of Organizational Commitment," *Human Resource Management Review,* 1.

Aries, C. (1976). *Increasing leadership effectiveness.* New York: Wiley.

Ashour, A. S. & England, G. (1972). Subordinates' assigned level of discretion as a function of leader's personality and situational variables. *Journal of Applied Psychology,* 56.

Badaracco Joseph L. "The Discipline of Building Character", Havard Business Review, March-April, 1998.

Barrow, J. C. (1977). The variables of leadership: A review and conceptual framework. *Academy of management review,* 2.

Bass, B. M, Avolio, B. J & Goodheim, L. (1987). Biography and the assessment of transformational leadership at the world-class level. *Journal of Management,* 13, pp. 7~19.

Bardwick, J. M.(1996), "Peacetime Management and Wartime Leadership," In Drucker, P. F. The Leader of the Future, Jossey-Bass.

Bass, B. M. & Avoilo, B. J.(1990), The Multifactor Leadership Questionnaire, Pale

Aoto, CA : Consulting Psychologists Press.

Bennis, W. G. & Nanus, B. (1985). *Leaders: The strategies for taking charge.* New York: Harper & Row.

Bryman, A.(1992), "Charisma and Leadership in Organization", London: Sage.

Burns, J. M.(1978), Leadership, New York : Harper & Row.

Calangeol, A. J.(2000), Followership: Leadership Style, Unpublished Doctoral Dissertation, The University of Oklahoma.

Cambell, J. P.(1977), "On the Nature of Organizational Effectiveness," in Goodman, P. S. & Pennings, J. M., eds., New Perspectives on Organizational Effectiveness, San Francisco : Jossey-Bass.

Cohen, M. D. & March, J. G. (1974). *Leadership and ambiguity.* New York: McGraw-Hill.

Collins, Jim, Good to Great: Why Some Companies Make the Leap. and Others Don't Harper Collins, 2001

Conger, J. A. & Kanugo, R. N.(1987), "Toward a behavioral theory of charismatic leadership in organizational settings," *Academy of Management Journal,* 12, 637-647.

Cox, J. F. & Sims, H. P. Jr.(1996), Leadership and team citizenship behavior: a model and measures. In Beyerlein, M. M. & Johnson, D. A. (Eds), Advances in interdisciplinary studies of work teams(1-14). 3, Greenwich, CT: JAI Press.

Daft, R. L.(1999), "Leadership : Theory and Practice," The Dryden Press. Rost, J. C.(1993). Leadership for the Twenty-First Century. Praeger Publishers.

Deluga. R. J.(1988), Relationship of transformational and transactional leadership with employee influencing strategies. Group & Organization Studies. 13: 456-468

Drucker, Peter F. The essential Drucker on Management, Harper Collins, 2001

Drucker, Peter F. Management : tasks, responsibilities, practices, Harper & Row, 1985

Etzioni Amitai(1964), Modern Organizations, Englewood Cliffs, N. J: Prentice Hall.

Fiedler, F. E. (1977). A rejoinder to Schriesheim and Kerr's premature obituary of the contingency model. In J. G. Hunt and L. L. Larson (Eds.), *Leadership: The cytting edge.* Carbondale, IL: SouthernIllinois University Press.

Frost, D. C. (1983). Role perceptions and behaviors of the immediate superior moderation effects on the prediction of leadership effectiveness. *Organizational Behavior and Human Performance,* 31.

Gordon, L. V. (1976). *Survey of interpersonal values: Revised manual.* Chicago: Science Research Associates.

Graen & Uhl-Bien, Relationship-based approach to leadership : Development of leader-member exchange : Development of leader-member exchange (LMX) theory of leadership over 25years, Leadership Quarterly, 1995

Hackman, J. R. & Oldham, G. R.(1980). *Work redesign. Reading,* MA: Addison-wesley.

Harris, P.R.(1985), Management in Transition, San Francisco, Cal.: Jossey-Bass.

Hersey, P. & Blanchard, K. H.(1982), The Management of Organizational Behavior(4th ed), Englewood Cliff, N. J: Prentice Hall.

Hesselbein, Frances and paul Cohen, Leader to Leader, Peter F. Drucker Foundation, 1999

Hickson, D. J., Hiningsm, C. R. Less, C. A., Schneck, R. S. & Pennings, J. M. (1971). A strategic contingencies theory if intra-organizational power. *Administrative Science Quarterly,* 16.

Hollander, E. P.& Webb, W. B.(1995), "Leadership, Followership and Friendship: An Analysis of Peer Nominations," *Journal of Abnormal and Social*

Psychology, Vol.50, 163-167.

House, R. J.(1977), A 1976 theory of charismatic leadership. In J. G. Hunt & L. L. Larson(Eds), Leadership: The cutting edge. Carbondale: Southern Illinois University Press.

House, R. J. & Dessler, G. (1974). The path-goal theory of leadership: Some post hoc and priori tests. In J. Hunt and L. Larson (Eds.), *Contingency approaches to leadership.* Carbondale IL: Southern Illinios University Press.

Howell. J. P & Dorfman, P. W. (1981). Substitutes for leadership: Test of a construct. *Academy of Management Journal,* 24.

Hughes, Ginnett & Curphy(1996), Leadership-Enhancing the Lessons of Experience, Irwin, Chicago.

Hughes, Ginnett & Curphy(1999), Leadership: enhancing the lessons of experience, 3rd ed., McGraw-Hill.

Jacobs, T. O. & Jaques, E. (1987). Leadership in complex systems. In J. Zeidner (Ed.), *Human Productivity enhancement: Organizations, personnel, and decision making.* Vol. 2. New York: Praeger.

Jago, A. G.(1982), "Leadership; Perspective in Theory and Research," *Management Science,* 28, No. 3

Janis, I. L. & Mann, L. (1977). *Decision making: A psychological analysis of conflict, choice and commitment.* New York: Free Press.

Kaplan, R. S. & D. P. Norton "The Balanced Scorecard", Harvard Business Review, Jan. - Feb. 1992

Katz, R. L.(1955), "Skills of an Effective Administrator", *Harvard Business Review,* January-February.

Kelley, R. E. The Power of Followership, Doubleday, Newyork, 1994

Kelley, R. E.(1999), "How to be a Star at Work," *Times Business.*

Kerr, S. & jerrnier, J. M. (1978). Substitute for leadership: Their meaning and measurement. Organizational Behavior and Human Performance, 30, pp. 1~14

Kouzes, J. M. & Posner, B. Z. Credibility(1993): How leaders gain and lose it, Why people demand it : Jossey-Bass Pub.

Kuhnert. K. W. & Lewis. P.(1987), Transactional and transformational leadership: Constructive/developmental analysis. *Academy of Management Review.* 12: 648-657

Locke, E. A. & Latham, G. P. (1984). Goal-setting: A motivational techique that works. Englewood Cliffs, NJ: Prentice.

Manz, C. C. and Sims, H. P. Jr. Superleadership : Beyond the myth of heroic leadership, Organizational Dynamics, 1995

Manz, C. C. & Sims, H. P. Jr. (1987). Leading workers to lead themselves: The external leadership of self-managing work teams. Administrative Science Quarterly, 32

Manz, C. C. & Sims, H. P.(1989), Superleadership: Leading others to lead themselves. Englewood Cliffs, N. J: Prentice Hall.

Maslow, A. H. (1954). Motivation and personality. New York: Harper.

McClelland, D. C.(1975). Power: The inner experience. New York: Irvington.

Mintzberg, H. (1973). The nature of managerial work. New York: Harper & Row.

Nunnally, J. C.(1978), Psychometric Theory, New York: McGraw-Hill.

Peter Fischer(2008), The New Boss, Replika Press Pvt Ltd.

Peter, L. H. Hartke, D. D. & Pohlman, J. T. (1985). Fielder's contingency theory of leadership: An application of the meta-analysis procedures of Schmidt and Hunter. Psychological Bulletin, 97

Pittman, T. S. Rosenbach, W. E. & Potter, E. H.(1998), "Follower as Partners:

Taking the Initiative for Action," In Rosenbach, W. E. & Tayloy, Contemporary Issues in Leadership, 4th ed. Westview Press.

Quinn, R. E(1983), "Organizational Life Cycle and Shifting Criteria of Effectiveness: Some Preliminary Evidence," *Management Science,* Vol.29

Robert K. Greenleaf, Servant Leadership, Robert K. Greenleaf Center, 1991

Smith, D. K.(1996), "The Following Part of Leading," In Drucker, P. F. The Leader of the Future, Jossey-Bass.

Stephen R. Covey, Principle centered Leadership, Fireside, 1991

Stogdill, R. M.(1974), Handbook of leadership: A survey of theory and research, New York: Free Press.

Tannenbaum, A. S. & Allport, F. H. (1956). Personality structure and group structure: An interpretive study of their relationship through and event structure hypothesis. Journal of Abnormal and Social Psychology.

Vroom, V. H.(1964), Work and Motivation, New York: John Wiley & Sons.

Wofford, J. C. (1982). An integrative theory of leadership. Journal of Management.

Wortman, M. S.(1986), "Strategic Management and Changing Leader-Followers Roles," *Journal of Applied Behavioral Science,* Vol. 18 : 371-383

Zalenznik, A. "Managers and Leaders", Harvard Business Review, May-June. 1977

찾아보기

1. 사항색인

2. 인명색인